本书获得国家社会科学基金重大项目"贸易壁垒□□□□□□构研究"（20&ZD109）、国家社会科学基金重点□□□□利益模型建构及对策研究"（19AZD003）及广州□□□□科研项目（人才类）"出口贸易对工业企业污染排放的影响研究：理论框架与实证证据"（RP2021028）的资助

贸易壁垒、企业出口与环境污染

TRADE BARRIER,
FIRM EXPORT AND
ENVIRONMENTAL POLLUTION

林 熙　何凌云 ◎ 著

经济管理出版社
ECONOMY & MANAGEMENT PUBLISHING HOUSE

图书在版编目（CIP）数据

贸易壁垒、企业出口与环境污染/林熙，何凌云著．—北京：经济管理出版社，2021.4
ISBN 978 - 7 - 5096 - 7917 - 3

Ⅰ.①贸…　Ⅱ.①林…②何…　Ⅲ.①贸易壁垒—研究—中国 ②企业管理—出口贸
易—环境污染—污染控制—研究—中国　Ⅳ.①F752②X322.2

中国版本图书馆 CIP 数据核字（2021）第 070617 号

组稿编辑：杜　菲
责任编辑：杜　菲
责任印制：黄章平
责任校对：陈　颖

出版发行：经济管理出版社
　　　　　（北京市海淀区北蜂窝 8 号中雅大厦 A 座 11 层　　100038）
网　　　址：www. E - mp. com. cn
电　　　话：(010) 51915602
印　　　刷：唐山昊达印刷有限公司
经　　　销：新华书店
开　　　本：720mm×1000mm/16
印　　　张：20. 75
字　　　数：330 千字
版　　　次：2021 年 4 月第 1 版　　2021 年 4 月第 1 次印刷
书　　　号：ISBN 978 - 7 - 5096 - 7917 - 3
定　　　价：98. 00 元

前　言

党的十九大召开以来，"污染防治"成为中国全面建成小康社会、实现第一个一百年奋斗目标的"三大攻坚战"之一，以效率、和谐和可持续为目标的增长模式成为未来经济发展的重要趋势。改革开放以来，中国出口贸易的飞速发展不仅推动了经济增长，而且对环境污染和社会福利造成深远的影响。此外，伴随"逆全球化"趋势的出现、中美贸易冲突的加剧、贸易壁垒的增加，全球贸易格局以及国内外贸易环境已发生巨大的变化，必将对中国企业出口和环境表现产生影响。因此，在中国污染防治攻坚战、出口贸易高速发展、贸易环境转变乃至经济转型的大背景下，出口贸易以及贸易壁垒对中国企业的污染排放将会产生怎样的影响已成为当前经济发展至关重要且不可回避的问题。

针对上述问题，本书从环境视角拓展异质性企业贸易模型，构建理论框架，厘清企业出口、贸易壁垒与污染排放之间的关系。一方面，企业出口与污染排放之间存在复杂的关系；另一方面，作为企业所处的贸易环境，贸易壁垒同时影响企业出口和污染排放。在理论框架的指导下，采用计量经济学模型和中国企业数据揭示企业的出口行为、出口强度、贸易方式与污染排放的关系，以及贸易壁垒减少与贸易失衡对企业出口和污染排放的影响，得到丰富的研究结果和政策启示，具有重要的理论价值和现实意义。

本书共由九章构成。第一章为绪论，介绍研究背景、目的与意义、研究内容、研究思路与方法以及研究创新点。第二章为文献综述，围绕国际贸易与环境污染的关系、异质性企业出口和贸易壁垒的影响效应三个方面展开梳理和评价。第三章为理论部分，以异质性企业贸易模型作为理论框架，纳入能源投入、能源效率、污染排放等要素，构建异质性企业贸易模型，对企业出口、贸易方式、贸易壁垒与污染排放的关系进行讨论。第四章至第八章为实证部分：在理论分析的基础上，综合采用中介效应模型、倍差匹配法、Heckman 两步法等计量经济学模型，以及中国工业企业数据、企业环境统计数据、海关数据等数据库，对企业出口、贸易壁垒与污染排放的关系进行实证检验。其中，第四章以能源效率作为中介考察企业出口与污染排放的关系。第五章从环境视角探讨企业出口是否越多越好，即出口强度与污染排放的关系。第六章分析加工贸易企业与一般贸易企业在污染排放上的差异以及加工贸易转型的影响效应。第七章讨论贸易壁垒对企业出口和出口企业污染排放的影响。第八章揭示在贸易失衡背后，贸易顺差的微观环境效应。第九章对全书以及研究结论进行总结，提出政策启示，并对未来的研究进行展望。

基于理论和实证分析，本书的主要结论包括：第一，相对于非出口企业，出口企业的能源效率较高，污染排放较少；不同于发达国家，生产率渠道和减排技术渠道不是中国出口企业较清洁的原因；出口企业有更好的环境表现，主要因为它们的自身特点（自选择效应），而非出口导致。第二，虽然出口企业更清洁，但出口并非越多越好；出口强度较高企业的污染排放较少，原因在于这类企业的生产规模较小和能源密集度较低，而非拥有更先进的技术；只有企业的出口强度提高较小的幅度时才有助于污染减排。第三，相对于一般贸易企业，加工贸易企业的劳动生产率和能源密集度均较低；由于能源密集度渠道的影响更大，以至于加工贸易企业更清洁，该结果打破由于这类企业的生产率较低而排放较多的直观印象；虽然加工贸易企业更清洁，但加工贸易转型至少不会加剧排放。第四，贸易壁垒减少（包括进口自由化和出口自由化）促使企业进入出口市场，但间接地加剧出口企业的污染排放；其中，贸易壁垒减少引致的规模效应加剧企业排放，要素结构效应和技术效应减少排放。第五，贸易顺差使得出口企业的污染排放增加，而贸易逆差则减少排放，在中国贸易失衡背后，隐含环境的损失；规模效应、要素结构效应和技术效应是贸易失衡影响企业排放的中间机制。第六，对于不同能源效率、所有制类型、部门和区域的企业，上述提及的关系和影响效应均存在异质性。

　　与现有研究相比，本书的创新点在于：理论方面，将污染排放、能源投入、能源效率等要素纳入异质性企业贸易模型，揭示企业出口、贸易壁垒与污染排放的关系，不仅丰富了贸易与环境领域的相关理论，而且从环境的视角拓展了异质性企业贸易模型。研究内容方面，使用企业的实际污染排放数据，为出口贸易与贸易壁垒对中国企业污染排放的影响提供第一个经验证据，揭示上述影响的微观中介渠道，并基于能源效率、所有制类型、所处产业和区域的视角进行异质性分析。研究视角方面，在研究企业出口、贸易壁垒与污染排放的关系的基础上进一步基于出口强度、加工贸易和贸易失衡的视角，创新性地展开深入的探讨。

目　录

第一章

绪　论

一、研究背景、目的与意义

（一）研究背景

2017 年 10 月，习近平总书记在党的十九大报告中指出，"污染防治"是中国全面建成小康社会、实现第一个一百年奋斗目标必须打好的"三大攻坚战"之一。随着"绿水青山就是金山银山"的理念日益深入人心，以效率、和谐和可持续为目标的增长模式已成为未来经济发展的重要趋势。然而全球化使世界各国经济和贸易更加紧密的同时，也让环境问题变成全球性的问题，严重威胁各国的可持续发展，随之而来的贸易与环境的冲突也日益增多。在开放型的经济下，国际贸易引致污染密集型产品生产、能源消耗和环境污染的跨国转移，尤其是由环境规制严格的发达国家向规制宽松的发展中国家转移（Grossman & Krueger，1991；Rock，1996；Antweiler et al.，2001）。作为全球最大的发展中国家，也是最大的出口国，中国在经济和贸易高速发展的同时付出巨大的环境代价（Lin et al.，

2014；Guan et al.，2014；林伯强和邹楚沅，2014；王敏和黄滢，2015）。当前，中国环境污染形势严峻，严重影响社会福利水平，造成巨大的经济损失（Chen et al.，2013；Chen & He，2014；Yang & He，2016）。如图1.1和图1.2所示，中国主要污染物①的排放量一直保持在较高水平，但排放强度呈逐年下降趋势，说明中国的污染防治工作还是取得了一定成效的。基于上述背景，贸易开放以及出口贸易的快速增长如何影响中国环境污染已成为当前经济发展至关重要且不可回避的问题。

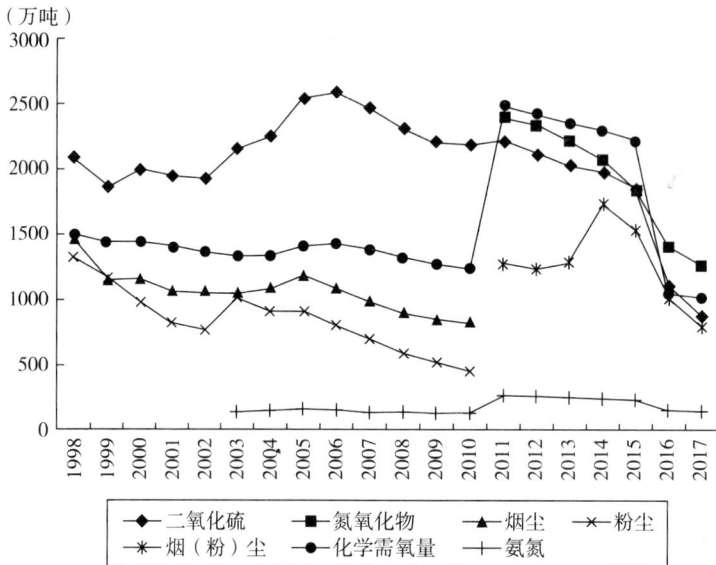

图 1.1　1998～2017 年中国主要污染物排放总量

资料来源：历年《中国统计年鉴》。

不可否认，改革开放以来，受益于工业化推进和出口贸易扩张，中国经济发展取得举世瞩目的成绩。作为改革开放的重要部分，依靠低成本劳

---

① 中国主要污染物包括废气中的 SO_2（二氧化硫）、氮氧化物、烟尘和粉尘以及废水中的 COD（化学需氧量）和氨氮。自 2011 年起，《中国统计年鉴》中的烟尘和粉尘排放量合并统计。

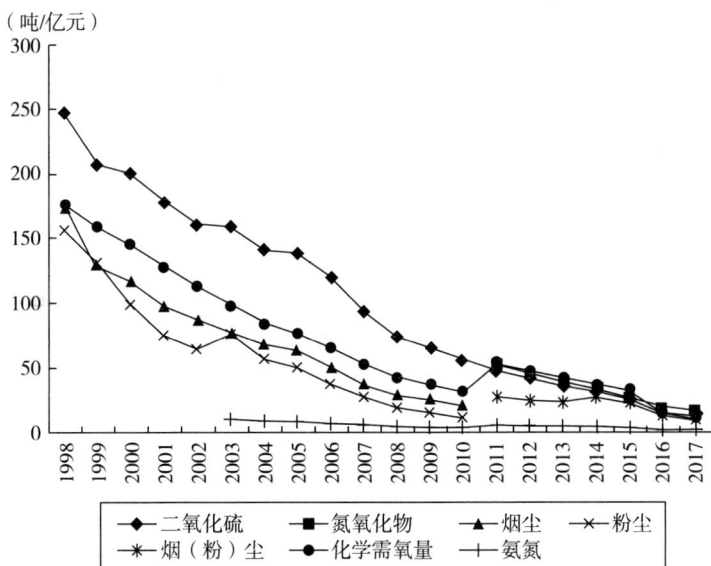

图 1.2 1998～2017 年中国主要污染物排放强度

资料来源：根据历年《中国统计年鉴》数据计算得到。

动力优势以及国家政策支持，中国对外贸易（尤其是出口贸易）发展迅猛（李坤望，2008；洪俊杰和商辉，2018；盛斌和魏方，2019）。尤其是在加入 WTO 后，中国对外贸易取得跨越式的发展。如图 1.3 所示，1998～2017 年，除个别年份外，中国进出口额一直保持逐年上涨的趋势。其中，贸易总额由 1998 年的 26849.7 亿元上涨至 2017 年的 278101 亿元，涨幅达935.77%；出口额由 1998 年的 15223.6 亿元上涨至 2017 年的 153311.2 亿元，涨幅达 907.06%[①]。此外，中国分别于 2009 年和 2013 年成为世界最大的出口国和贸易国。对外贸易已成为中国经济增长的主要驱动力，1998～2017年，贸易总额占 GDP 比重保持在 31%～66%，出口额占 GDP 比重 18%～36%[②]，出口贸易已与消费、投资并列成为拉动中国经济增长的"三驾马

---

① 资料来源：历年《中国统计年鉴》。

② 资料来源：根据历年《中国统计年鉴》数据计算得到。

车"。然而中国依然存在较为落后的贸易结构,主要反映在出口企业的生产率和创新能力较低(Lu,2010;李春顶,2010),劳动密集型产品出口和加工贸易所占比重较大(Dai et al.,2016;戴觅等,2014;马述忠等,2016),出口产品的国内附加值低(张杰等,2013;吕越等,2018),参与全球价值链的中低端环节(程大中,2015;刘维林,2015)等方面。此外,随着劳动力成本的上涨以及国内外形势的变化,中国对外贸易的传统比较优势逐渐消失,给中国出口贸易带来较大的负面影响。

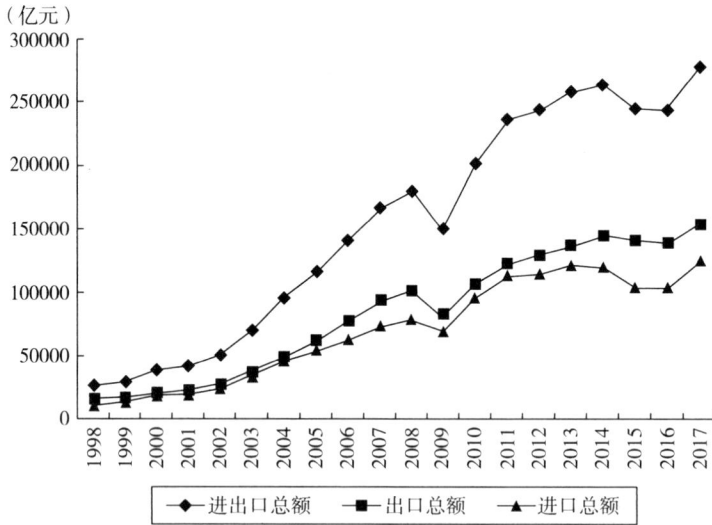

图 1.3 1998~2017 年中国进出口总额

资料来源:历年《中国统计年鉴》。

尽管如此,中国出口贸易依旧实现飞速发展,在拉动中国经济增长的同时带来深远的环境影响。根据现有的研究,出口贸易以及贸易环境的改变都会影响一国环境污染状况(Grossman & Krueger,1991,1995;Copeland & Taylor,1994,1995;Antweiler et al.,2001)。Grossman 和 Krueger(1991)最先对此进行系统性的研究,并提出著名的三效应理论,即国际贸易通过规模效应、结构效应和技术效应影响一国环境水平。其中,出口规模扩张或贸易自由化引起生产活动增加，污染排放随之增加，但如果只关注贸易对环境的规模效应，而忽视其他效应（结构效应和技术效应），得到的结论必定是片面的。此外，随着异质性企业贸易理论的出现（Melitz，2003；Bernard et al.，2003），国际贸易领域的研究开始转向微观领域。作为经济和贸易活动的微观主体，企业是出口贸易的参与者，也是污染物的主要排放者，直接关系国家（或地区）的整体贸易和污染水平。在中国规模以上的工业企业中，出口企业的数量逐年增加（如图1.4所示），由1998年的35437家增至2007年的79104家，增幅达123.22%[①]。相比宏观层面的分析，微观层面的研究更可能揭示出口贸易影响污染排放的路径。因此，本书基于微观企业视角，关注出口贸易与环境污染之间的关系。

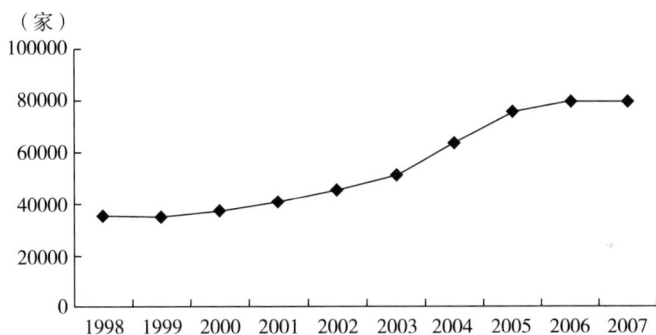

图1.4 1998~2007年中国规模以上工业企业中的出口企业数
资料来源：整理自《中国工业企业数据库》。

与发达国家不同，加工贸易在中国出口贸易中的地位不容忽视，占据总出口的半壁江山，是中国参与全球价值链分工的主要形式，对中国经济与贸易发展起到重要的推动作用（马述忠等，2017；毛其淋，2019）。正如图1.5所示，2000~2017年，中国的加工贸易出口额呈不断增长的趋

---

① 资料来源：整理自《中国工业企业数据库》。

势，虽然在 2014 年后有所下降，且在 2011 年被一般贸易出口额超过，但仍一直保持较高水平。截至 2017 年，中国加工贸易出口额高达 7791.8 亿美元①。在此期间，中国加工贸易占总出口的比重均在 34% 以上，2008 年以前，该比重甚至超过 50%②。作为一种特殊的贸易方式，加工贸易与一般贸易在各个方面均存在较大的差异。比较之下，加工贸易企业享受不同的贸易政策，面临不相等的经营和贸易成本，具有差异化的生产和组织形式，以致这类企业的生产率较低，劳动密集度和外资依赖度较高（Dai et al.，2016；李春顶等，2010；余淼杰，2011；戴觅等，2014）。鉴于加工贸易在中国出口贸易中的地位以及加工贸易企业的特殊性，在研究中国企业行为时，区分加工贸易与一般贸易是极为重要的（Dai et al.，2016；戴觅等，2014）。中国加工贸易的发展对促进经济和贸易增长、扩大就业、利用外资等方面作出巨大的贡献（Yu，2015；刘晴和徐蕾，2013）。然而，一方面，中国加工贸易的发展得益于国内低成本的劳动力。随着中国人口老龄化，人口红利逐步消融（蔡昉，2010），导致劳动力成本逐步提高，加工贸易发展的成本优势也逐步消失。很多加工贸易企业开始转型，加工贸易的比重持续下降（铁瑛等，2018）。另一方面，早在 2003 年 10 月，《中共中央关于完善社会主义市场经济体制若干问题的决定》指出，积极引导国外企业将技术先进、附加值较高的制造环节和研发中心转移至中国，推动加工贸易转型和升级。2007 年 10 月，党的十七大报告提出，加快转变对外贸易的增长模式，提高出口产品质量，优化进出口结构，以促进加工贸易转型。2016 年 1 月，国务院印发的《关于促进加工贸易创新发展的若干意见》再次要求，大力地引进高新技术、高附加值的制造和生产性服务环节，加快加工贸易转型和升级，向全球价值链的高端环节攀升。由此可见，随着劳动力成本的上涨以及贸易政策的转变，加工贸易企业转型已成为必然趋势（铁瑛等，2018；毛其淋，2019）。因此，本书关

---

① 资料来源：历年《中华人民共和国国民经济和社会发展统计公报》。
② 资料来源：根据历年《中国统计年鉴》和《中华人民共和国国民经济和社会发展统计公报》数据计算得到。

注加工贸易企业与一般贸易企业在污染排放上的差异，并进一步分析加工
贸易转型产生的环境效应。

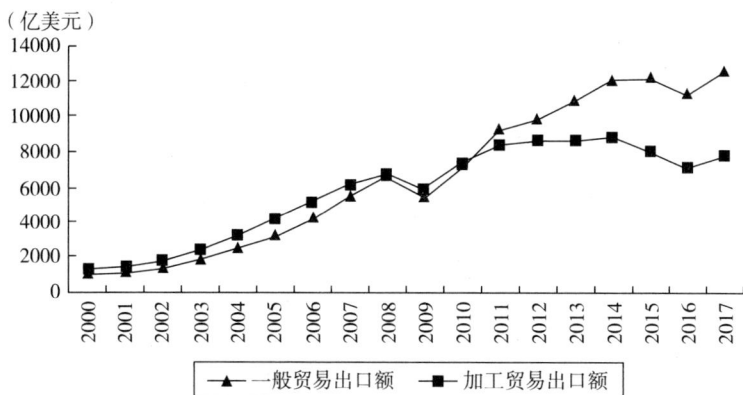

图 1.5　2000～2017 年中国一般贸易与加工贸易出口额

资料来源：历年《中华人民共和国国民经济和社会发展统计公报》。

　　与此同时，尽管国际形势错综复杂，但总体来说，国际贸易朝着自由
贸易方向发展。如图 1.6 所示，1992～2018 年，世界主要国家[①]（尤其是
中国）的加权进口关税率均呈下降的趋势。中国出口贸易之所以能如此快
速地发展，得益于贸易自由化的环境（毛其淋和盛斌，2013，2014）。然
而，近年来，全球范围内出现"逆全球化"的趋势，贸易保护主义重新抬
头，贸易壁垒增加（Bekkers，2019；Robinson & Thierfelder，2019；佟家
栋等，2017）。尤其是唐纳德·特朗普当选美国总统后，美国改变以往的
自由贸易主张，强调贸易保护和贸易平衡，追求所谓的"公平贸易"，试
图将国际经贸规则的调整指引到对自身更有利的方向。2017 年 1 月，美国正
式宣布退出 TPP（跨太平洋伙伴关系协定）；同年，美国重启 NAFTA（北美自

---

　　① 联合国贸易和发展会议与世界银行共同开发的 WITS 数据库没有提供欧盟以及欧盟成员国
的加权进口关税率，所以图 1.6 选取世界主要国家为除欧盟国家之外，2018 年 GDP 排在全球前十
的国家，包括美国、中国、日本、印度、巴西和加拿大。

由贸易协定）谈判；2017 年 8 月，美国依据《1974 年贸易法》的"301
条款"，对所谓的中国"不公平贸易行为"展开调查；2018 年 3 月，美国
对来自多国进口的钢铁和铝分别征收 25% 和 10% 关税；同年 6 月，美国宣
布"301 调查"结果，发布加征关税的产品清单，对清单内、原产自中国
的产品加征 25% 关税，对此，中国对同等规模的美国产品加征进口关税，
中美贸易战就此打响；此后，美国又进一步对其他中国产品加征关税，限
制本国的高新技术出口中国，中美贸易冲突不断升级。此外，为了维护全
球自由贸易，中国在维持出口平稳增长的同时，强调进一步扩大进口开放
力度。综观近期的国际大事件，全球贸易的格局已发生显著的改变，作为
过去自由贸易的拥护者，发达国家开始强调贸易保护，而中国将成为全球
化的新一代引领者（佟家栋等，2017）。由此可见，当前中国企业所处的
国内外贸易环境已发生巨大的变化，具体表现为贸易壁垒的增加。作为出
口贸易的微观主体，企业出口及其他行为都深受贸易壁垒的影响（Amiti &
Konings，2007；Cherniwchan，2017；毛其淋和盛斌，2013）。因此，本书
关注贸易壁垒对企业出口以及出口企业污染排放的影响。

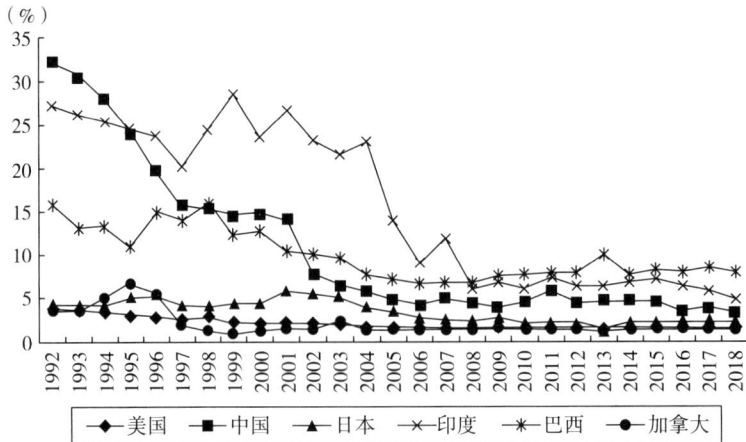

图 1.6　1992～2018 年世界主要国家的加权进口关税率

资料来源：WITS 数据库（https：//wits. worldbank. org/）。

分析此次中美贸易战爆发的原因，贸易失衡是导火索之一。美国政府认为这是中国的不公平贸易所致，美国在双边贸易中"吃亏"且巨额的逆差给美国经济社会带来巨大的损失（Lin & Wang，2018；Salvatore & Campano，2019）。实际上，长期以来，全球贸易失衡的问题十分突出。其中，贸易顺差主要来自以中国为代表的部分发展中国家，贸易逆差主要来自以美国为代表的发达国家，而与部分发达国家之间持续和巨大的贸易顺差让中国成为国际贸易摩擦的主要对象国（李昕和徐滇庆，2013；戴翔和张二震，2013）。如图1.7所示，1998～2017年（尤其是2001年加入WTO后），尽管中国进出口的差额波动较大，但整体呈增长的趋势，贸易顺差由1998年的3597.5亿元增加至2017年的28521.4亿元，增幅达692.81%。此外，为了促进对外贸易的平衡发展，中国开始主动地扩大进口开放力度。由此，引出以下问题：贸易统计上的失衡仅是表象，而在失衡背后，贸易顺差是否加剧中国环境污染？能否让中国同等地"获益"？因此，本书也将关注贸易失衡对出口企业污染排放产生的影响。

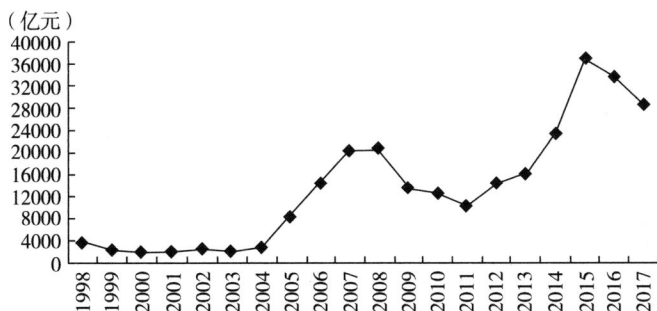

图1.7 1998～2017年中国进出口差额

资料来源：历年《中国统计年鉴》。

综上所述，中国环境污染形势已十分严峻，严重影响社会福利水平，而"污染防治"已成为当前经济发展的重点任务；改革开放以来，中国出口贸易实现飞速发展，带来经济增长、环境污染、社会福利等多方面影响；当前全球贸易的格局、国内外的贸易环境已发生巨大的变化，将对中国出口企业的行为产生巨大的影响。此外，随着中国经济发展进入转型时期（Hong & Li，2017；中国经济增长前沿课题组等，2013），传统增长模式所造成的问题日益突出，主要反映在生产效率较低（鲁晓东和连玉君，2012；杨汝岱，2015）、国有经济比重高（Li et al.，2018；刘瑞明，2012；吴振宇和张文魁，2015）、产业结构落后（干春晖等，2011；戴觅和茅锐，2015）和区域发展不平衡（覃成林等，2011；陈长石等，2015）。因此，提高生产效率、改革所有制结构、升级产业结构以及促进区域协调发展已成为当前时期的重点任务。在本书中，企业异质性体现在企业生产效率、所有制类型、所处产业和区域的不同。一方面，不同类型的企业具有差异化的出口参与度、污染排放水平以及其他特征；另一方面，出口贸易以及贸易壁垒会对异质性企业产生差别化的影响。

因此，本书基于中国污染防治攻坚战、对外贸易环境转变和经济转型的大背景，重点探索异质性企业出口、贸易壁垒与污染排放三者之间的关系，即核心问题为：出口贸易及贸易壁垒对中国企业的污染排放产生怎样的影响？如图1.8所示，一方面，企业出口与污染排放之间存在复杂的内在联系；另一方面，作为企业所处的贸易环境，贸易壁垒会同时影响企业出口和污染排放。本书进一步将上述核心问题分解成如下的问题，并进行深入探讨：①如何拓展异质性企业贸易模型（Melitz，2003），构建理论框架，分析企业出口、贸易壁垒与污染排放之间的关系？②异质性企业的出口行为如何影响其污染排放？③如果出口企业更加清洁，那么出口参与度是否越高越好？④加工贸易企业与一般贸易企业是否在污染排放上存在差异？加工贸易转型是否进一步影响企业排放？⑤贸易壁垒如何影响企业出口以及出口企业的污染排放？⑥在中国贸易失衡的背后，贸易顺差是否会加剧出口企业的污染排放？以上问题均无法回避，且亟待解答。

（二）研究目的与意义

1. 研究目的

本书的研究目的主要包括理论目的、实证目的及政策目的三个方面，具体如下：

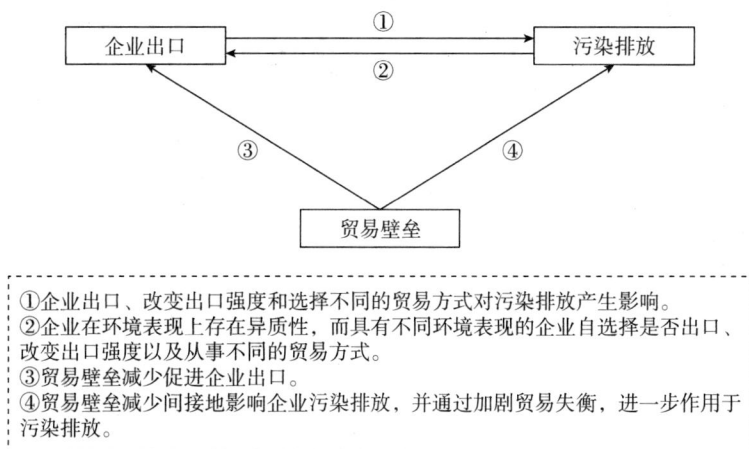

①企业出口、改变出口强度和选择不同的贸易方式对污染排放产生影响。
②企业在环境表现上存在异质性，而具有不同环境表现的企业自选择是否出口、改变出口强度以及从事不同的贸易方式。
③贸易壁垒减少促进企业出口。
④贸易壁垒减少间接地影响企业污染排放，并通过加剧贸易失衡，进一步作用于污染排放。

图1.8　企业出口、贸易壁垒与污染排放的关系

（1）理论目的。将污染排放、能源投入、能源效率异质性等要素纳入 Melitz（2003）的理论框架，拓展异质性企业贸易模型。具体而言，将企业层面的污染排放进行分解，探索企业排放变化的影响渠道，并逐步把能源投入、能源效率异质性、加工贸易方式、贸易壁垒等要素引入模型框架，分析企业出口、贸易方式和贸易壁垒对企业污染排放的影响，达到拓展贸易与环境的相关理论以及异质性企业贸易模型的目的。

（2）实证目的。从微观企业视角，解析出口贸易与污染排放的关系，并量化贸易壁垒对企业出口和污染排放的影响效应。首先，通过构建企业出口行为、出口强度、出口方式与污染排放的相关性和因果关系的计量经济模型，从企业视角实证检验出口贸易与污染排放的关系，达到从微观渠道揭示出口与环境关系的目的。其次，通过测度贸易自由化和贸易失衡的程度，并构建计量经济模型，实证检验企业所处的贸易环境对出口与污染排放的影响，达到量化贸易自由化的环境效应，并揭示贸易失衡背后的环境利益的目的。

（3）政策目的。为中国当前经济发展的相关政策制定提供依据和启示。基于本书理论和实证分析的结论，从对外贸易、环境污染、经济转型等视角为相关政策制定提供依据和启示，达到在不影响对外贸易发展的同时，实现污染减排和经济转型的目的。

2. 研究意义

本书的研究意义主要包括理论意义和现实意义两个方面，具体如下：

（1）理论意义。

1）将污染排放、能源投入、能源效率异质性等要素同时融入异质性企业贸易模型（Melitz，2003），丰富和完善该理论框架。异质性企业贸易理论作为最前沿的国际贸易理论，其理论体系和逻辑框架已十分完善。本书进一步在 Melitz（2003）模型的基础上，将污染排放、能源投入、能源效率异质性、加工贸易、贸易壁垒等因素纳入理论框架，分析企业出口、贸易壁垒与污染排放的关系，从环境视角实现对异质性企业贸易模型的拓展和补充，从而丰富该理论框架，具有重要的理论意义。

2）从异质性企业视角为出口贸易和贸易壁垒如何影响中国企业污染排放提供经验证据。受限于企业层面污染排放数据的可获得性，目前对贸易与环境关系的研究主要集中在宏观和中观层面，基于微观视角（即企业污染排放）的实证研究还不多，且主要针对发达国家（Galdeano-Gomez，2010；Cui et al.，2012，2016；Batrakova & Davies，2012；Holladay，2016；Cherniwchan，2017；Richter & Schiersch，2017；Barrows & Ollivier，2018；Gutierrez & Teshima，2018），针对中国的相关研究相当缺乏，即使有，也是采用2004年中国工业企业数据库中的排污费代替污染排放进行分析（李静和陈思，2014；刘晴等，2014；徐保昌等，2016）。而本书将基于中国环境统计重点调查的工业企业数据库所提供的污染排放、能源消费、减排设备数量等数据，以及各年份和产业的污染排放系数的数据，实证探讨异质性企业出口以及贸易壁垒对它们环境表现的影响，基于微观视角，为相关研究提供来自中国的经验证据。此外，在 Melitz（2003）模型中，企业异质性仅反映在生产率方面的差异，没有探讨企业在其他方面的异质性。而本书在理论框架中引入能源效率异质性，在实证分析中进一步引入企业所有制类型、所处行业和区域的异质性，进行异质性检验，拓展企业异质性的内涵。

3）从微观视角，揭示出口贸易和贸易壁垒影响企业污染排放的机制。在现有文献中，相关的机制研究主要采用 Grossman 和 Krueger（1991）提出的三效应理论，即国际贸易（或贸易开放）主要通过三种效应影响环境污染——规模效应、结构效应和技术效应，而且主要聚焦于宏观和中观层面（Antweiler et al.，2001；Dean，2002）。虽然已有学者开始检验微观层面的影响渠道（Cui et al.，2012，2016；Cherniwchan，2017；Forslid et al.，2018），但相关研究依旧不足。而本书在检验出口行为、出口强度及出口贸易方式与企业污染排放的关系时，将企业层面的污染排放进行分解，提出出口贸易影响企业污染排放的几种渠道，即产出规模、技术（包括减排技术、劳动生产率、能源效率）以及能源密集度；在检验贸易壁垒减少和贸易失衡对出口企业污染排放的影响时，将 Grossman 和 Krueger（1991）的三效应理论及 Antweiler 等（2001）的 ACT 模型[①]应用于微观层面检验，即贸易自由化和贸易失衡通过影响企业规模、要素投入结构和全要素生产率，进而影响企业污染排放。通过上述检验，揭示出口贸易影响环境污染的微观渠道，相比宏观和中观层面的机制解释，微观层面的机制更能说明出口贸易和贸易壁垒影响环境污染的路径。

（2）现实意义。

1）有助于从异质性企业视角客观审视出口贸易的快速发展及贸易壁垒对中国环境污染的影响。首先，改革开放以来，中国出口贸易实现飞速发展，而出口增长在拉动中国经济增长的同时，给中国环境带来怎样的影响？其次，作为中国参与全球价值链分工的主要形式，加工贸易与一般贸易的环境效应是否存在差异？再次，当前全球贸易的格局和贸易环境已出现显著的改变，而贸易环境的转变将对企业出口和污染排放造成怎样的影响？最后，作为主要的贸易顺差国，在贸易失衡的背后，贸易顺差是否加剧中国的环境污染？此外，中国正处于经济转型的新时期，提高生产效

---

① 以 Antweiler、Copeland 和 Taylor 三位作者的姓氏首字母命名。

率、改革所有制结构、升级产业结构及促进区域协调发展是当前时期的重点任务，而基于生产效率、所有制类型、所在产业和区域视角，出口贸易和贸易壁垒是否对异质性企业产生差异化影响？以上均为当前无法回避且亟待解答的重大问题，本书为客观审视和回答这些问题提供新视角，也为中国如何开展污染防治攻坚战、促进出口贸易、应对贸易环境变化以及推动经济转型提供重要的参考。

2）为当前中国经济发展的相关政策的制定提供依据和启示。在当前污染防治攻坚战以及贸易环境改变的大背景下，如何评估相关贸易政策（体现为贸易壁垒减少）对出口贸易、污染排放和经济转型的影响，进而通过政策制定，在不影响对外贸易发展的同时实现污染减排和经济转型？这一问题同样十分重要，亟待解答，本书为相关政策的制定提供重要依据、辅助和启示。

二、研究内容

根据上述的研究问题和目的，本书共设计九章的内容。各章的研究内容、要点和逻辑关系如下（见图1.9和图1.10）：

第一章：绪论。主要讲解研究背景、目的与意义、研究内容（全书框架与章节构成）、研究思路（技术路线）与方法以及研究创新点。

第二章：文献综述。主要围绕三个方面展开：第一，回顾国际贸易与环境污染关系的相关文献，包括贸易对环境污染影响的理论研究、实证研究以及贸易影响微观企业环境表现的相关研究。第二，梳理异质性企业出口的相关文献，包括对异质性企业贸易理论的提出和发展，异质性企业出口、出口强度以及加工贸易的相关讨论。第三，介绍贸易壁垒影响效应的相关文献，包括贸易壁垒对宏观经济以及微观企业的影响以及贸易失衡的

研究方法　　　　　　研究内容　　　　　　研究要点

```
第一章：绪论 ──────── 研究背景、目的与意义；研
                      究内容；研究思路与方法；
                      创新点
        │
第二章：文献综述 ──── 文献：贸易与环境关系、异
                      质性企业出口、贸易自由化
                      影响；文献评述
        │
```

• 经济理论模型 ──── 第三章：企业出口、贸易 ──── 异质性企业贸易模型：企业
　　　　　　　　　　壁垒与环境污染：理论框架　　 出口与污染排放；加工贸易；
　　　　　　　　　　　　　　　　　　　　　　　　 贸易壁垒

• 描述性统计
• 计量经济学模型： ──── 第四章：企业出口与环境 ──── 企业出口、能源效率与污染
中介效应模型、倍差　　　 污染　　　　　　　　　　　 排放的关系；其他中介渠道；
匹配法等　　　　　　　　　　　　　　　　　　　　　　 劳动生产率的作用；企业出
　　　　　　　　　　　　　　出口是否　　　　　　　　 口的因果效应；异质性检验
　　　　　　　　　　　　　越多越好？

• 描述性统计
• 计量经济学模型： ──── 第五章：出口强度与环境 ──── 企业出口强度与污染排放的
OLS、倍差匹配法等　　　 污染　　　　　　　　　　　 关系；中介渠道检验；出口
　　　　　　　　　　　　　　加工贸易　　　　　　　　 强度变化的因果效应；异质
　　　　　　　　　　　　　更清洁吗？　　　　　　　　 性检验

• 描述性统计
• 计量经济学模型： ──── 第六章：加工贸易与环境 ──── 加工贸易企业与一般贸易企
OLS、倍差匹配法等　　　 污染　　　　　　　　　　　 业在污染排放上的差异；加
　　　　　　　　　　　　　　贸易环境的　　　　　　　 工贸易强度的作用；异质性
　　　　　　　　　　　　　变化影响如何？　　　　　　 检验；贸易方式转型的影响

• 描述性统计
• 计量经济学模型： ──── 第七章：贸易壁垒与环境 ──── 贸易自由化的指标测度；贸
Heckman二步法、中　　　 污染　　　　　　　　　　　 易自由化对企业出口和出口
介效应模型等　　　　　　　　　　　　　　　　　　　 企业污染排放的影响；机制
　　　　　　　　　　　　　　贸易顺差是否带　　　　　 检验；异质性检验
　　　　　　　　　　　　　来相等的利益？

• 描述性统计
• 计量经济学模型： ──── 第八章：贸易失衡与环境 ──── 贸易失衡的指标测度；贸易
Heckman二步法、中　　　 污染　　　　　　　　　　　 失衡对出口企业污染排放的
介效应模型等　　　　　　　　　　　　　　　　　　　 影响；机制检验；异质性检
　　　　　　　　　　　　　　　　　　　　　　　　　 验

第九章：结论与研究展望 ──── 总结全文，归纳结论；政策
　　　　　　　　　　　　　　 启示；研究展望

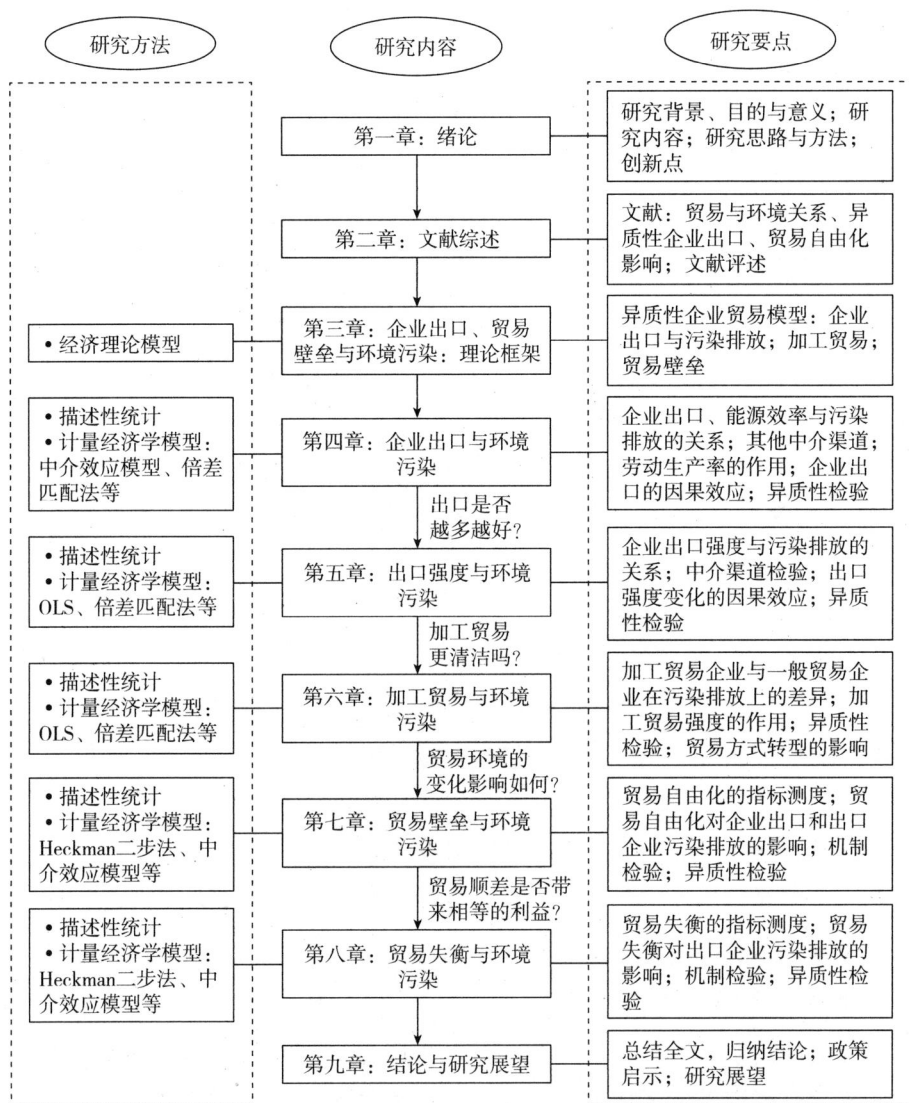

图 1.9　研究框架

成因和影响效应。此外，进一步对现有文献进行评述，分析已有研究的贡献，以及存在的不足。

第三章：企业出口、贸易壁垒与环境污染：理论框架。全书的理论部分，

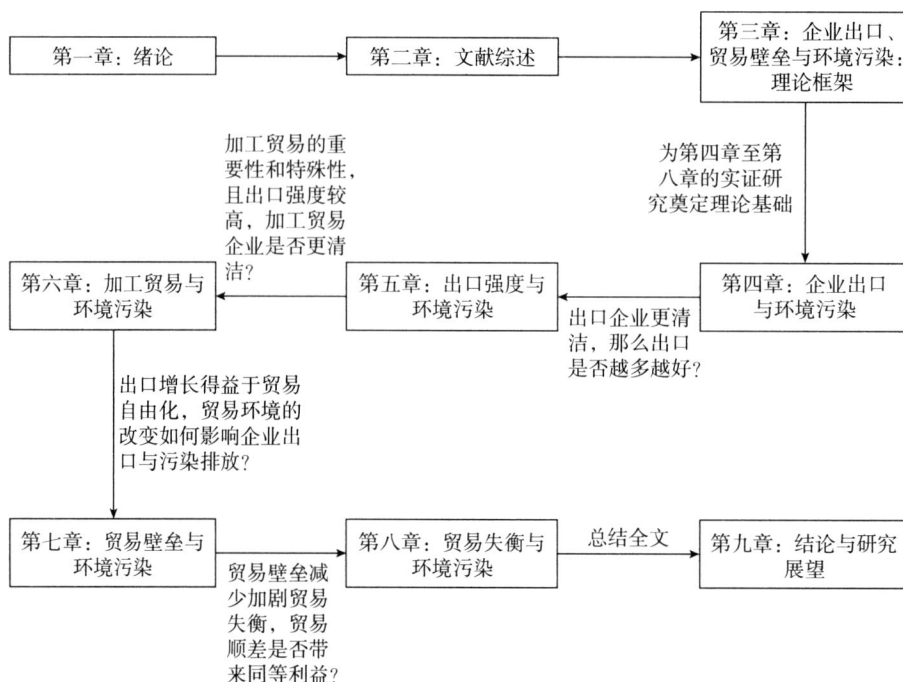

图 1.10　各章的逻辑关系

以 Melitz（2003）模型作为分析框架构建一个异质性企业贸易模型，对企业出口、贸易壁垒与污染排放的关系进行讨论，并为第四章至第八章的实证研究奠定理论基础。第一，基于 Melitz（2003）模型，引入能源投入、能源效率异质性以及污染排放，并以能源效率作为中介，分析企业出口与污染排放的关系。第二，借鉴 Dai 等（2016）、刘晴和徐蕾（2013）的思路，在理论模型中加入加工贸易。考虑到加工贸易企业与一般贸易企业在生产率和要素密集度上的差异（Dai et al.，2016；李春顶等，2010；余淼杰，2011；戴觅等，2014），以劳动生产率和能源密集度作为两种贸易方式与污染排放之间的中介渠道，厘清企业从事加工贸易或一般贸易与其污染排放的关系。第三，通过分析出口企业所面临的额外成本（主要是冰山成本）的变化，以及采用 He 等（2019）的思路，将 Grossman 和 Krueger

（1991）的三效应理论应用于微观层面，分析贸易壁垒对企业进入出口市场以及出口企业的污染排放的潜在影响。

第四章：企业出口与环境污染。基于第三章的理论分析结论，利用中国工业企业数据以及环境统计重点工业企业数据合并的数据集，以能源效率作为中介实证考察企业出口与污染排放的关系。第一，采用描述性统计方法，对出口企业与非出口企业的能源效率、污染排放以及其他特征进行比较。第二，采用中介效应模型（Sobel，1982；Baron & Kenny，1986），以能源效率作为中介变量检验企业出口行为（是否出口）与污染排放的关系。第三，作为现有文献提出的企业出口与污染排放之间的其他渠道，即生产率与减排技术（Cui et al.，2012，2016；Forslid et al.，2018），采用中国企业数据对这两种渠道进行检验。第四，作为 Melitz（2003）模型的企业异质性特征，讨论劳动生产率在企业出口与环境表现之间的作用。第五，考虑到中介效应模型只能分析企业出口与环境表现之间的相关性，进一步采用倍差匹配法（Heckman et al.，1997，1998；De Loecker，2007），结合倾向得分匹配方法（PSM）与双重差分法（DID）考察企业出口是否会导致能源效率和污染排放的变化。第六，基于能源效率高低、所有制类型、所处行业和区域的视角探索不同类型的企业出口与环境表现之间是否存在异质性的关系。

第五章：出口强度与环境污染。在第四章发现出口企业更清洁的基础上，讨论企业出口是否越多越好，即基于中国工业企业和环境统计重点工业企业的数据实证考察企业出口强度与污染排放之间的关系。第一，提供一种企业层面污染排放的分解方法，揭示出口强度与污染排放之间的中介渠道。第二，采用描述性统计方法对不同出口强度的企业环境表现和其他特征进行比较。第三，采用计量经济学模型检验企业出口强度与污染排放的相关性。第四，通过产出规模、排放技术、能源密集度和劳动生产率，检验出口强度影响污染排放的渠道。第五，借鉴 Heckman 等（1997，1998）和 De Loecker（2007）的倍差匹配法设计一个识别出口强度变化的框架，检验企业出口强度的提高和下降对它们环境表现的因果效应。第六，基于所有制类型、所处行业和区域的视角分析不同类型的企业的出口参与度与其环境表现的异质性关系。

第六章：加工贸易与环境污染。考虑加工贸易在中国的重要性和其本身的特殊性，基于第三章的理论假说，利用中国工业企业数据、海关数据和重点工业企业环境统计数据实证考察加工贸易企业与一般贸易企业在污染排放上的差异，以及加工贸易企业转型的影响效应。第一，采用描述性统计方法对从事加工贸易和一般贸易的企业的劳动生产率、能源密集度、污染排放以及其他特征进行比较。第二，采用计量经济学模型，以劳动生产率和能源密集度作为中间渠道，考察两类企业污染排放的差异。第三，考察加工贸易强度与污染排放之间的关系。第四，从所有制类型、所在行业和区域视角对不同类型的企业进行异质性检验。第五，借鉴 Heckman 等（1997，1998）和 De Loecker（2007）的倍差匹配法设计一个识别贸易方式转型因果效应的新颖框架，考察加工贸易转型对企业污染排放的影响。

第七章：贸易壁垒与环境污染。鉴于中国出口增长得益于贸易自由化的环境，基于第三章理论分析的结果，利用中国工业企业、国内外关税、省份层面对外贸易、污染排放系数等数据，以贸易自由化表示贸易壁垒的减少，实证检验贸易自由化（包括进口自由化和出口自由化）对企业出口行为和出口企业污染排放的影响。第一，借鉴 Cherniwchan（2017）的方法，从工业部门和区域两个层面对反映贸易自由化程度的指标（关税变化和 HRI 指数）进行测度。第二，采用描述性统计方法对企业所面临的贸易自由化程度、污染排放以及其他特征进行初步分析。第三，采用 Heckman 二步法（Heckman，1979）处理样本选择性偏差，实证考察贸易自由化（进口自由化和出口自由化）对企业出口和出口企业污染排放的影响。第四，借鉴 Grossman 和 Krueger（1991）提出的贸易影响环境污染的三效应（规模效应、结构效应和技术效应）理论，采用中介效应模型（Sobel，1982；Baron & Kenny，1986）检验贸易自由化影响出口企业污染排放的间接机制。第五，基于所有制类型、所在行业和区域视角，探索贸易自由化对不同类型的企业是否存在异质性影响。

第八章：贸易失衡与环境污染。考虑到贸易壁垒减少会加剧贸易失衡，采用中国工业企业、部门和省份层面的进出口、污染排放系数等数据，实证考察贸易失衡对出口企业污染排放的影响。第一，采用 He 和 Lin（2019）的方法对反映贸易失衡（包括贸易顺差和逆差）的指标进行测度，并借鉴 Grossman 和 Krueger（1991）的三效应理论讨论贸易失衡对企业污染排放的潜在影响。第二，采用 Heckman 二步法（Heckman，1979）修正样本选择性偏差，实证分析贸易失衡（包括贸易顺差和逆差）对出口企业污染排放的影响。第三，采用企业进入与退出出口市场的资源再分配效应、三效应理论（Grossman & Krueger，1991）以及中介效应模型（Sobel，1982；Baron & Kenny，1986）检验贸易失衡影响出口企业污染排放的中间机制。第四，基于所有制类型、所处行业和区域视角探索贸易失衡对不同类型的企业污染排放的异质性影响。

第九章：结论与研究展望。第一，对全书进行总结，归纳主要的研究结论。第二，基于主要结论给出相应的政策启示。第三，对将来的研究方向进行展望。

三、研究思路与方法

（一）研究思路与技术路线

根据上述的研究问题和内容，本书将对出口贸易及贸易壁垒对异质性企业污染排放的影响进行研究。为此，拟定如图 1.11 所示的技术路线。

首先，在第三章基于 Melitz（2003）模型将污染排放、能源投入、能源效率异质性等要素纳入异质性企业贸易理论的框架，构建一个用于分析

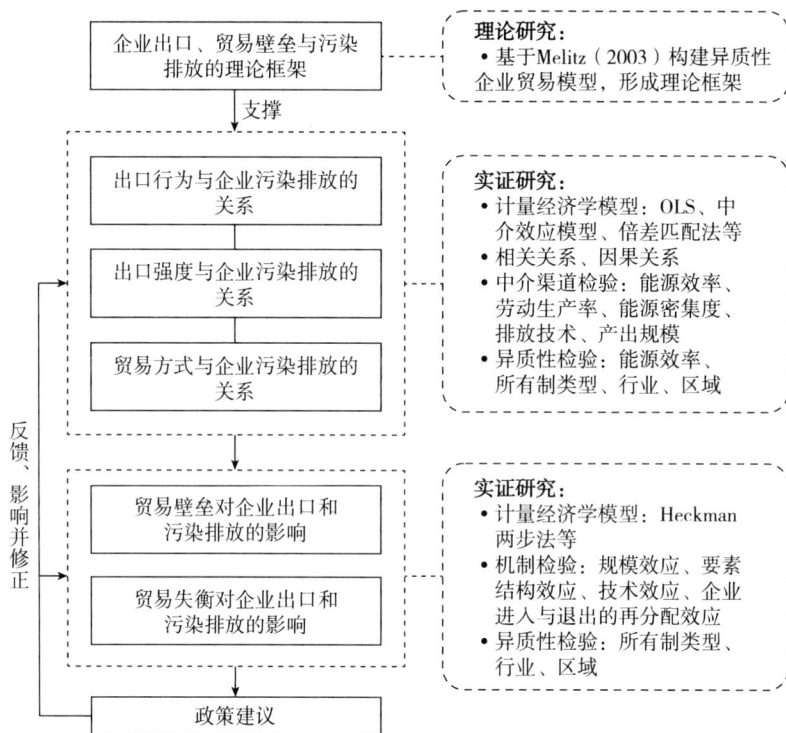

图 1.11　技术路线

企业出口与污染排放关系的理论框架，分析两者之间的关系，并兼顾讨论加工贸易以及贸易壁垒的作用。这部分的作用在于：从理论上，厘清企业出口、贸易壁垒与环境污染的关系，同时为后续的实证研究奠定理论基础。

其次，在第四章至第六章讨论企业出口与污染排放之间的内在关系。这部分基于计量经济学模型，采用 OLS、中介效应模型、倍差匹配法等实证方法分别实证考察出口行为、出口强度和出口贸易方式与企业污染排放的相关性，并识别企业开始出口、改变出口参与度和贸易方式转型的因果效应。接着，基于能源效率、劳动生产率、能源密集度、产出规模和排放技术，对上述影响效应进行机制检验。此外，基于不同能源效率、所有制类型、行业和区域进一步对上述的关系进行异质性检验。这部分的作用在于：在第三章理论框架的基础上，通过实证的方法揭示企业出口与污染排放之间的关系，也为后续实证分析贸易环境的影响打下基础。

再次，考虑到企业所处贸易环境的变化会同时影响出口和污染排放，在第七章和第八章探讨贸易环境改变对企业出口与污染排放的影响。这部分基于计量经济学模型，采用 Heckman 两步法、中介效应模型等实证方法分别实证考察贸易壁垒减少和贸易失衡对企业出口与出口企业污染排放的影响。接着将 Grossman 和 Krueger（1991）的三效应理论应用于微观层面进行机制检验。在分析贸易失衡的影响机制时，还对企业进入与退出出口市场的资源再分配效应进行讨论。此外，从所有制类型、所在行业和区域视角，对上述结果进行异质性检验。这部分的作用在于：在第三章的理论分析以及第四章至第六章厘清企业出口与污染排放的关系的基础上，通过实证的方法进一步揭示所处贸易环境对企业出口和污染排放的影响。

最后，在上述理论和实证分析的基础上形成政策建议，讨论在当前中国污染防治、贸易环境转变和经济转型的大背景下，如何在不影响对外贸易发展的同时实现污染减排和经济转型。

（二）研究方法

1. 经济理论模型

经济理论模型是指在经济理论的基础上通过规范的假设和前提条件，运用严谨的分析和推理对经济现象进行概括、抽象和规范化，即提取研究对象的最主要的本质特征，将其予以简单化和理想化。本书基于 Melitz（2003）的理论框架，引入污染排放、能源投入、能源效率异质性、加工贸易、贸易壁垒等要素构建一个异质性企业贸易模型，形成用于分析企业出口、贸易壁垒与污染排放关系的理论框架，厘清三者之间的关系。

2. 描述性统计分析

描述性统计分析是指运用表格和概括性数据来描述数据特征的分析方法。在本书的第四章至第六章中分别采用该方法对出口企业与非出口企业、不同出口参与度的企业、加工贸易企业与一般贸易企业的环境表现和其他特征进行描述性分析和比较。在第七章和第八章中采用该方法对企业所面临的贸易自由化程度、贸易失衡程度、污染排放和其他特征进行初步分析和比较。

3. 计量经济学模型

计量经济学模型是指以经济理论和统计数据为基础，运用数学、统计学与计算机技术建立计量模型，定量分析具有随机特性的经济变量之间的关系。本书在第四章至第八章中构建大量的计量经济学模型进行实证分析。运用的计量经济学方法包括 OLS、中介效应模型、倍差匹配法、Heckman 两步法、PSM 方法、Probit 模型等，具体如下：

（1）OLS：在第四章至第八章的实证分析中尤其是在分析变量之间的相关关系时均用到 OLS 进行估计。

（2）中介效应模型：在第四章中考虑到能源效率在企业出口和污染排放之间的中介作用，采用 Sobel（1982）、Baron 和 Kenny（1986）的中介效应模型检验能源效率是否是企业出口影响污染排放的中介渠道。在第七章和第八章中为了检验贸易自由化和贸易失衡影响出口企业污染排放的中间机制，采用中介效应模型对三种潜在的机制（规模效应、要素结构效应和技术效应）进行检验。

（3）倍差匹配法：在第四章至第六章中考虑到 OLS、中介效应模型等方法仅能进行相关关系检验，而企业可能会依据自身特点自选择进入出口市场、调整出口参与度和选择贸易方式，而非企业的贸易行为影响它们的污染排放，本书借鉴 Heckman 等（1997，1998）和 De Loecker（2007）的倍差匹配法设计因果效应的识别框架，分别检验企业开始出口、改变出口强度和贸易方式转型对它们污染排放的影响。

（4）Heckman 两步法：在第七章和第八章中由于研究对象为出口企业，而非出口企业的数量较多，出口企业仅占所有企业的较小比重。考虑到可能的样本选择性偏差，本书采用 Heckman 两步法（Heckman，1979）处理样本选择问题，即先采用 Probit 模型估计贸易自由化和贸易失衡对企业出口行为的影响，提取逆米尔斯比率，然后将该比率作为控制变量纳入贸易自由化和贸易失衡影响企业污染排放的实证模型。

（5）PSM方法：在第四章和第六章的稳健性检验中考虑到出口企业与非出口企业之间、加工贸易企业与一般贸易企业之间的差异，为排除由于样本选择引致的估计偏差，采用PSM方法和最邻近匹配按照1:1的比例匹配样本，对结果进行重新估计。此外，在第四章至第七章中采用倍差匹配进行因果关系的检验时均采用PSM方法对处理组和对照组的样本进行匹配。

（6）Probit模型：在第四章至第六章中采用倍差匹配法的因果识别及以PSM方法重新选择样本的稳健性检验，均采用Probit模型估计倾向得分。此外，在第七章和第八章中采用Heckman两步法处理样本选择问题时，采用Probit模型估计贸易自由化和贸易失衡对企业出口的影响，并计算逆米尔斯比率。

四、研究创新点

与现有研究相比，本书可能的创新之处主要包括理论创新、研究视角创新和研究内容创新三个方面，具体如下：

1. 理论创新

将污染排放、能源投入、能源效率等要素纳入异质性企业贸易模型（Melitz，2003），从环境的视角实现理论的拓展和创新。这一理论的拓展不仅丰富了贸易与环境领域的相关理论，而且对于异质性企业贸易模型构建也有一定的贡献。在现有的研究中Grossman和Krueger（1991，1995）以及后续的研究将环境因素纳入传统贸易理论框架，但这些研究主要从宏观视角展开分析，缺乏基于微观视角的讨论。Melitz（2003）的异质性企业贸易模型及后续的拓展开始从微观视角研究国际贸易。Cui 等（2012）、Kreickemeier 和 Richter（2014）、Shapiro 和 Walker（2018）、Forslid 等（2018）基于 Melitz（2003）模型分析企业出口与污染排放之间的关系。与上述四篇研究不同，本书首先同时以能源和劳动力作为生产要素，引入能源效率异质性，与其他要素相比，企业在能源效率上具有更显著的异质性（Lyubich et al.，2018），且能源与污染排放的关系更为紧密。其次，在理论分析中将企业层面的污染排放分解为排放技术、能源效率（劳动生产率和能源密集度）和产出规模，揭示企业的出口行为和不同贸易方式影响其污染排放的渠道。最后，进一步将加工贸易、贸易壁垒等要素逐步引入模型框架，构建一套企业出口、贸易壁垒与污染排放的理论框架。

2. 研究内容创新

本书通过以下三个方面实现研究内容的创新：

（1）使用实际的企业层面污染排放数据实证考察出口贸易与贸易壁垒对中国企业污染排放的影响。受限于微观企业数据的可获得性，在现有研究中，贸易对微观企业污染排放影响的实证研究还不多，且主要针对发达国家（Galdeano - Gomez，2010；Cui et al.，2012，2016；Batrakova & Davies，2012；Holladay，2016；Cherniwchan，2017；Richter & Schiersch，2017；Barrows & Ollivier，2018；Gutierrez & Teshima，2018），而针对中国的相关研究更是严重不足。因此，相比现有研究，本书基于一个目前仍处于保密中的数据库，即中国生态环境部所提供的中国环境统计重点调查工业企业数据库的污染排放、能源消耗和减排设备数据，以及各年度和产业污染排放系数构建计量经济模型，实证考察企业出口行为、出口强度、出口方式、贸易壁垒和贸易失衡对中国企业污染排放的影响，为出口贸易与贸易壁垒如何影响中国环境污染提供第一个微观层面的经验证据。此外，在研究企业出口、出口强度及出口方式与污染排放的关系时，同时进行相关关系和因果关系的检验。例如，在第四章，从环境的视角考察企业的出口自选择效应和出口中学效应。

（2）检验贸易影响企业污染排放的微观渠道。在现有研究中，Grossman 和 Krueger（1991，1995）、Antweiler 等（2001）以及其他学者主要通过规模效应、结构效应和技术效应检验贸易影响环境污染的机制。但这些机制检验都聚焦于宏观和中观层面，而微观层面的机制研究存在严重不足。相比之下，微观机制可能更能说明贸易影响环境污染的路径。其中，Cui 等（2012，2016）和 Forslid 等（2018）分别从生产率和减排技术对微观影响渠道进行探索。相比现有研究，本书在检验企业出口（包括出口行为、出口强度和贸易方式）对污染排放的影响时，创造性地对企业层面污染排放进行分解，从减排技术、能源效率（劳动生产率和能源密集度）、产出规模等角度检验并揭示出口贸易影响企业污染排放的微观机制。在检验贸易自由化和贸易失衡对出口企业污染排放的影响时，最先将 Gross.nan 和 Krueger（1991，1995）、Antweiler 等（2001）的三效应理论应用于微观层面的分析，即贸易自由化和贸易失衡通过影响企业的产出规模、要素投入结构和生产技术，进而影响企业污染排放。此外，还基于企业进入与退出出口市场的资源再分配效应讨论贸易失衡的影响机制。无论是检验出口贸易还是贸易壁垒对企业污染排放的影响，均对渠道检验的方法和视角进行创新。

（3）基于环境视角以及中国经济转型背景拓展企业异质性的内涵。在现有研究中，Melitz（2003）和 Bernard 等（2003）将企业异质性定义为生产率的差异，而后续研究不断对企业异质性的内涵进行拓展。相比现有研究，本书在理论分析中在 Melitz（2003）模型的基础上引入能源投入，以至于企业间的异质性不仅体现在劳动生产率的差异上，还反映在能源效率的差异上。在实证分析中进一步立足于中国经济转型的大背景，对企业异质性的内涵进行拓展。具体而言，提高能源效率、改革所有制结构、升级产业结构以及促进区域协调发展已成为转型时期的重点任务，在本书的实证部分中，企业异质性体现在能源效率、所有制类型、所处产业和区域的不同。基于上述异质性视角，将探索出口贸易和贸易壁垒对异质性企业的差异化影响。

3. 研究视角创新

本书通过以下三个方面实现研究视角的创新：

（1）在研究企业出口与污染排放的关系的基础上进一步考虑企业在出口参与度上的差异，基于企业出口强度的视角展开深入的探讨。现有文献普遍认为，相对于非出口企业，出口企业更清洁（Galdeano - Gomez，2010；Cui et al.，2012，2016；Batrakova & Davies，2012；Holladay，2016；Forslid et al.，2018）。然而，上述研究主要采用二元变量（是否出口）来反映企业出口，忽略企业在出口参与度上的差异。在现实中，出口企业之间具有不相等的出口参与度，部分企业以内销为主，还有部分企业以出口为主。既然出口企业更清洁，那么企业的出口是否越多越好？针对此问题，本书采用出口强度来表示企业出口，充分考虑企业在出口参与度上的差异，为出口强度与污染排放之间的关系提供第一个来自中国的微观证据。

（2）同样在分析企业出口与污染排放的关系的基础上进一步考虑企业在贸易方式上的差别，从加工贸易以及贸易方式转型的视角进行深入的讨论。考虑到加工贸易在中国出口贸易中占据非常重要的地位，以及加工贸易企业的特殊性，在研究中国企业行为时，区分加工贸易与一般贸易是非常重要的（Dai et al.，2016；戴觅等，2014）。然而，现有针对企业出口与污染排放的研究均没有对贸易方式加以区分。此外，鉴于劳动力成本的日益上涨以及中国贸易政策的转变，加工贸易企业转型已成为必然趋势（毛其淋，2019）。但是，现有文献仍未涉及这一转型对企业污染排放的影响。为此，本书最先揭示加工贸易企业与一般贸易企业在污染排放上的差异，并识别加工贸易转型的微观环境效应。

（3）在考察贸易壁垒对企业污染排放的影响的基础上进一步考虑中国长期存在的贸易顺差，从贸易失衡的视角进行深入的分析。长期以来（尤其是2001年加入WTO后），巨大的贸易顺差让中国成为国际贸易摩擦的主要对象（李昕和徐滇庆，2013；戴翔和张二震，2013），也是中美贸易冲突的主要原因。在贸易失衡的背后，贸易顺差是否会加剧中国的污染排放？中国能否从中获得同等的利益？现有文献仍没有从微观视角对贸易失衡的环境效应进行考察。因此，本书最先从贸易失衡的视角，揭示中国的贸易顺差引致的微观环境效应。

第二章

文献综述

国内外学者针对国际贸易与环境污染关系、异质性企业出口、贸易壁垒等内容开展大量的研究，本书的文献综述将重点围绕上述三个方面开展讨论，并对既有的研究进行评述。

一、国际贸易与环境污染关系的相关研究

（一）贸易与环境污染的关系：理论研究

在环境问题被纳入经济学的研究框架后，环境经济学逐步成为经济学的主要学科，国内外的学者开始关注国际贸易与环境污染之间的关系。其中，自由贸易论者与环境保护论者对该问题展开激烈的争论。然而，传统的国际贸易理论并未包含环境要素，如何在国际贸易的理论框架中纳入环境要素无疑是一个挑战，也成为诸多学者的研究方向。

Grossman 和 Krueger（1991）最先对国际贸易与环境污染的关系进行系统性的研究。随着北美自由贸易协定（NAFTA）的生效，环境保护论者开始担心自由贸易会给墨西哥的环境带来负面的影响。为此，Grossman 和

Krueger（1991）在环境库兹涅茨曲线的基础上提出著名的、经典的贸易影响环境的三效应理论，认为国际贸易可以通过规模效应、结构效应和技术效应影响环境污染。此后，三效应理论成为相关理论发展的重要基础，诸多学者基于该理论进行更深层次的拓展（Copeland & Taylor，1994，1995；Grossman & Krueger，1995；Antweiler et al.，2001）。规模效应是指国际贸易导致经济活动规模变动，进而影响环境污染的现象；结构效应是指贸易引起经济结构变化，进而影响环境污染的现象；技术效应是指贸易引致生产技术的改进或环保设备的应用，进而影响环境污染的现象。贸易对环境污染的最终影响取决于上述三种效应的综合结果，所以从理论上讲，该影响是不确定的。其中，Grossman 和 Krueger（1995）进一步将该理论应用于经济增长与环境污染的关系研究，认为当一国的人均收入水平达到特定的临界值时，经济增长引起的正面的结构效应和技术效应将抵消并超过负面的规模效应，从而提高该国的环境质量。

Copeland 和 Taylor（1994）在 Grossman 和 Krueger（1991）的基础上，采用南北国家的一般均衡模型对贸易影响环境的三种效应进行理论阐述。他们认为，南北国家（发展中国家与发达国家）之间存在巨大的收入差距，而收入差距带来的环境规制（污染税）差异是贸易产生的重要原因，政府还会依据经济与贸易的发展调整污染税。该研究的结论表明，贸易引致的结构效应为环境质量是否会恶化的关键性因素。如果南北国家的污染税差异是贸易产生的最主要原因，而且贸易不能使生产要素的价格均等化，则贸易开放导致全球环境质量的整体恶化。此外，因为发达国家的污染税相对更高，所以贸易对发达国家的环境状况产生正面影响，但对发展中国家的环境则产生负面影响。之后，Copeland 和 Taylor（1995）将上述的理论模型引申至跨国境的污染问题，讨论贸易对跨国污染总量的影响，但该研究没有对规模效应、结构效应和技术效应进行详细的分解。

Antweiler 等（2001）进一步整合三效应理论、Copeland 和 Taylor（1994）的模型框架以及标准 H－O－S 模型，构建了一个污染—贸易的一般均衡模型，即著名的 ACT 模型。ACT 模型认为，贸易开放引致的规模效应和技术效应的作用是相反的，其中，前者增加一国的环境污染，而后者则减少污染。贸易开放的结构效应的作用是不确定的，净效应取决于污染避难所效应与要素禀赋效应的综合结果。污染避难所效应是指相对于发达国家，发展中国家环境规制较为宽松，贸易会引致产品生产和环境污染向发展中国家转移。要素禀赋效应是指发展中国家的劳动力资源充裕，在劳动密集型行业的产品生产和出口上拥有比较优势，而发达国家的比较优势则在于资本密集型行业，相对而言，劳动密集型产品的生产过程较为清洁，贸易会使发展中国家向清洁生产的方向转型。这一研究不仅将经典的规模、结构和技术三种效应进行模型化，而且在此基础上推导相应的估计方程式，为这三种效应的检验提供一个基础的实证框架。此后，基于 ACT 模型出现大量的实证研究（Cole & Elliott，2003；Managi et al.，2009；Levinson，2009）。另外，在 2009 年发布的 WTO 和联合国环境规划署的报告中，ACT 模型被认为是分析国际贸易对环境的影响的理论基础（Tamiotti et al.，2009）。

此外，包括 Chichilnisky（1994）、Ekins 等（1994）在内的学者也通过理论分析，对国际贸易与环境污染关系的相关研究做出贡献。其中，基于国家经济发展水平和环境规制差异的南北贸易模型成为一部分理论研究的基准框架，Chichilnisky（1994）采用南北贸易的模型将环境作为投入要素之一，假定南北国家之间的产权存在差异，研究发现南北贸易加剧资源不合理分配的状况，并逐步扩散至其他国家。Ekins 等（1994）讨论国际贸易引致的运输及土地所有权变更及其对环境污染的影响。Lopez（1994）利用包括资本、劳动、环境等要素在内的小国开放经济模型，发现贸易开放对该国环境状况的影响取决于初级产品生产的环境效应。

上述研究均从宏观层面展开分析，相比之下，微观层面的研究可能会更好地解释贸易影响环境污染的路径。随着 Melitz（2003）模型的出现，部分学者在该模型上进行拓展，引入环境要素，探讨国际贸易中微观企业污染排放行为。Cui 等（2012）、Kreickemeier 和 Richter（2014）、Shapiro 和 Walker（2018）、Forslid 等（2018）基于 Melitz（2003）模型构建异质性企业模型，分析贸易与污染排放之间的关系。其中，Cui 等（2012）将 Copeland 和 Taylor（1994，1995）的污染排放的建模思路引入 Melitz（2003）模型，分析企业出口、劳动生产率与污染排放的关系，研究发现，由于使用减排技术需要额外的固定成本，只有生产率达到特定临界值的企业才会投资并使用减排技术，而出口企业的生产率更高，所以更有可能采用减排技术。因此，相对于非出口企业，出口企业更为清洁。Kreickemeier 和 Richter（2014）基于异质性企业和行业整体排放的视角，分析贸易自由化对一国环境质量的总体影响，研究发现，当企业的排放强度随着生产率提高而显著下降时，贸易自由化将会使污染总量下降。Shapiro 和 Walker（2018）则发现，企业的排放强度与生产率成反比，而环境规制、生产率提高和贸易自由化均有利于降低行业层面的排放强度。Forslid 等（2018）引入企业减排投资，而企业是否投资减排技术和设备取决于它们的生产规模，原因在于更大的规模允许企业将减排投资的固定成本分摊至更多的产出单位。该研究发现，企业出口引致更大的产出规模，从而降低排放强度。

（二）贸易对环境污染影响的实证研究

现有文献对国际贸易与环境污染的关系进行了大量的实证检验，但至今仍未对结果达成清晰共识。总体来说，主要存在以下三种观点：

1. 贸易对环境的影响是有利的

其中，Antweiler 等（2001）的研究为实证分析贸易对环境污染影响的经典文献。该研究采用 1971～1996 年 43 个国家、108 个城市的 SO_2 排放数据，检验贸易开放引致的规模效应、结构效应和技术效应，发现贸易开放的污染避难所效应和要素禀赋效应相互抵消，以至于由此产生的结构效应相对较小，贸易主要通过规模效应和技术效应影响污染排放。综合而言，贸易对环境的整体影响是有利的。Dean（2002）以 COD 排放量作为环境质量的代理指标，基于 H - O 理论构建联立方程模型，发现虽然贸易对环境的直接影响是不利的，但间接影响以及净效应有助于提高环境质量。Frankel 和 Rose（2005）考虑贸易与收入的内生性问题，以引力模型的地理变量作为贸易的代理变量，滞后的收入水平作为工具变量，采用国家层面的截面数据发现贸易对空气质量具有改善作用。Levinson（2009）以美国制造业为研究对象，采用 SO_2、NO_2、CO 和 VOCs 作为污染物，考察美国制造业的污染排放下降的原因，发现贸易引起的技术效应是污染减排的主要原因。McAusland 和 Millimet（2013）以美国和加拿大作为研究对象，以有毒化学物质作为环境指标，使用工具变量的计量方法探讨国内贸易和国际贸易对环境污染的差别化效应，发现两者的环境效应是非对称的，其中，国际贸易有助于污染减排，而国内贸易则会恶化环境。国内文献方面，李小平和卢现祥（2010）综合使用环境投入产出模型、净出口消费指数等研究方法和指标，以及中国的 20 个行业与 G7 和 OECD 等国家的进出口交易数据，发现对外贸易降低了工业污染排放总量和排放强度，中国并没有因为自由贸易沦为发达国家的"污染天堂"。林伯强和刘泓汛（2015）测算中国工业两位数行业的能源环境效率，发现对外贸易通过进口技术溢出和出口中学两种渠道，对能源环境效率起到提升作用。此外，其他研究也发现贸易有利于环境污染的降低（Chintrakarn & Millimet, 2006；Baghdadi et al.，2013；陈红蕾和陈秋峰，2007）。

2. 贸易对环境的影响是不利的

其中，Cole（2006）考虑到贸易的环境效应因污染物的不同会有所差异，以及能源消耗是引起污染排放的直接原因，采用能源消耗作为因变量，发现当贸易开放度越高时，人均的能源消耗也越大。Dietzenbacher 等（2012）基于投入产出法对一般贸易与加工贸易进行区分，分析两者对中国环境污染的差异化影响，发现国际贸易带来的环境污染主要来源于一般贸易，而加工贸易相对更清洁。Guan 等（2014）考察出口贸易对中国 PM2.5 排放的影响，发现在 1997～2010 年，为满足出口生产而推动了 PM2.5 排放的增加。Lin 等（2014）考察中国生产中的空气污染有多少是由出口造成的，发现在 2006 年，中国生产侧排放的 36% 二氧化硫、27% 氮氧化物、22% 一氧化碳等用于国外消费者的产品供应。国内文献方面，刘安平和彭水军（2010）利用开放经济的环境投入产出模型、可比价的投入产出表与污染排放数据计算四类污染物的污染贸易条件和进出口含污量，发现中国为污染顺差国，对外贸易对中国环境的综合影响是负面的。李怀政（2010）基于外向型的工业部门发现出口贸易的增长虽然促进出口结构的优化和技术的进步，对环境产生正向效应，但同时产生的负向规模效应相对更大，以至于遮掩上述的正向效应，使出口贸易的净环境效应为负。李锴和齐绍洲（2011）基于 1997～2008 年中国省级面板数据发现贸易开放对中国环境影响是不利的，向底线赛跑效应大于环境改善效应。另外，其他文献也支持国际贸易或贸易开放会增加环境污染（Weber et al.，2008；Stahls et al.，2011；Bajona & Kelly，2012；邓柏盛和宋德勇，2008；张友国，2009；何正霞和许士春，2009；张根能等，2014；胡艺等，2019）。

3. 贸易与环境污染之间的关系是复杂和不确定的

该观点目前占主导地位。Cole 和 Elliott（2003）在 ACT 模型基础上将贸易引致的结构效应分成两部分，分别是由于要素禀赋和环境规制的不同引致的产品结构差异，即要素禀赋效应和污染避难所效应，发现当选取不同的污染物和主要变量进行分析时，贸易对环境的净效应也有所差异。Managi 等（2009）同样发现贸易对环境质量的影响因样本国家和污染物选取的不同而有所差别，总体而言，贸易有助于发达国家的环境质量改善，但却增加发展中国家的部分污染物排放。Gumilang 等（2011）以印度尼西亚—日本经济合作协议和东盟自由贸易协定（CAFTA）作为政策冲击，采用印度尼西亚的环境数据分别考察两个贸易协议引致的贸易自由化对空气质量和水质量的异质性影响，发现关税削减对不同污染物的排放造成不相等的效应。国内文献方面，刘林奇（2009）基于中国省级工业污水排放数据，从规模、结构、技术、市场效率和环境政策视角考察对外贸易的环境效应，发现贸易对东部地区的环境具有积极的影响，但对中西部地区则有负面效应。彭水军等（2013）基于 2005～2010 年中国 251 个地级市的面板数据，发现贸易开放有助于降低烟尘排放量，但对 SO_2 和废水排放量以及三类污染物的排放强度的影响在统计上不显著。另外，其他文献同样发现国际贸易或贸易自由化对环境污染的影响是不确定的（Hubbard，2006；游伟民，2010；阚大学和吕连菊，2015；刘修岩和董会敏，2017）。

（三）贸易对企业污染排放的影响

自从异质性企业贸易理论出现（Melitz，2003；Bernard et al.，2003）以及企业层面数据得到广泛的应用，国际贸易的研究已转向微观领域，关于贸易对微观企业污染排放的影响的研究也开始出现。根据 Melitz（2003）的观点，生产率较高或达到一定阈值的企业进入出口市场，而贸易使得更多的资源流向出口企业，从而提高行业整体的生产率水平。大量研究也表明，企业出口可以引致技术升级，提高自身的生产率（Girma et al.，2004；van Biesebroeck，2005；De Loecker，2007；Bustos，2011）。此外，近十几年来，学者开始关注企业层面的污染排放，Bloom 等（2010）、Shapiro 和 Walker（2018）发现企业生产率与污染排放强度之间存在负相关关系。Cao 等（2016）发现如果企业减排技术投入与生产率是互补（替代）的，则减排投资将随着生产率的提高而增加（减少）。Brucal 等（2019）采用印度尼西亚的企业数据和 DID 模型分析外资并购对企业能源强度的影响，发现外资并购企业通过扩大生产，提高能源利用率，降低能源强度。

结合上述的企业出口与生产率以及生产率与排放强度（或减排技术）的关系，学者开始研究贸易如何影响企业层面污染排放。Galdeano - Gomez（2010）采用西班牙食品行业的数据对环境效率指标进行测算，考察企业出口与环境绩效的联系，研究发现出口导向型企业的生产率和环境效率均较高。Cui 等（2012）以 Melitz（2003）模型为基础，将 Copeland 和 Taylor（1994，1995）对污染排放的建模思路引入模型，对企业出口、劳动生产率与污染排放之间的关系进行建模，研究发现，相对于非出口企业，出口企业的生产率更高，更有可能采用清洁技术进行生产，污染排放水平更低。Cui 等（2016）进一步将美国制造业企业的空气污染数据与其他的企业数据进行匹配，实证考察企业出口行为、生产率和生产规模对排放强度的影响，发现三者与排放强度之间均呈负向关系。Batrakova 和 Davies

（2012）采用爱尔兰的企业数据将能源强度作为微观环境表现的代理变量，结果表明，相对于非出口企业，出口企业的能源强度较低，该影响在高能源密集度的企业最为明显。Kreickemeier 和 Richter（2014）基于企业视角从理论上分析贸易自由化的环境效应，发现企业的排放强度与生产率呈显著的负向关系时，贸易自由化会降低污染排放量。Roy 和 Yasar（2015）采用印度尼西亚的数据，以能源效率作为环境代理变量，通过差分法构造企业出口的工具变量，发现出口减少企业能源使用，提高能源效率。Holladay（2016）采用企业层面数据考察企业出口、进口竞争与污染排放之间的关系，发现出口企业污染排放更少，且对于不同行业有异质性的影响，而进口竞争会使得规模最小、排放强度最高的企业退出行业。Cherniwchan（2017）采用美国制造业企业数据考察 NAFTA 带来的贸易自由化对企业污染排放的影响，发现中间产品进口关税和国外关税的削减有助于降低企业污染排放水平，并进一步从企业的进入与退出、污染密集型中间产品的生产转移和技术升级三个角度进行机制检验。Cherniwchan 等（2017）将企业、行业和国家多个层面的生产活动相结合，提出一种新颖的污染排放变化的分解方法。Richter 和 Schiersch（2017）采用德国企业数据，通过多投入、多产出的方法测算企业层面的碳排放效率，发现出口强度越高的企业，碳排放效率越高，排放强度越低。Shapiro 和 Walker（2018）同时分析国际贸易、生产率和环境规制对企业污染减排的贡献，与 Cherniwchan（2017）的结论不同，该研究认为环境规制才是美国制造业在 1990～2008年污染排放下降的真正原因。Forslid 等（2018）采用瑞典企业数据得到出口企业更清洁的结论，并从理论视角探索其中原因，发现出口企业通常具有更大的生产规模，可以将减排设备投资的固定成本分摊至更多的产出单位，进而更有可能更新减排设备。Gutierrez 和 Teshima（2018）结合墨西哥企业数据和卫星图像数据分析关税下降引致的进口竞争对企业的能源使用、减排支出和周边空气污染的影响，发现进口竞争导致企业提高能源效率，减少污染排放，但同时会降低企业对环境保护的直接投资。Barrows 和 Ollivier（2018）采用印度企业产品层面的排放数据分析出口产品组合与企业排放强度的关系，发现企业销量最大的产品比其他产品更清洁，而企业间的再分配效应会影响出口产品组合，进而影响污染排放。Imbruno 和 Ketterer（2018）采用印度尼西亚的企业数据，使用倍差匹配法分析中间品进口对环境表现的影响，发现进口中间产品可以促进企业能源效率的提高。He 等（2019）结合中国工业企业数据以及行业层面的污染排放系数折算规模以上企业的污染排放量，检验贸易自由化对出口企业污染排放的影响，发现进口自由化和出口自由化均加剧污染排放。此外，该研究不仅从规模效应、要素结构效应和技术效应对影响机制进行检验，还从所有制类型、制造业部门和区域视角进行异质性检验。He 和 Lin（2019）采用与 He 等（2019）相似的方法和中国企业数据检验贸易失衡对出口企业污染排放的影响，发现贸易失衡（尤其是贸易顺差）导致企业污染排放的增加。

国内文献方面，针对贸易与企业污染排放关系的研究非常缺乏。其中，理论研究方面，周默涵（2017）基于 MO 模型（Melitz & Ottaviano，2008）分析贸易自由化对企业环境行为以及加总的污染排放的影响，发现贸易自由化扩大全球的总产出，且降低总污染排放，从而实现经济和环境效益的"双赢"。基于 Cui 等（2012）的理论框架，李静和陈思（2014）、刘晴等（2014）分别研究出口行为和出口方式对企业污染排放的影响，并采用 2004 年中国工业企业的排污费数据对理论模型进行检验。徐保昌（2016）同样采用 2004 年中国企业的排污费数据实证考察企业出口对其排污行为的影响。但这些研究均采用企业排污费数据进行分析，而非企业真实的污染排放数据。此外，郭树龙（2019）采用中国企业数据，发现中间品进口可以通过资源配置效应和技术溢出效应，降低企业污染排放，且环境规制强化东部省份的中间品进口减排效应。刘啟仁和陈恬（2020）基于中国企业税务数据库所提供的能源消耗数据折算企业层面的碳排放强度，发现相对于非出口企业，出口企业的碳排放强度更高，主要原因在于出口企业的低生产率和低加成率，抑制企业的技术升级以及环保投资。

二、异质性企业出口的相关研究

(一) 企业异质性理论的提出与发展

自从 Smith 在《国富论》中提出绝对优势理论以来，国际贸易理论经过 200 多年的发展，依次经历古典贸易理论、新古典贸易理论、新贸易理论、新兴古典贸易理论和新新贸易理论五个阶段，主要回答三个基本问题，即贸易动因、结构和结果（彭徽，2012）。

在异质性企业贸易理论出现之前，几乎所有的国际贸易理论都有一个共同的假定，即所有企业都是同质的。20 世纪 90 年代，该假定开始受到挑战，源于学者提出的一个问题：企业为什么出口？围绕这一问题出现诸多解答，但形成系统的理论体系并被学术界广泛接受的，要属企业生产率异质性假说（Bernard & Jensen，1997）。Bernard 和 Jensen（1997）采用美国制造业的普查数据进行实证研究，发现在同一行业内，出口企业的生产率普遍比非出口企业高，这种现象在劳动密集型行业更为突出。随后，大量基于企业数据的实证研究也发现类似的结果（Clerides et al.，1998；Bernard & Jensen，1999；Aw et al.，2000）。上述实证研究均表明，企业间的异质性是客观存在的。但由于企业同质性的假定，以往的贸易理论都无法对该现象进行解释，既有的贸易理论与现实的实证结果的"脱节"促使以异质性企业为核心假定的新新贸易理论的形成。

与以往的贸易理论不同，新新贸易理论引入企业异质性假定（主要为生产率异质性），以企业个体作为研究对象，从微观视角分析贸易的动因、结构和结果，将国际贸易理论研究引入微观领域。新新贸易理论主要包括两个分支：一是以 Melitz（2003）和 Bernard 等（2003）为代表的异质性企业贸易理论；二是以 Antras（2003）为代表的企业内生性边界理论。其中，后续影响力最大的当属 Melitz（2003）构建的异质性企业模型。Melitz（2003）在 D – S 模型（Dixit & Stiglitz，1977）、Krugman 模型（Krugman，1980）和 Hopenhayn 模型（Hopenhayn，1992）的基础上，引入企业生产率异质性，其理论分析的结果表明，存在出口和进入行业两个生产率临界值，只有生产率足够高（达到出口临界值）的企业可以进入出口市场，生产率居中（达到进入行业的临界值）的企业在国内市场销售，生产率较低（低于进入行业的临界值）的企业则退出行业，而贸易自由化将会引起同一行业内、企业间的资源再分配，即低效率企业退出行业，高效率企业实现扩张，进而提高该产业的整体生产率。

自 Melitz（2003）模型出现以来，大量学者在此基础上进行拓展，丰富和完善异质性企业贸易理论。其中，比较有代表性的拓展模型包括：Helpman 等（2004）基于异质性企业的视角解释国际化经营的企业在出口和 FDI 上的自选择行为，发现由于进行 FDI 的固定成本高于从事出口贸易的固定成本，所以在同一行业内，生产率最高（高于进行 FDI 的临界水平）的企业才会以 FDI 的形式进入国外市场，生产率居中的企业选择以出口方式输出产品，而生产率较低的企业只在国内销售。考虑到企业的异质性特征不局限于生产率，Verhoogen（2008）、Baldwin 和 Harrigan（2011）将企业层面的产品质量异质性纳入 Melitz 模型，揭示企业出口与产品质量之间的关系。Ahn 等（2011）引入贸易中介，分析贸易中介对企业直接出口和间接出口决策的影响，发现异质性企业会根据自身的生产率水平内生地选择出口模式，其中，生产率较高的企业倾向于直接出口，而生产率较低的企业则选择间接出口，而且贸易中介为本身不具备出口条件的企业提供进入国外市场的可能性。此外，作为与本书相关度较高的拓展，Cui 等（2012）、Kreickemeier 和 Richter（2014）、Shapiro 和 Walker（2018）、Forslid 等（2018）均基于 Melitz（2003）模型从微观企业视角分析贸易与环境的关系。

（二）异质性企业出口

随着异质性企业贸易理论的提出（Melitz, 2003; Bernard et al., 2003），作为出口贸易的微观主体，企业出口已成为国际贸易研究领域所关注的热点论题。从随后的实证研究看，主要围绕企业生产率与出口行为之间的关系，基于出口自选择效应和出口学习效应两条路径展开。出口自选择效应是指由于进入出口市场需要支付额外的固定成本和可变成本，只有企业生产率足够高时才能克服这些成本，从而将产品出口到国外市场。Clerides 等（1998）对墨西哥、哥伦比亚和摩洛哥，Aw 等（2000）对中国台湾和韩国，Delgado 等（2002）对西班牙，Bernard 和 Jensen（2004）对美国，Girma 等（2004）对英国，赵伟等（2011）、钱学锋等（2011）对中国的研究均提供了出口自选择效应存在的证据。然而，众多采用中国工业企业样本的实证研究却发现相反的结论，即中国出口企业的生产率普遍低于内销企业，这被称为出口—生产率悖论（Lu, 2010; Lu et al., 2010; Yang & He, 2014; Dai et al., 2016; 李春顶, 2010; 李建萍和张乃丽, 2014; 汤二子, 2017）。另外有实证文献关注出口学习效应，该效应是指，企业在将产品出口到外国市场的过程中学习或获得先进的技术、设备、管理经验等，从而直接或间接地提高自身的生产率水平。Girma 等（2004）对英国，Blalock 和 Gertler（2004）对印度尼西亚，Van Biesebroeck（2005）对非洲国家，De Loecker（2007）对斯洛文尼亚，钱学锋等（2011）、胡翠等（2015）对中国的研究均支持出口学习效应的存在。

除上述企业出口有助于提高自身生产率的出口学习效应外，企业出口还存在其他的影响效应。首先，Wagner（2007）、De Loecker 和 Warzynski（2012）、黄先海等（2018）认为出口学习效应不仅反映在企业生产率的提高上，还从加成率视角进行分析，与生产率相比，加成率同时反映企业的产品质量和边际成本，更能体现企业出口对自身技术进步的贡献。其次，Aghion 等（2017）、黄先海等（2015）、李兵等（2016）将企业创新作为分析指标，发现企业出口会影响自身知识水平和创新能力，进入出口市场不仅进一步提高企业利润空间，还会带来知识溢出。再次，部分文献基于社会福利视角考察企业出口对就业和收入的影响，其中，Biscourp 和 Kramarz（2007）、Xu 和 Li（2008）以及马述忠等（2016）均发现企业出口对就业有显著影响，而 Hummels 等（2011）、Amiti 和 Davis（2012）以及张杰等（2012）则发现企业出口对劳动者的收入水平同样存在显著的提升效应。最后，Galdeano-Gomez（2010）、Cui 等（2012，2016）、Batrakova 和 Davies（2012）、Holladay（2016）、Richter 和 Schiersch（2017）基于环境视角发现，相对于非出口企业，出口企业更为清洁，出口贸易有助于企业的污染减排。

（三）出口强度

各个国家均存在一个普遍现象：出口企业具有不同的出口参与度，且大多数企业只出口它们总产出中的一部分（Bernard & Jensen，2004；Brooks，2006；Eaton et al.，2011）。其中，一些出口企业主要关注国内市场，一些企业关注国外市场，还有部分企业将所有产品销售至国际市场。针对既出口又内销的企业，现有文献对企业的出口强度进行研究。Lu 等（2010）和 Dai 等（2016）分别发现在中国，外资企业和加工贸易企业的出口强度较高，而生产率较低。相关文献也分析出口强度对企业行为和绩效的影响，其中，以对生产率的影响为主（Liu et al.，1999；Castellani，2002；Antolin et al.，2013；范剑勇和冯猛，2013；陈勇兵等，2014；岳文和韩剑，2017），还包括对劳动者工资水平（史青，2013）、利润率（苏振东和洪玉娟，2013；陈勇兵等，2014）的影响。范剑勇和冯猛（2013）、陈勇兵等（2014）均发现，中国出口企业的生产率悖论主要集中于出口强度较高的企业，而对于出口强度较低的企业，它们的生产率高于非出口企业，即不存在出口—生产率悖论。Lu 等（2014）进一步对纯出口企业进行分析，发现这类企业存在特殊性，即它们的生产率低于内销企业以及既出口又内销的混合型企业。此外，Richter 和 Schiersch（2017）以碳排放效率作为企业环境绩效考察出口强度与企业环境表现的关系，发现出口强度较高的企业拥有更高的碳排放效率，即环境表现更好。

（四）加工贸易

对于众多基于中国出口企业发现的事实，即出口—生产率悖论，Melitz（2003）提出的企业出口自选择效应是否在中国存在，诸多中国学者从各种角度探讨原因。其中，比较令人信服的解释当属加工贸易的视角（李春顶，2015）。现有文献对比加工贸易企业与一般贸易企业的特征差异，发现与从事一般贸易的企业相比，加工贸易企业享受不同的贸易政策，面临不相等的生产和贸易成本，具有差别化的生产形式，以至于加工贸易企业的生产率较低，劳动密集度和外资依赖度较高（Dai et al.，2016；李春顶等，2010；余淼杰，2011；戴觅等，2014）。Dai 等（2016）和戴觅等（2014）证明，加工贸易企业的低生产率是中国出口企业存在生产率悖论的主要原因，而一般贸易企业和既从事一般贸易又从事加工贸易的混合型企业均不存在生产率悖论。由于加工贸易是中国出口贸易的主要形式以及加工贸易企业的特殊性，在研究中国企业的行为时，区分加工贸易与一般贸易十分重要（Dai et al.，2016；戴觅等，2014）。除生产率较低外，Bergin 等（2011）还发现，加工贸易比重较高行业的经济波动性比其他行业更大；刘晴等（2014）表明，加工贸易企业所支付的排污费高于一般贸易企业和内销企业。此外，现有文献还对加工贸易的动因和影响效应进行研究。在企业选择以加工贸易方式进行出口的动因方面，包括融资约束程度较高（Manova & Yu，2016）、生产率较低（Dai et al.，2016；戴觅等，2014）的企业自选择从事加工贸易，而中国的出口退税政策也是加工贸易繁荣的原因之一（范子英和田彬彬，2014）。在加工贸易的影响效应方面，Wang 和 Yu（2012）发现，企业以加工贸易进行出口后，未获得生产率提高，即"出口中学"效应不存在于加工贸易企业中。除不利于生产率提高外，于瀚和肖玲诺（2013）、逯宇铎等（2015）发现，发展加工贸易也不利于企业利润率的提高。而刘晴和徐蕾（2013）则发现加工贸易可以吸收中国二元经济结构中的剩余劳动力，改善社会福利水平。

此外，随着劳动力成本的上涨以及贸易政策的转变，加工贸易企业转型已成为必然趋势（毛其淋，2019）。现有文献对加工贸易企业转型进行研究，主要聚焦于加工贸易转型的原因或影响因素，包括劳动力成本（马光明，2014）、人民币汇率（马光明，2014；余淼杰和崔晓敏，2018）、融资约束（马述忠等，2017）、人力资本（毛其淋，2019）、贸易政策（胡浩然和李坤望，2019）等。此外，还有部分文献讨论加工贸易转型的影响效应，包括对就业水平（马述忠等，2016）、产品技术含量（齐俊妍和王岚，2015）等的影响。

三、贸易壁垒影响效应的相关研究

（一）宏观层面影响

现有文献主要以贸易自由化表示贸易壁垒减少，研究贸易壁垒带来的影响。贸易自由化是指不同国家之间对来自国外产品进口的限制和壁垒逐步减少的过程，包括关税降低和非关税壁垒的消除。

学术界对贸易自由化影响效应的研究日益丰富，而关于贸易自由化的早期研究主要关注其对宏观层面的经济增长、就业水平、收入分配和贸易产品种类的影响。Edwards（1993）、Coe 等（1997）、Dollar 和 Kraay（2004）、郭炳南和程贵孙（2013）均发现，贸易自由化可显著促进一国经济增长。卫瑞和庄宗明（2015）表明，贸易自由化是 1995～2009 年中国就业增长的主要驱动因素，而何冰和周申（2019）基于地级市数据也得出相似的结论。Harrison 和 Hanson（1999）、Goldberg 和 Pavcnik（2007）、郭熙保和罗知（2008）、陈怡等（2013）均发现，贸易自由化同样对一国收入分配产生影响。Broda 和 Weinstein（2006）、Goldberg 等（2009）则强调贸易自由化带来进口产品种类的增加，从而提高福利水平。

此外，现有文献还从宏观或中观视角考察贸易自由化对环境污染的影响。Grossman 和 Krueger（1991）提出，贸易自由化通过规模效应、结构效应和技术效应影响一国的环境污染。该研究成为分析贸易自由化的宏观（或中观）环境效应的基础，并在之后被诸多学者不断拓展（Grossman & Krueger，1995；Copeland & Taylor，1994，1995；Antweiler et al.，2001）。而贸易自由化对一国环境状况的影响是有利的还是不利的，至今仍没有达成共识。主要有三种观点：第一，贸易自由化会带来技术进步和资源的优化配置，改善环境质量（Antweiler et al.，2001；Dean，2002；Baghdadi et al.，2013）。第二，贸易自由化会带来更多经济活动，扩大生产规模，转移污染密集型行业，加剧污染排放（Cole，2006；李锴和齐绍洲，2011）。第三，当采用不同国家或不同污染物的数据进行分析时，贸易自由化对环境污染的影响是不相同的，即该影响是复杂且不确定的（Cole & Elliott，2003；Managi et al.，2009；Gumilang et al.，2011）。

（二）微观层面影响

随着异质性企业贸易理论的出现（Melitz，2003；Bernard et al.，2003）以及企业层面数据的应用，针对贸易自由化影响效应的研究对象开始转向微观企业。实际上，贸易自由化的微观影响效应也是 Melitz（2003）模型框架的重要内容之一。首先，Melitz（2003）认为，由于贸易成本的存在，只有生产率达到一定临界值的企业才能进入出口市场。随着贸易自由化程度的逐步提高，企业出口的生产率临界值不断降低，原出口企业扩大出口规模（集约边际），而部分内销企业也可以进入出口市场（扩展边际）。基于 Melitz（2003）的研究，越来越多的学者关注贸易自由化对企业出口的影响，并将出口增长分解为集约边际和扩展边际（Trefler，2004；Hummels & Klenow，2005；Martincus & Carballo，2008；He et al.，2020）。国内文献同样发现贸易自由化可以促进企业的出口行为（毛其淋和盛斌，2013，2014），提高出口强度（田巍和余淼杰，2013；毛其淋和盛斌，

2013），提高出口产品质量（刘晓宁和刘磊，2015），提高出口技术复杂度（盛斌和毛其淋，2017），提高出口国内附加值率（毛其淋和许家云，2019）。其次，贸易自由化与企业生产率提升之间的关系一直备受学者的关注。其中，Schor（2004）对巴西企业、Amiti 和 Konings（2007）对印度尼西亚企业、Fernandes（2007）对哥伦比亚企业、余淼杰（2010）与毛其淋和许家云（2015）对中国企业的研究，都发现贸易自由化促进企业生产率的提高。最后，贸易自由化对企业进入和退出市场的决策及存活概率的影响已纳入学者的研究内容。其中，Gu 等（2003）、Baggs（2005）、毛其淋和盛斌（2013）都发现贸易自由化对企业进入和退出市场或存活的概率产生显著的影响。其他文献还关注贸易自由化对企业规模（Head & Ries，1999；盛斌和毛其淋，2015）、技术升级（Bustos，2011；陈雯和苗双有，2016）、就业变动（Biscourp & Kramarz，2007；毛其淋和许家云，2016）、劳动收入（Karabarbounis & Neiman，2013；余淼杰和梁中华，2014）等方面的影响。此外，作为与本书研究相关的一类文献，贸易自由化对企业污染排放影响的研究开始出现。Cherniwchan（2017）考察 NAF-TA 引致的贸易自由化对美国制造业企业的污染排放的影响，发现中间产品进口自由化以及出口自由化有利于企业污染减排。Gutierrez 和 Teshima（2018）分析关税下降引致的进口竞争对墨西哥企业周边空气污染的影响，发现进口竞争导致企业减少排放。而 He 等（2019）则发现相反的结果，研究检验贸易自由化对中国出口企业的污染排放的影响，发现无论是进口自由化还是出口自由化均加剧企业的污染排放。

此外，基于社会福利的视角，学者还关注贸易自由化的福利效应。Arkolakis 等（2012）对国际贸易的整体福利效应进行测算，引起大量的后续讨论。其中，Di Giovanni 等（2014）、Melitz 和 Redding（2015）、Felbermayr 等（2015）、Caliendo 和 Parro（2015）、樊海潮和张丽娜（2018）的侧重点在于贸易对整体福利的改进效应。例如，樊海潮和张丽娜（2018）研究发现，如果一国最终产品的进口关税下降会恶化该国的福利水平；如果中间品的进口关税下降则会改善福利。Fajgelbaum 和 Khandelwal（2016）、施炳展和张夏（2018）进一步表明，由于消费者或劳动者存在的异质性，贸易自由化对居民福利的影响存在差异，引起贸易自由化的福利分布效应。例如，施炳展和张夏（2018）发现关税削减产生支出效应和收入效应，提高中国家庭的福利水平，且对较低收入家庭的福利效应更大。Porto（2006）、Nicita（2009）、Nicita 等（2014）、Ahsan 和 Chatterjee（2017）、李磊等（2011）、韩军等（2015）、张川川（2015）采用家庭层面的数据对贸易自由化的福利效应展开更细致的分析。例如，韩军等（2015）以邓小平"南方谈话"和加入 WTO 两大事件作为衡量中国贸易自由化的外生变量，发现贸易自由化对收入差距的影响在不同时期有所差异，对城市与农村的影响也不同。此外，贸易自由化对改善公共健康起到重要作用（Owen & Wu，2007；谭琳和宋月萍，2004）。Bombardini 和 Li（2020）采用中国城市数据构造出口冲击的指标，发现出口扩张会加剧环境污染，提高婴儿死亡率。刘铠豪等（2019）基于中国家庭数据，使用关税变化构建工具变量，发现出口冲击会降低居民的发病率，但出口引致的环境污染不利于居民健康。

（三）贸易失衡

在贸易壁垒对进出口贸易影响的基础上，Santos – Paulino 和 Thirlwall（2004）发现贸易壁垒减少会同时促进发展中国家的进口和出口贸易，但对两者的促进作用不相等，从而加剧这些国家的贸易失衡。贸易失衡是指一国出口与进口之间存在差额的情形，当出口额大于进口额时表示存在贸易顺差；反之，则表示存在贸易逆差。现有文献关于贸易失衡的研究逐步丰富，包括对贸易失衡的成因以及影响效应的讨论。

现有文献关于贸易失衡的研究主要集中于成因分析，并取得诸多成果。Voon 和 Kueh（2000）、Jones 和 Kierzkowski（2005）基于事实数据证明微观层面的国际分工是影响贸易失衡的主要原因。Hubbard（2006）从美国的视角分析全球贸易失衡，认为以美国为代表的发达国家出现贸易逆差的主要原因在于美元的强势地位，以及新兴经济体的过度储蓄。Chinn

和 Ito（2007）从新兴经济体的视角认为投资不足是这些国家出现贸易顺差的主要原因，而发达国家高额的财政赤字起到促进作用。Braun 等（2009）表明，人口因素是美国中长期贸易失衡的重要原因，居民预期寿命的差异会通过国内储蓄影响经常项目开支。此外，国内研究分别从美国对高新技术产品的出口管制（黄晓凤和廖雄飞，2011）、南北国家发展的不平衡（戴翔和张二震，2013）、人民币汇率（梅冬州等，2013；王彬，2015）、财政行为（林峰，2014；张磊和王德祥，2018）、劳动参与与收入不平等（谢建国等，2015）等方面分析中国对外贸易失衡的原因。

现有文献同样对贸易失衡的影响效应进行讨论。首先，基于中国长期以来巨大的贸易顺差，国内学者探讨贸易顺差对中国经济增长的影响。例如，路风和余永定（2012）发现，虽然贸易顺差对经济增长具有促进作用，但同时也带来一些负面的影响，如阻碍产业升级，所以依托贸易顺差的经济增长是不可持续的。其次，现有文献分析贸易失衡的就业效应和收入效应。Helpman 等（2010）表明，巨额的贸易顺差可能造成中等熟练工人的收入下降，从而提高失业率。陈昊（2011）基于中国行业数据的研究同样支持 Helpman 等（2010）的研究结论，即贸易顺差无法进一步提高就业水平。再次，基于全球价值链的视角，部分学者采用增加值贸易和贸易中价值增值的测算方法，揭示贸易失衡背后的各个国家、双边或具体国家的实际贸易利得（Daudin et al.，2011；Johnson & Noguera，2012；Koopman et al.，2014；李昕和徐滇庆，2013；王直等，2015）。其中，李昕和徐滇庆（2013）、王直等（2015）均表明，贸易利益的流向与贸易差额不完全一致，以至于中国没有从贸易顺差中获得同等的利益。黄鹏等（2018）、余振（2018）、王岚（2018）基于中美贸易的视角也得到相似的结论，即中国在全球价值链分工中承担较低附加值的制造和加工环节，仅获得较小的实际利益。最后，现有文献还基于贸易隐含碳排放的测算，分析贸易失衡对中国整体环境的影响（Weber et al.，2008；Lin & Sun，2010；张友国，2010；张为付和杜运苏，2011；张文城和彭水军，2014）。研究均发现中国出口产品的隐含碳排放高于进口产品，即中国的贸易顺差引致大规模的"隐含碳排放顺差",对环境质量产生不利的影响。此外,基于微观企业数据,He 和 Lin(2019)检验贸易失衡(包括贸易顺差和逆差)对中国出口企业的污染排放的影响,发现贸易失衡(尤其是贸易顺差)增加企业的污染排放。

四、文献评述

综上所述,国内外学者针对国际贸易与环境污染的关系、异质性企业出口、贸易壁垒等领域或内容进行广泛研究,取得丰富且有益的成果,对相关研究的发展做出巨大的贡献,且对本书研究提供诸多帮助和启示。但现有研究依然存在诸多不足之处,有待进一步拓展。

(一)现有研究的贡献

1. 构建异质性企业以及贸易与环境污染关系的理论分析框架

首先,与以往贸易理论相比,Melitz(2003)、Bernard 等(2003)引入企业异质性,以企业作为研究对象,从微观层面对国际贸易进行研究,进而将国际贸易研究的重心转向微观领域。Melitz(2003)构建的理论框架成为后续研究的重要基础,大量学者对该模型进行拓展,丰富和完善异质性企业贸易理论(Helpman et al., 2004;Baldwin & Harrigan, 2011;Ahn et al., 2011)。其次,Grossman 和 Krueger(1991,1995)在国际贸易的理论框架中引入环境因素,提出贸易对环境影响的三种效应。三效应理论是研究国际贸易与环境污染关系的重要基础,诸多学者基于该理论进行更深层次的拓展,如 Copeland 和 Taylor(1994,1995)基于南北国家的一般均衡模型、Antweiler 等(2001)的 ACT 模型等。此外,Cui 等(2012)、Kreickemeier 和 Richter(2014)、Shapiro 和 Walker(2018)、Forslid 等

（2018）进一步基于 Melitz（2003）模型构建异质性企业模型，分析企业出口、贸易壁垒与污染排放的关系。这些理论研究都为后续的深入讨论和本书的理论研究奠定基础。

2. 对出口贸易与企业行为的关系进行考察

随着异质性企业贸易理论的提出（Melitz，2003；Bernard et al.，2003），企业出口成为国际贸易研究领域关注的热点问题，许多学者开始对出口贸易与企业行为的关系进行考察，包括企业出口与生产率（Girma et al.，2004；De Loecker，2007）、加成率（Wagner，2007；De Loecker & Warzynski，2012）、创新能力（Aghion et al.，2017；黄先海等，2015）、就业水平（Biscourp & Kramarz，2007；Xu & Li，2008）、雇员收入（Hummels et al.，2011；Amiti & Davis，2012）等的关系。此外，现有文献也基于环境视角考察企业出口与环境表现的关系，发现出口企业相对更清洁（Galdeano–Gomez，2010；Cui et al.，2012，2016；Batrakova & Davies，2012；Roy & Yasar，2015；Holladay，2016；Richter & Schiersch，2017）。这些研究都为后续的深入研究以及本书的实证分析部分提供参考。

3. 对贸易壁垒的影响效应进行分析

现有研究对贸易环境变化的影响进行分析，包括贸易自由化对宏观经济（Harrison & Hanson，1999；Dollar & Kraay，2004）、微观企业行为（Trefler，2004；Amiti & Konings，2007；Bustos，2011）、社会福利（Nicita et al.，2014；Fajgelbaum & Khandelwal，2016）的影响。基于环境视角，Cherniwchan（2017）、Gutierrez 和 Teshima（2018）、He 等（2019）考察贸易自由化对微观企业污染排放的影响。此外，现有研究还对贸易失衡的成因（Santos–Paulino & Thirlwall，2004；Braun et al.，2009）以及影响效应（Helpman et al.，2010；He & Lin，2019）进行分析。上述研究都为后续的深入研究以及本书的实证分析提供借鉴。

4. 对国际贸易影响污染排放的机制进行检验

Grossman 和 Krueger（1991）最先提出贸易对环境污染影响的三效应理论，成为后续相关机制检验的基础。Antweiler 等（2001）的 ACT 模型进一步推导出三种效应的估计公式，为相关机制的实证检验提供基本框架。基于 ACT 模型许多学者通过规模效应、结构效应和技术效应，实证检验贸易影响污染排放的机制（Cole & Elliot，2003；Levinson，2009；Managi et al.，2009）。此外，基于微观企业视角，Cui 等（2012，2016）通过劳动生产率，Cherniwchan（2017）通过企业进入与退出、污染密集型中间产品生产转移和技术升级，Forslid 等（2018）通过减排技术投资，以及 He 等（2019）、He 和 Lin（2019）通过三效应理论在企业层面的应用分别检验贸易影响企业层面污染排放的渠道。这些研究都为后续的深入探讨和本书的机制检验提供参考。

（二）现有研究存在的不足

1. 虽然现有研究已将环境因素纳入异质性企业贸易理论框架，但相关理论框架还有待进一步拓展

首先，Melitz（2003）构建异质性企业贸易模型，从微观视角分析贸易的动因、结构和结果，成功将国际贸易研究引向微观领域。作为最前沿的贸易理论，异质性企业贸易理论框架适用于分析贸易与企业污染排放的关系，但现有的相关研究还不完善，缺乏对污染排放、能源效率等要素的充分考虑。其次，Grossman 和 Krueger（1991，1995）、Copeland 和 Taylor（1994，1995）、Antweiler 等（2001）成功将环境因素纳入贸易理论框架，基于规模效应、结构效应和技术效应解释贸易对环境污染的影响，但这些研究均从宏观或中观视角展开。相对而言，微观层面的分析可能更有助于解释贸易影响污染排放的路径。虽然 Cui 等（2012）、Kreickemeier 和 Richter（2014）、Shapiro 和 Walker（2018）、Forslid 等（2018）将环境污染引入 Melitz（2003）模型，从微观视角分析贸易与环境的关系，但是这些研究主要关注企业出口、生产率与污染排放的关系，而相对于生产率，企业的能源效率与污染排放的关系更为密切。此外，现有研究未能综合考虑加工贸易、贸易壁垒等要素，而这些要素在企业出口与污染排放之间发挥重要的作用。因此，本书将污染排放、能源投入、能源效率等融入

Melitz（2003）模型，对企业污染排放进行分解，在此基础上逐步引入加工贸易、贸易壁垒等要素，构建用于分析贸易与环境关系的、基于异质性企业的理论框架，从环境视角对异质性企业贸易理论进行拓展和补充。

2. 出口贸易与贸易壁垒对中国企业污染排放影响的实证研究严重不足

首先，受限于微观企业数据的可获得性，一方面，针对国际贸易对微观企业影响的实证研究主要集中于生产率、加成率、就业等方面；另一方面，针对贸易对环境影响的实证研究主要聚焦于宏观和中观层面。贸易对企业污染排放影响的实证研究还不多，且主要针对发达国家（Galdeano - Gomez，2010；Cui et al.，2012，2016；Batrakova & Davies，2012；Holla-day，2016；Cherniwchan，2017；Richter & Schiersch，2017；Barrows & Ol-livier，2018；Gutierrez & Teshima，2018），而针对中国的相关研究更是严重不足，即使有，也是以 2004 年中国工业企业数据库的排污费代替污染排放，而并非企业实际的排放数据（李静和陈思，2014；刘晴等，2014；徐保昌，2016）。因此，目前在中国关于出口贸易和贸易壁垒对企业污染排放的实证研究还存在较大的空白。本书采用实际的企业层面污染排放数据实证考察企业出口与贸易壁垒对中国企业污染排放的影响，为贸易与环境的关系提供最初的、来自中国（乃至发展中国家）的微观证据。

3. 关于贸易影响企业污染排放的机制解释还有待进一步拓展

首先，虽然 Grossman 和 Krueger（1991）提出贸易对环境影响的三效应理论，并由 Antweiler 等（2001）进一步推导出三种效应的估计公式，成为相关机制检验的基本框架。基于该框架，许多学者检验国际贸易影响污染排放的渠道。然而，这类基于三种效应的机制检验都集中在宏观和中观层面，缺乏对微观渠道的分析，而相比之下，微观层面的机制更能说明贸易影响环境污染的路径。其次，虽然已有学者开始从微观视角检验贸易影响污染排放的渠道（Cui et al.，2012，2016；Cherniwchan，2017；Forslid et al.，2018），但相关研究依旧不足。因此，本书对企业污染排放进行分解，从减排技术、能源效率（劳动生产率和能源密集度）、产出规模等角度，并将 Grossman 和 Krueger（1991）的三效应理论应用于微观层面，探索出口贸易和贸易壁垒对微观企业污染排放的影响机制。

4. 未从出口参与度、贸易方式、贸易失衡等视角对贸易与企业污染排放的关系展开深入讨论

首先，虽然诸多文献发现，出口企业相对更清洁（Galdeano - Gomez，2010；Cui et al.，2012，2016；Batrakova & Davies，2012；Holladay，2016；Forslid et al.，2018），但这些文献主要采用企业是否出口作为解释变量，忽略企业在出口参与度上的差异。其次，现有针对企业出口与污染排放的研究均没有对贸易方式加以区分。鉴于加工贸易在中国对外贸易中的重要性以及加工贸易企业的特殊性，在研究中国企业行为时，区分加工贸易与一般贸易是十分必要的（Dai et al.，2016；戴觅等，2014）。最后，贸易自由化会加剧一国的贸易失衡（Santos - Paulino & Thirlwall，2004）。考虑到中国长期存在的贸易失衡，在这一失衡的背后，贸易顺差是否会影响企业污染排放？对此，现有文献至今仍未涉及。此外，在现有针对贸易对企业污染排放影响的实证研究中没有充分考虑企业在所有制类型、所在部门和区域上的异质性特征。为此，本书将在研究企业出口、贸易壁垒与污染排放的关系的基础上进一步从出口强度、加工贸易、贸易失衡等视角展开深入的分析，并从所有制类型、工业部门、区域等视角对上述关系进行异质性讨论。

第三章

企业出口、贸易壁垒与
环境污染：理论框架

一、引言

自从环境问题进入经济学的研究框架，国内外的研究开始关注国际贸易与环境污染的关系，并对这一关系进行长期的理论分析。Grossman 和 Krueger（1991）最先提出贸易影响环境污染的三效应理论，即贸易可以通过规模效应、结构效应和技术效应影响环境状况。该研究成为后续研究的重要基础（Grossman & Krueger，1995；Copeland & Taylor，1994，1995；Antweiler et al.，2001）。上述研究均从宏观层面展开分析，相比之下，微观层面的研究可以更好地解释贸易影响环境污染的路径。随着异质性企业贸易理论的出现（Melitz，2003；Bernard et al.，2003），国际贸易领域的研究转向微观领域。相关研究开始关注企业层面的污染排放，Cui 等（2012）、Kreickemeier 和 Richter（2014）、Shapiro 和 Walker（2018）、Forslid 等（2018）基于 Melitz（2003）模型构建异质性企业模型，分析企业出口与污染排放之间的关系，得到出口企业相对更清洁的结论。

但相关理论框架还不完善，有待进一步的拓展。现有理论研究的不足之处在于：第一，未将企业层面污染排放进行精细的分解，揭示其变化的直接渠道。第二，能源作为与污染排放联系最紧密的生产要素，且企业在能源效率上的异质性要大于其他要素的生产率（Lyubich et al.，2018），但现有研究未将能源要素纳入理论框架。第三，考虑到加工贸易在中国出口贸易中的地位以及加工贸易企业的特殊性，现有研究未对企业出口进行加工贸易和一般贸易的区分，揭示两种贸易方式与污染排放关系的差异。

为更好地解释现实中贸易与环境的关系，同时针对现有理论研究的不足，本章以 Melitz（2003）模型作为基础的理论框架构建异质性企业贸易模型，对企业出口、贸易壁垒与污染排放的关系进行讨论。本章的作用在于：从理论上，厘清企业出口、贸易壁垒与污染排放之间的关系，为后续章节的实证研究奠定理论基础。具体而言，首先，在 Melitz（2003）模型的基础上纳入能源投入、能源效率异质性和污染排放，以能源效率作为中介分析企业出口与污染排放的关系。其次，借鉴 Dai 等（2016）、刘晴和徐蕾（2013）的思路进一步纳入加工贸易，以劳动生产率和要素密集度作为中介揭示企业从事加工贸易或一般贸易与其污染排放的关系。最后，通过企业开展出口贸易的额外成本（主要是冰山成本）探讨贸易壁垒对企业出口行为的直接影响，并采用 He 等（2019）的思路，将 Grossman 和 Krueger（1991）的三效应理论应用于微观层面讨论贸易壁垒对出口企业污染排放的间接影响。

本章的理论分析在一定程度上丰富和拓展了贸易与环境领域的相关理论，对于异质性企业贸易理论的相关文献也有一定的贡献。与现有的理论研究相比，本章的理论贡献在于：第一，将企业层面的污染排放分解为排放技术、能源效率（劳动生产率和能源密集度）和产出规模。即便没有减排技术和设备的更新，企业也能通过改变能源效率（劳动生产率和能源密集度）影响其污染排放。第二，以能源和劳动力作为生产要素，将与污染排放的关系更紧密的能源投入和能源效率引入理论框架中。第三，对企业出口进行加工贸易和一般贸易的区分，创新性地从劳动生产率和能源密集度揭示加工贸易企业与一般贸易企业在污染排放上存在差异的原因。

本章剩余部分的安排如下：第二部分介绍理论模型在经济环境、消费者、生产者等方面的基础设定；第三部分讨论企业出口、能源效率与污染排放的关系；第四部分分析企业从事加工贸易和一般贸易与其污染排放的关系；第五部分进一步探讨贸易壁垒的作用；第六部分为本章小结。

二、理论模型设定

（一）经济环境

本书理论模型的设定基于 Melitz（2003）模型。假设存在两个对称国家，即本国和外国。对称国家的假设意味着，两个国家的宏观经济变量（如总支出指数、总物价指数等）相等。每个经济体由单一的垄断竞争行业构成，而在行业内，企业具有异质的且外生的生产技术（包括劳动生产率和能源效率）。

在这两个国家，每个企业仅生产一种产品，且存在规模经济，但企业间生产的产品不同。不同于 Melitz（2003）模型，企业不仅在生产中雇用劳动力，而且使用能源作为生产要素①。假设对于同一企业，能源与劳动力要素在生产中的投入比是相等的，但对于不同企业，该投入比是不等的。事实上，该假定不难理解。一方面，每个企业仅生产一种产品，则同一企业的要素投入比相对固定；另一方面，企业间生产不同的产品，则不同企业的要素结构有所差异。特别地，在投入能源要素的同时会产生污染物作为副产品。为简化分析，假设企业拥有相同的排放技术或设备，即单

---

①　现实中，企业在生产中不仅投入劳动力和能源，还投入资本等要素。但为简化分析，综合考虑下采用上述假定。在后续章节的实证分析中，在实证模型中加入企业资本密集度，以控制资本要素的投入。

位能源投入产生的污染排放量相同①。要素市场完全竞争且生产要素不能跨国流动。假设单位劳动力的价格为 w_l，单位能源投入的价格为 w_e，且 w_l 和 w_e 均为常数。此外，由于环境规制的存在，企业需要为其污染排放的行为进行支付。假定环境规制的强度不变，单位污染排放的成本为常数 e。

（二）消费者

与 Melitz（2003）模型一致，假定两个国家的代表性消费者的效用函数为标准常数替代弹性（CES）函数形式。如下：

$$U = \left[\int_{\omega \in \Omega} q(\omega)^\rho d\omega \right]^{\frac{1}{\rho}} \tag{3.1}$$

式中，U 为代表性消费者的效用水平；$q(\omega)$ 为产品种类 ω 的需求；Ω 表示产品种类的集合；ρ 为不同产品种类之间的替代弹性，且 ρ 为常数 $\left(\rho = \dfrac{\sigma-1}{\sigma}、0 < \rho < 1 \text{ 及 } \sigma > 1 \right)$。

根据 Melitz（2003）的做法，求得企业产品在国内市场和国外市场的需求量。如下：

$$q_h = \frac{R P^{\sigma-1}}{p_h^\sigma} \tag{3.2}$$

$$q_x = \frac{R^* P^{*\sigma-1}}{p_x^\sigma} \tag{3.3}$$

式中，q_h 和 p_h 分别为企业产品在国内市场的需求量和价格；q_x 和 p_x 分别为企业产品在国外市场的需求量和价格；R 和 P 分别为国内市场的总支出指数和总物价指数；R^* 和 P^* 分别为国外市场的总支出指数和总物价指数。由于本书的对称国家假定，则有 $R = R^*$ 和 $P = P^*$。

（三）生产者

在本书的理论模型中，企业在生产中投入劳动力和能源两种生产要

---

① 现实中，企业间拥有不同的排放技术和设备，且 Cui 等（2012）和 Forslid 等（2018）证明出口企业选择使用更先进的减排技术，所以它们的污染排放更少。然而，本书主要以能源效率（或劳动生产率和能源密集度）作为企业污染排放的影响渠道，而非排放技术，所以采用上述假定。

素，企业间的异质性反映在劳动生产率（φ_l）和能源效率（φ_e）的差异上。假设对于所有企业，劳动生产率和能源效率均来自两个相互独立的且服从帕累托分布的分布函数，即 $G_l(\varphi_l)$ 和 $G_e(\varphi_e)$[①]。在生产或进入行业之前，企业无法提前知道自身的劳动生产率和能源效率。在支付固定成本（f）进入行业后，企业分别从分布函数 $G_l(\varphi_l)$ 和 $G_e(\varphi_e)$ 随机抽取它们的劳动生产率和能源效率。因此，在本书的理论框架下，劳动生产率和能源效率都是异质性且外生的，或者是企业自身的特点且两者之间互相独立[②]。当企业知道自身的劳动生产率和能源效率后，企业将作出下一步的决策：是否留在行业，以及是否进入出口市场。因此，无论是留在行业还是出口，都是企业的自选择行为。

根据本书的假设，对于同一企业，能源与劳动力的投入比是固定的。两种生产要素相互独立，且在生产中不能相互替代。换句话说，企业的生产函数为里昂惕夫生产函数[③]，形式如下：

$$q = \min\{\varphi_l i_l, \ \varphi_e i_e\} \tag{3.4}$$

① 需要说明的是，本书理论模型中的劳动生产率和能源效率是指当企业的要素投入比例达到最优时的边际劳动生产率及边际能源效率。在企业的要素投入比达到最优时，如果只继续增加某种要素的投入，就会降低该要素的实际效率，从而偏离最优的边际效率。

② 由于企业的劳动生产率和能源效率是从两个分布函数 $G_l(\varphi_l)$ 和 $G_e(\varphi_e)$ 随机抽取而来，所以与 Melitz（2003）模型一致，企业的生产技术是异质性且外生的，或者是企业自身的特点。此外，$G_l(\varphi_l)$ 和 $G_e(\varphi_e)$ 是两个相对独立的分布函数，所以企业的劳动生产率和能源效率也互相独立，即不存在劳动生产率影响能源效率，或者能源效率影响劳动生产率。

③ 本书之所以采用里昂惕夫生产函数作为企业的生产函数，原因在于：第一，按照初始假设，对于同一企业的要素投入比是固定的。此外，劳动生产率和能源效率是来自两个独立的分布函数，实际上，企业最优的要素投入比已被外生决定，即 $\frac{\varphi_l}{\varphi_e}$。第二，在理论推导中，由于企业的污染排放主要来自能源投入，需要分离企业的能源效率和劳动生产率，即污染排放主要受能源效率影响。如果采用其他生产函数，如柯布—道格拉斯生产函数（要素之间可相互替代），那么得到的是全要素生产率，无法对能源效率单独分析。第三，在对加工贸易与一般贸易的比较中，因为加工贸易企业的生产效率低于一般贸易企业，很容易得到加工贸易企业生产技术落后，从而污染排放较多的片面结论。为此，本书引入能源密集度（能源与劳动力的要素投入比）作为两种贸易方式在污染排放上存在差异的另一个决定因素，即通过企业之间的要素投入比固定不变，区分能源密集型企业和劳动密集型企业，并发现加工贸易企业同时是劳动密集型企业，而劳动密集型企业的排放较少，且该渠道与生产率渠道的作用是相反的，这也解释了在本书第六章的实证研究中发现加工贸易企业的污染排放相对较少的原因。

式中，q 为企业产出量；i_l 和 i_e 分别为劳动力和能源的投入量。当 $\varphi_l i_l = \varphi_e i_e$ 时，企业的要素投入比达到最优。此时，企业的能源与劳动力投入比 $r = \dfrac{\varphi_l}{\varphi_e}$。由于 φ_l 和 φ_e 均为企业的自身特点，且均从分布函数随机抽取而来，所以对于任何企业，r 实际上也是固定、外生和异质性的。

特别地，在能源投入的同时，产生污染物作为副产品。企业污染排放量的函数如下：

$$z = \underbrace{\frac{z}{q}}_{\text{排放强度}} \times \underbrace{q}_{\text{产出量}} = \underbrace{\frac{z}{i_e}}_{\text{排放技术}} \times \underbrace{\frac{i_e}{q}}_{\substack{\text{能源效率}\\\text{的倒数}}} \times \underbrace{q}_{\text{产出量}} = \frac{\theta q}{\varphi_e} \tag{3.5}$$

式中，z 为企业的污染排放量。为揭示企业污染排放的直接影响因素，按式（3.5）对企业的污染排放量进行分解。首先，将污染排放量分解为排放强度 $\left(\dfrac{z}{q}\right)$ 与产出量的乘积。其中，排放强度为每单位产出量所产生的污染排放量。其次，将排放强度分解为排放技术 $\left(\dfrac{z}{i_e}\right)$ 与能源效率的倒数 $\left(\dfrac{i_e}{q}\right)$ 的乘积。其中，排放技术为生产中每单位能源投入所产生的排放量，以 θ 来表示。根据本书的假设，企业拥有相同的排放技术和设备，即 θ 为常数。能源效率为每单位能源投入的产出量。因此，企业的污染排放量由排放技术、能源效率与产出量共同决定，即 $z = \dfrac{\theta q}{\varphi_e}$。

除支付进入行业的固定成本外，企业还需要为生产中的劳动力雇佣和能源投入支付可变成本。此外，由于环境规制的存在，企业需要对其污染排放行为进行支付。因此，企业生产的总成本函数如下：

$$TC_h = f + \frac{w_l q_h}{\varphi_l} + \frac{w_e q_h}{\varphi_e} + \frac{e\theta q_h}{\varphi_e} = f + \frac{(w_l \varphi_e + w_e \varphi_l + e\theta \varphi_l)}{\varphi_l \varphi_e} q_h \tag{3.6}$$

式中，TC_h 为企业生产的总成本；f 为企业生产或进入行业的固定成本；而 $\dfrac{w_l q_h}{\varphi_l}$、$\dfrac{w_e q_h}{\varphi_e}$、$\dfrac{e\theta q_h}{\varphi_e}$ 之和为可变成本。其中，$\dfrac{w_l q_h}{\varphi_l}$ 为企业对劳动力雇佣

支付的可变成本；$\dfrac{w_e q_h}{\varphi_e}$ 为企业对能源消耗支付的成本；$\dfrac{e\theta q_h}{\varphi_e}$ 为企业为污染排放行为支付的成本。如果不存在能源投入和污染排放，式（3.6）将变成 Melitz（2003）模型的标准形式。

基于式（3.6），进一步计算企业生产的边际成本。如下：

$$MC_h = \frac{(w_l\varphi_e + w_e\varphi_l + e\theta\varphi_l)}{\varphi_l\varphi_e} \tag{3.7}$$

式中，MC_h 为企业生产的边际成本。从式（3.7）可知，企业生产的边际成本与要素价格（w_l 和 w_e）、污染排放成本（e）和单位能源投入的排放量（θ）成正比，而与劳动生产率（φ_l）和能源效率（φ_e）成反比。根据本书的假定，w_l、w_e、e 和 θ 均为常数，所以企业生产的边际成本由劳动生产率和能源效率决定。

三、企业出口、能源效率与污染排放

为解释企业出口与污染排放之间的关系，本书以能源效率作为中介：一方面，比较出口企业与非出口企业在能源效率上的差异；另一方面，分析企业能源效率与污染排放的相关性。

（一）引入企业出口

式（3.6）和式（3.7）分别给出企业生产的总成本以及边际成本。如果企业将产品出口至外国市场，它们还需要支付额外的成本，包括附加的固定成本和可变成本。其中，前者为沉没成本，一旦企业进行支付，就无法收回；后者为冰山成本（$\tau > 1$，且假定 τ 为常数），即单位产品运抵国外目的地所需的成本，包括运费、关税等。因此，企业出口的总成本函数如下：

$$TC_x = f_x + \frac{\tau w_l q_x}{\varphi_l} + \frac{\tau w_e q_x}{\varphi_e} + \frac{\tau e\theta q_x}{\varphi_e} = f_x + \frac{(w_l\varphi_e + w_e\varphi_l + e\theta\varphi_l)}{\varphi_l\varphi_e}\tau q_x \qquad (3.8)$$

式中，TC_x 为企业出口的总成本；f_x 为出口企业的固定成本；而 $\dfrac{\tau w_l q_x}{\varphi_l}$、

$\dfrac{\tau w_e q_x}{\varphi_e}$、$\dfrac{\tau e\theta q_x}{\varphi_e}$ 之和为可变成本。其中，$\dfrac{\tau w_l q_x}{\varphi_l}$、$\dfrac{\tau w_e q_x}{\varphi_e}$ 和 $\dfrac{\tau e\theta q_x}{\varphi_e}$ 分别为出口企

业雇用劳动力、投入能源和排放污染物所支付的可变成本。需要说明的是，相对于内销企业，出口企业需要支付附加的固定成本。因此，出口企业的固定成本大于内销企业，即 $f_x > f$。此外，由于冰山成本的存在（$\tau > 1$），出口企业的可变成本同样大于非出口企业。

基于式（3.8），计算企业出口的边际成本。如下：

$$MC_x = \frac{(w_l\varphi_e + w_e\varphi_l + e\theta\varphi_l)}{\varphi_l\varphi_e}\tau \qquad (3.9)$$

式中，MC_x 为企业出口的边际成本。与企业生产的边际成本相似，企业出口的边际成本与要素价格（w_l 和 w_e）、排污成本（e）和单位能源消耗的排放量（θ）成正比，而与劳动生产率（φ_l）和能源效率（φ_e）成反比。此外，企业出口的边际成本还与冰山成本（τ）成正比。根据假定，w_l、w_e、e、θ 和 τ 均为常数。

（二）企业出口与能源效率

根据垄断竞争市场和代表性消费者 CES 效用函数的假定，企业采用边际成本加成的方法进行定价，以实现利润最大化。因此，企业产品在国内市场和国外市场销售的最优定价分别如下：

$$p_h = \frac{(w_l\varphi_e + w_e\varphi_l + e\theta\varphi_l)}{\varphi_l\varphi_e\rho} \qquad (3.10)$$

$$p_x = \frac{(w_l\varphi_e + w_e\varphi_l + e\theta\varphi_l)}{\varphi_l\varphi_e\rho}\tau \qquad (3.11)$$

将式（3.10）和式（3.11）分别代入式（3.2）和式（3.3），得到内

销企业和出口企业的最优产出量，如下：

$$q_h = R\,P^{\sigma-1}\left[\frac{\varphi_l\varphi_e\rho}{(w_l\varphi_e + w_e\varphi_l + e\theta\varphi_l)}\right]^{\sigma} \tag{3.12}$$

$$q_x = R^*\,P^{*\,\sigma-1}\left[\frac{\varphi_l\varphi_e\rho}{(w_l\varphi_e + w_e\varphi_l + e\theta\varphi_l)\tau}\right]^{\sigma} \tag{3.13}$$

进一步，分别计算内销企业和出口企业的利润函数（$\pi = pq - TC$）。如下：

$$\pi_h = p_h q_h - TC_h = \frac{R}{\sigma}(P\rho)^{\sigma-1}\left(\frac{\varphi_l\varphi_e}{w_l\varphi_e + w_e\varphi_l + e\theta\varphi_l}\right)^{\sigma-1} - f \tag{3.14}$$

$$\pi_x = p_x q_x - TC_x = \frac{R^*}{\sigma}\left(\frac{P^*\rho}{\tau}\right)^{\sigma-1}\left(\frac{\varphi_l\varphi_e}{w_l\varphi_e + w_e\varphi_l + e\theta\varphi_l}\right)^{\sigma-1} - f_x \tag{3.15}$$

式中，π_h 和 π_x 分别为内销企业和出口企业的利润。

企业根据其劳动生产率（φ_l）和能源效率（φ_e）作出是否留在行业以及是否出口的决策。换句话说，当劳动生产率和能源效率达到一定的阈值时，企业会自选择留在行业或进入出口市场。本书主要关注企业的能源效率，即将其作为企业出口与污染排放之间的中介渠道。因此，分别计算企业内销和出口的零利润能源效率的临界值。首先，令式（3.14）等于 0，计算企业内销或留在行业的零利润能源效率的临界值。如下：

$$\frac{1}{\varphi_{eh}} = \left(\frac{R}{f\sigma}\right)^{\frac{1}{\sigma-1}}\frac{P\rho}{w_e + e\theta} - \frac{w_l}{(w_e + e\theta)\varphi_l} \tag{3.16}$$

式中，φ_{eh} 为企业内销或留在行业的零利润能源效率的临界值。当 $\varphi_{eh} < 0$ 时，企业利润小于 0，则企业将退出行业。

其次，同样令式（3.15）等于 0，计算企业出口的零利润能源效率的临界值。如下：

$$\frac{1}{\varphi_{ex}} = \left(\frac{R^*}{f_x\sigma}\right)^{\frac{1}{\sigma-1}}\frac{P^*\rho}{\tau(w_e + e\theta)} - \frac{w_l}{(w_e + e\theta)\varphi_l} \tag{3.17}$$

式中，φ_{ex} 为企业出口的零利润能源效率的临界值。当企业的能源效率达到 φ_{ex} 时，企业可以进入出口市场。从式（3.16）和式（3.17）来看，企业内销和出口的零利润能源效率的临界值均与固定成本（f 和 f_x）、要素价格（w_e 和 w_l）、排污成本（e）和单位能源投入所产生的污染排放量（θ）

呈正相关。此外，企业出口的能源效率临界值还与冰山成本（τ）成正比。根据本书的假定，f、f_x、w_e、w_l、e、θ 和 τ 均为常数。此外，能源效率临界值与总支出指数（R 和 R^*）、总价格指数（P 和 P^*）以及劳动生产率（φ_l）呈负相关。其中，R、R^*、P 和 P^* 为常数。需要注意的是，企业的劳动生产率从分布函数 $G_l(\varphi_l)$ 中随机抽取，所以企业间的劳动生产率是异质性的。因此，企业留在行业和出口的能源效率临界值受到其劳动生产率的影响。如果企业具有更高的劳动生产率，它们的能源效率临界值相对更低。该结论与 Melitz（2003）的研究相似，即生产率较高的企业更有可能将产品销售至国外市场。

为讨论企业出口与能源效率之间的关系，将企业出口的零利润能源效率的临界值与企业内销的临界值进行比较。需要注意的是，本书主要关注能源效率的临界值，但这一临界值受到劳动生产率的影响。因此，比较式（3.16）和式（3.17），对于同一企业或劳动生产率相等的企业[1]，由于企业出口需要支付额外的固定成本（即 $f_x > f$）以及冰山成本（$\tau > 1$），则得到如下的结果：

$$\varphi_{eh} < \varphi_{ex} \tag{3.18}$$

式（3.18）表明，企业出口的能源效率临界值高于留在行业的临界值。当 $\varphi_e \geq \varphi_{ex}$ 时，企业可以进入出口市场；当 $\varphi_{eh} \leq \varphi_e < \varphi_{ex}$ 时，企业仅能在国内市场销售产品；当 $\varphi_e < \varphi_{eh}$ 时，企业退出行业。原因在于：由于企业出口需要支付额外的固定成本和冰山成本，只有能源效率达到一定阈值的企业才能进入出口市场，而其他企业只能在国内市场销售或退出行业。因此，在同一行业内，平均而言，出口企业拥有更高的能源效率。由此，得到下述假说：

假说 1：在同一行业内，出口企业的能源效率高于非出口企业。

（三）企业污染排放

上文已比较出口企业和非出口企业在能源效率上的差异，下面进一步

---

[1] 由于企业出口和内销的能源效率临界值受到劳动生产率的影响，所以本书不得不对同一企业或劳动生产率相等的企业进行比较。在后续分析中将进一步讨论劳动生产率在企业出口与环境表现之间的作用。

讨论企业的能源效率与污染排放之间的相关性。本书通过式（3.5）将企业污染排放量分解为排放技术、能源效率与产出量，即 $z = \dfrac{\theta q}{\varphi_e}$。因此，企业的污染排放量受到三种渠道的影响，即排放技术、能源效率和产出量。Cui 等（2012）、Forslid 等（2018）已讨论排放技术（θ）的作用，而本书关注另一种渠道，即能源效率（φ_e）。根据初始假定，企业拥有相同的减排技术和设备，即 θ 为常数。因此，在产出规模相等的情形下，企业的污染排放量与能源效率成反比。

此外，排放强度是表示污染排放的另一个重要指标。同样基于式（3.5），企业的排放强度由排放技术和能源效率共同决定，即 $\dfrac{z}{q} = \dfrac{\theta}{\varphi_e}$。换句话说，企业排放强度受到两种渠道的影响，即排放技术和能源效率。其中，在本书的理论模型中，企业有相同的排放技术。因此，企业的排放强度与能源效率呈反向关系。综合上述结果可以得知，在同一行业内平均而言，能源效率更高的企业排放更少的污染物，具有更低的排放强度。

进一步，为讨论企业出口与污染排放之间的关系，采用能源效率作为中介渠道。一方面，根据假说 1，相比非出口企业，出口企业平均的能源效率较高；另一方面，能源效率较高的企业污染排放较少。因此，结合上述的结果推断：平均而言，相对于非出口企业，出口企业排放较少的污染物，具有较低的排放强度。此外，在上述的推导过程中，本书以能源效率作为企业出口与污染排放之间的中介渠道。考虑到出口企业的污染排放较少以及能源效率的中介作用，得到如下假说：

假说 2：在同一行业内，相对于非出口企业，出口企业的污染排放较少；能源效率是企业出口与污染排放之间的中介渠道。

（四）进一步讨论

作为上述理论分析的结论，针对企业出口、能源效率与污染排放之间的关系，得到两个理论假说。本书将在第四章采用计量经济学模型和中国企业数据，进一步对假说 1 和假说 2 进行实证检验。但对于理论分析的结果存在四个要点需要注意和进一步讨论：

第一，本章仅关注能源效率在企业出口与污染排放之间的中介作用。Cui 等（2012，2016）、Forslid 等（2018）表明，生产率与减排技术同样是两者之间的中介渠道，即出口企业生产率更高，而且更有可能投资先进的减排技术，从而污染排放较少。然而，Gutierrez 和 Teshima（2018）采用墨西哥企业数据进行分析，却发现发展中国家的企业主要通过提高能源效率而非投资减排技术来减少污染排放。Lu（2010）、Lu 等（2010）、Dai 等（2016）则基于中国企业数据发现，相对于非出口企业，出口企业的生产率较低，该结论与诸多基于发达国家企业数据的研究结果相反，并间接表明生产率渠道可能不是中国出口企业较清洁的原因。基于上述研究推断：与发达国家不同，减排技术渠道和生产率渠道均不是中国出口企业的污染排放较少的原因。本书将在第四章对这两个渠道进行实证检验。

第二，假说 1 和假说 2 是建立在同一企业或劳动生产率相等的企业的基础上。一方面，根据式（3.16）和式（3.17），企业留在行业和出口的能源效率临界值与劳动生产率呈反向关系，即对于劳动生产率较高的企业，它们的能源效率临界值相对较低。另一方面，与 Melitz（2003）模型一致，企业的劳动生产率从分布函数中随机抽取而来，企业间的生产率是异质性的。因此，企业的劳动生产率水平将会干扰本书理论假说的成立。本书将在第四章通过实证模型进一步讨论劳动生产率在企业出口与能源效率（以及污染排放）之间的作用。为识别劳动生产率的作用，本书按照劳动生产率的高低将企业分为两个组别。对于生产率较高的企业，由于它们出口的能源效率临界值较低，导致能源效率相对较低的企业也能够进入出口市场。因此推断：对于劳动生产率较高的企业，出口企业与非出口企业在环境表现上的差异相对较小。本书将在第四章对该推断进行实证检验。

第三，在本书的理论模型中主要讨论的是企业出口、能源效率与污染排放之间的相关关系，而非因果关系。根据理论假定，企业的能源效率从分布函数中随机抽取而来，意味着企业的能源效率是异质性且外生的。在知晓能源效率的信息后，企业决定是否进入出口市场，即出口自选择效应。出口企业和非出口企业之间环境表现的差异主要源于企业的自身特点。进一步，按照 Melitz（2003）和其他文献（Van Biesebroeck，2006；De Loecker，2007；Bustos，2011）的观点，贸易引致更多的资源流向高生产率的出口企业，以及出口企业可以从国外市场获取更多先进的技术。出口可以提高企业的生产率，即出口中学效应。基于这些研究和本书的理论假说，进一步猜想：企业出口可能会进一步提高其能源效率，减少污染排放。本书将在第四章借鉴 Heckman 等（1997，1998）、De Loecker（2007）的倍差匹配法对该猜想进行实证检验。

第四，事实上在诸多的现有研究中均得到与本书的理论假说类似的结果，即相对于非出口企业，出口企业具有更好的环境表现（Galdeano - Gomez，2010；Batrakova & Davies，2012；Cui et al.，2012，2016；Holladay，2016；Richter & Schiersch，2017；Forslid et al.，2018）。然而，出口企业存在一个普遍现象，即不同的出口企业其出口参与度有所差异，且大多数企业仅出口总产出的一部分（Bernard & Jensen，2004；Brooks，2006；Eaton et al.，2011）。其中，一些出口企业主要在国内市场销售，一些企业聚焦于国外市场，部分企业出口所有产品。既然出口企业更为清洁，那么出口是否越多越好？本书将在第五章对该问题进行专门的讨论，即实证检验企业出口强度与环境表现之间的关系。

四、加工贸易、一般贸易与污染排放

考虑到加工贸易在中国出口贸易中的重要地位以及加工贸易企业的特殊性，在研究中国出口企业的行为时区分加工贸易与一般贸易是十分重要的（Dai et al.，2016；戴觅等，2014）。为分析企业从事加工贸易或一般贸易与其污染排放之间的关系，本书在理论模型的基础上借鉴 Dai 等

（2016）、刘晴和徐蕾（2013），在 Melitz（2003）模型中引入加工贸易的思路对上述模型作进一步的拓展。考虑到加工贸易企业的生产率低于一般贸易企业（Dai et al.，2016；李春顶等，2010；余淼杰，2011；戴觅等，2014），很容易得到加工贸易企业污染排放较多的直观结果。然而，如果仅以生产效率作为加工贸易企业与一般贸易企业之间的差异得到的结果可能会片面。原因在于，与一般贸易企业相比，加工贸易企业属于劳动密集型企业，可能的污染排放更少。因此，本书在理论分析中将同时考虑加工贸易企业与一般贸易企业在生产率和要素密集度上的差异。具体而言，以劳动生产率和能源密集度作为中介：一方面，对比加工贸易企业与一般贸易企业在劳动生产率和能源密集度上的差异；另一方面，进一步分析劳动生产率、能源密集度与污染排放之间的关系。

（一）引入加工贸易

式（3.8）已给出企业出口的总成本，本书将该公式作为企业选择一般贸易进行出口的总成本函数。而根据 Dai 等（2016）、刘晴和徐蕾（2013）的研究，加工贸易企业与一般贸易企业在固定成本及可变成本上均存在差异。因此，企业选择加工贸易进行出口的总成本函数如下：

$$TC_p = f_p + \frac{\tau_p w_l q_p}{\varphi_l} + \frac{\tau_p w_e q_p}{\varphi_e} + \frac{\tau_p e \theta q_p}{\varphi_e} = f_p + \frac{(w_l \varphi_e + w_e \varphi_l + e\theta\varphi_l)}{\varphi_l \varphi_e} \tau_p q_p \quad (3.19)$$

式中，TC_p 为从事加工贸易的企业的总成本；f_p 为加工贸易企业的固定成本。与 Dai 等（2016）、刘晴和徐蕾（2013）的假定一致，企业从事加工贸易的固定成本低于从事一般贸易，即 $f_x > f_p = f$[①]。根据 Dai 等（2016）的分析，加工贸易企业固定成本较低的原因在于：首先，对于加工贸易企业，国外进口商或加工委托商负责最终产品的销售，减少企业的分销成本；其次，加工贸易企业只需按照加工合同的要求对产品进行加工和装配，而国外委托商提供相关技术或已嵌入精密技术的关键零部件，加工企业的研发

---

① 为简化分析，假定从事加工贸易的固定成本与进入行业的固定成本一致。

投入较低。$\dfrac{\tau_p w_l q_p}{\varphi_l}$、$\dfrac{\tau_p w_e q_p}{\varphi_e}$ 和 $\dfrac{\tau_p e\theta q_p}{\varphi_e}$ 分别为加工贸易企业对劳动力雇佣、能源消耗和污染排放行为所支付的可变成本。τ_p 为加工贸易企业所面临的冰山成本，且为常数。按照 Dai 等（2016）的假定，$\tau > \tau_p$。原因在于加工贸易的进口关税豁免，即加工贸易企业能够以较低的成本进口国外高品质的原材料或中间产品。此外，q_p 为加工贸易企业的产出量。

基于式（3.19）进一步计算从事加工贸易的企业的边际成本。如下：

$$MC_p = \frac{(w_l\varphi_e + w_e\varphi_l + e\theta\varphi_l)}{\varphi_l\varphi_e}\tau_p \tag{3.20}$$

式中，MC_p 为加工贸易企业的边际成本。与企业生产和从事一般贸易的边际成本相似，加工贸易企业的边际成本与要素价格（w_l 和 w_e）、污染物价格（e）、单位能源投入的排放量（θ）和冰山成本（τ_p）成正比，与劳动生产率（φ_l）和能源效率（φ_e）成反比。根据初始的假定，w_l、w_e、e、θ 和 τ_p 均为常数。

（二）加工贸易、一般贸易与劳动生产率

同样，根据垄断竞争市场和消费者 CES 效用函数的假定，加工贸易企业也采用边际成本加成的定价方法，以实现利润最大化。因此，从事加工贸易的企业的最优产品定价如下：

$$p_p = \frac{(w_l\varphi_e + w_e\varphi_l + e\theta\varphi_l)}{\varphi_l\varphi_e\rho}\tau_p \tag{3.21}$$

式中，p_p 为加工贸易企业的产品定价。

将式（3.21）代入式（3.3）求得从事加工贸易的企业的最优产出量。如下：

$$q_p = R^* P^{*\sigma-1}\Big[\frac{\varphi_l\varphi_e\rho}{(w_l\varphi_e + w_e\varphi_l + e\theta\varphi_l)\tau_p}\Big]^{\sigma} \tag{3.22}$$

进一步，计算从事加工贸易的企业的利润函数（$\pi = pq - TC$）。如下：

$$\pi_p = p_p q_p - TC_p = \frac{\Phi R^*}{\sigma}\Big(\frac{P^*\rho}{\tau_p}\Big)^{\sigma-1}\Big(\frac{\varphi_l\varphi_e}{w_l\varphi_e + w_e\varphi_l + e\theta\varphi_l}\Big)^{\sigma-1} - f_p \tag{3.23}$$

式中，π_p 为加工贸易企业的利润。根据 Dai 等（2016）的研究，加工贸易企业与国外委托商共享加工贸易的可变利润，即企业无法从贸易中获得全部的利润。假设 Φ 为加工贸易企业可获得的可变利润在全部可变利润中所占的比重，且 $0 < \Phi < 1$[①]。

与上文分析企业内销与出口的临界条件不同，本节以劳动生产率作为加工贸易企业与一般贸易企业在污染排放上存在差异的原因之一，而非能源效率。因此，本部分主要关注的是企业的劳动生产率临界值。与 Dai 等（2016）、刘晴和徐蕾（2013）的分析一致，企业将根据劳动生产率作出从事一般贸易或加工贸易的决策。当企业的劳动生产率达到一定的阈值时，会自选择从事一般贸易或加工贸易。因此，本书分别计算企业从事一般贸易和加工贸易的零利润劳动生产率的临界值。首先，令式（3.15）等于0，得到企业从事一般贸易的零利润劳动生产率的临界值。如下：

$$\frac{1}{\varphi_{lx}} = \left(\frac{R^*}{f_x\sigma}\right)^{\frac{1}{\sigma-1}}\frac{P^*\rho}{\tau w_l} - \frac{w_e + e\theta}{\varphi_e w_l} \tag{3.24}$$

式中，φ_{lx} 为企业从事一般贸易的零利润劳动生产率的临界值。当企业的劳动生产率达到 φ_{lx} 时，企业可以采用一般贸易的方式进入出口市场。

其次，令式（3.23）等于0，得到企业从事加工贸易的零利润劳动生产率的临界值。如下：

$$\frac{1}{\varphi_{lp}} = \left(\frac{\Phi R^*}{f_p\sigma}\right)^{\frac{1}{\sigma-1}}\frac{P^*\rho}{\tau_p w_l} - \frac{w_e + e\theta}{\varphi_e w_l} \tag{3.25}$$

式中，φ_{lp} 为企业从事加工贸易的零利润劳动生产率的临界值。当企业的劳动生产率达到 φ_{lp} 时，企业可以采用加工贸易进行产品出口。从式（3.24）和式（3.25）可以看出，无论从事一般贸易还是加工贸易，劳动生产率的临界值均与固定成本（f_x 和 f_p）、冰山成本（τ 和 τ_p）、要素价格（w_e 和 w_l）、排污成本（e）和每单位能源消耗产生的排放量（θ）呈正相关。根据初始假定，f_x、f_p、τ、τ_p、w_e、w_l、e 和 θ 均为常数。此外，劳动生产率的临

---

① 刘晴和徐蕾（2013）在理论模型中同样引入 Φ，定义为加工贸易企业与国外委托商的讨价还价能力。

界值与国外的总支出指数（R^*）、总价格指数（P^*）以及能源效率（φ_e）呈负相关，而R^*和P^*为常数。需要注意的是，企业的能源效率从分布函数$G_e(\varphi_e)$中随机抽取，所以企业间的能源效率是异质性的。企业的能源效率越高，该企业从事一般贸易或加工贸易的劳动生产率临界值越低。

为分析一般贸易企业与加工贸易企业在劳动生产率上的差异，本书比较两种贸易方式的劳动生产率的临界值。对于同一企业或能源效率相等的企业①，由于从事一般贸易的固定成本和冰山成本高于加工贸易的成本（即$f_x > f_p$和$\tau > \tau_p$），且加工贸易企业需与国外委托商共享可变利润（$0 < \Phi < 1$），则当$\dfrac{f_x}{f_p}\left(\dfrac{\tau}{\tau_p}\right)^{\sigma-1} > \dfrac{1}{\Phi}$②时，得到如下的结果：

$$\varphi_{lx} > \varphi_{lp} \tag{3.26}$$

在纳入能源投入和污染排放的情形下，本书依然可以得到与Dai等（2016）、刘晴和徐蕾（2013）研究一致的结果，即从事一般贸易的劳动生产率临界值高于从事加工贸易的临界值。当$\varphi_l \geqslant \varphi_{lx}$时，企业可以采用一般贸易进入出口市场；当$\varphi_{lp} \leqslant \varphi_l < \varphi_{lx}$时，企业仅能从事加工贸易；当$\varphi_l < \varphi_{lp}$时，企业退出出口市场。原因在于：企业从事一般贸易需要支付额外的固定成本和冰山成本，只有劳动生产率达到一定阈值的企业才能从事一般贸易，而其他企业只能从事加工贸易或退出出口市场。因此，在同一行业

---

① 与分析内销企业和出口企业的情形相似，由于从事一般贸易或加工贸易的劳动生产率临界值受到能源效率的影响，所以不得不对同一企业或能源效率相等的企业进行比较。本书将进一步在第六章的实证分析中，对比在控制或不控制能源效率的情形下一般贸易企业与加工贸易企业在劳动生产率上的差异。

② 式（3.26）的成立要求$\dfrac{f_x}{f_p}\left(\dfrac{\tau}{\tau_p}\right)^{\sigma-1} > \dfrac{1}{\Phi}$，即一般贸易与加工贸易在固定成本和冰山成本上的差异大于加工贸易企业与国外委托商共享利润的影响。根据Dai等（2016）、刘晴和徐蕾（2013），企业从事一般贸易需要支付的成本远大于从事加工贸易，而从事加工贸易的固定成本甚至低于内销的固定成本，这也是中国出口企业存在出口—生产率悖论的重要原因（Dai et al.，2016；戴觅等，2014）。同样基于Dai等（2016）的研究，企业选择以一般贸易或加工贸易的方式进入出口市场，主要依据企业的生产率水平能否抵消所支付的成本，即零利润生产率条件，而非加工贸易企业与国外委托商共享利润的程度。综上所述，$\dfrac{f_x}{f_p}\left(\dfrac{\tau}{\tau_p}\right)^{\sigma-1} > \dfrac{1}{\Phi}$的假设与现有研究的结论保持一致。

内平均而言，一般贸易企业的劳动生产率高于加工贸易企业。

（三）加工贸易、一般贸易与能源密集度

此外，根据本书的假设，同一企业的能源与劳动力投入比相对固定，而不同企业的要素投入比有所差异。由于企业的能源与劳动力投入比，即能源密集度 $r = \dfrac{\varphi_l}{\varphi_e}$，且从事一般贸易的企业的劳动生产率高于加工贸易企业，即 $\varphi_{lx} > \varphi_{lp}$，则对于同一企业或能源效率相等的企业，一般贸易企业的能源密集度理应高于加工贸易企业[①]。进一步将式（3.24）和式（3.25）代入 $r = \dfrac{\varphi_l}{\varphi_e}$，分别得到企业劳动生产率达到从事一般贸易和加工贸易的临界值时的能源密集度。如下：

$$\frac{1}{r_x} = \left(\frac{R^*}{f_x \sigma}\right)^{\frac{1}{\sigma-1}} \frac{P^* \rho \varphi_e}{\tau w_l} - \frac{w_e + e\theta}{w_l} \tag{3.27}$$

$$\frac{1}{r_p} = \left(\frac{\Phi R^*}{f_p \sigma}\right)^{\frac{1}{\sigma-1}} \frac{P^* \rho \varphi_e}{\tau_p w_l} - \frac{w_e + e\theta}{w_l} \tag{3.28}$$

式中，r_x 和 r_p 分别为企业劳动生产率达到从事一般贸易和加工贸易的临界值时的能源密集度，即两类企业的临界能源密集度。若企业为一般贸易企业，则 $r \geq r_x$；若企业为加工贸易企业，则 $r \geq r_p$。从式（3.27）和式（3.28）中可以看出，无论从事一般贸易还是加工贸易，能源密集度的临界值与 f_x、f_p、τ、τ_p、w_e、w_l、e 和 θ 成正比，且这些变量均为常数。此外，该临界值与 R^*、P^* 及 φ_e 成反比，且 R^* 和 P^* 均为常数，而企业间的能源效率是异质性的。企业的能源效率越高，该企业从事一般贸易和加工贸易的能源密集度临界值越低。

为分析一般贸易企业与加工贸易企业在能源密集度上的差异，本书将比较两类企业的能源密集度临界值。对于同一企业或能源效率相等的企业

---

① 考虑到劳动生产率直接影响企业的能源密集度，本书在第六章的实证分析中将在控制与不控制劳动生产率情形下比较一般贸易企业与加工贸易企业在能源密集度上的差异。

而言[1]，由于 $f_x > f_p$、$\tau > \tau_p$ 以及 $0 < \Phi < 1$，则当 $\dfrac{f_x}{f_p}\left(\dfrac{\tau}{\tau_p}\right)^{\sigma-1} > \dfrac{1}{\Phi}$ 时，得到如下的结果：

$$r_x > r_p \tag{3.29}$$

式（3.29）表明，一般贸易企业的能源密集度临界值高于加工贸易企业的临界值。原因在于：第一，劳动生产率较高的企业自选择从事一般贸易，而这类企业能源密集度也较高。第二，企业从事一般贸易需要支付额外的固定成本和冰山成本，而相对于雇用低成本的劳动力，这类企业在生产中消耗更多的能源。因此，在同一行业内平均而言，一般贸易企业的能源密集度高于加工贸易企业，即一般贸易企业属于能源密集型企业，而加工贸易企业属于劳动密集型企业。事实上，现有文献也提及，加工贸易企业劳动密集度更高（Dai et al.，2016）。

结合前文理论分析的结果，即加工贸易企业与一般贸易企业在劳动生产率和能源密集度上的差异，得到如下假说：

假说 3：在同一行业内，相对于一般贸易企业，加工贸易企业的劳动生产率和能源密集度均较低。

（四）企业污染排放

上文已分析一般贸易企业和加工贸易企业在劳动生产率和能源密集度上的差异，本部分将进一步讨论劳动生产率、能源密集度与污染排放的关系。首先，在式（3.5）的基础上对企业的污染排放量作进一步分解：

$$z = \underbrace{\frac{z}{i_e}}_{\substack{\text{排放技术}}} \times \underbrace{\frac{i_e}{q}}_{\substack{\text{能源效率}\\\text{的倒数}}} \times \underbrace{q}_{\substack{\text{产出量}}} = \underbrace{\frac{z}{i_e}}_{\substack{\text{排放技术}}} \times \underbrace{\frac{i_e}{i_l}}_{\substack{\text{能源}\\\text{密集度}}} \times \underbrace{\frac{i_l}{q}}_{\substack{\text{劳动生产率}\\\text{的倒数}}} \times \underbrace{q}_{\substack{\text{产出量}}} = \frac{\theta r q}{\varphi_l} \tag{3.30}$$

考虑到能源效率无法反映加工贸易企业与一般贸易企业在污染排放上

---

① 由于一般贸易企业和加工贸易企业的能源密集度临界值受到能源效率的影响，本书不得不对同一企业或能源效率相等的企业进行比较。在第六章的实证分析中进一步对比在控制及不控制能源效率的情形下两类企业在能源密集度上的差异。

的差异，按照式（3.30）将能源效率的倒数分解为能源密集度 $\left(\dfrac{i_e}{i_l}\right)$ 与劳动生产率的倒数 $\left(\dfrac{i_l}{q}\right)$ 的乘积。因此，企业的污染排放量由排放技术、能源密集度、劳动生产率与产出量共同决定，即 $z = \dfrac{\theta r q}{\varphi_l}$。

根据式（3.30），企业污染排放量受到四种渠道的影响，包括排放技术、能源密集度、劳动生产率和产出量。本部分关注能源密集度和劳动生产率两种渠道。根据本书的初始假定，企业间的排放技术相同，即 θ 为常数。因此，在生产规模相同的情形下企业的污染排放量与劳动生产率成反比，而与能源密集度成正比。

此外，排放强度也是反映污染排放的重要指标。通过式（3.30）得 $\dfrac{z}{q} = \dfrac{\theta r}{\varphi_l}$，即企业排放强度受到三种渠道的影响，包括排放技术、能源密集度和劳动生产率，且企业的排放技术相同。因此，企业的排放强度与劳动生产率呈负向关系，而与能源密集度呈正向关系。综合上述结果可以得到：在同一行业内劳动生产率较高的企业污染排放较少，而能源密集度较高的企业污染排放较多。

为讨论从事一般贸易和加工贸易的企业在污染排放上的差异，本书采用劳动生产率和能源密集度作为中介。一方面，根据假说3，相对于一般贸易企业，加工贸易企业的劳动生产率和能源密集度均较低。另一方面，劳动生产率较高的企业污染排放较少，而能源密集度较高的企业污染排放较多。因此，企业从事一般贸易或加工贸易与其污染排放之间的关系不确定，取决于劳动生产率和能源密集度两种渠道影响的相对大小。如果劳动生产率渠道的影响更大，则加工贸易企业的污染排放更多；如果能源密集度渠道的影响更大，则加工贸易企业的排放更少。由此得到如下假说：

假说4：在同一行业内，相对于一般贸易企业，加工贸易企业是否更清洁，取决于劳动生产率和能源密集度两种渠道影响的相对大小。当劳动生产率渠道影响更大时，加工贸易企业的污染排放更多，而当能源密集度渠道影响更大时，加工贸易企业更清洁。

（五）进一步讨论

作为上述理论分析的结论，针对企业从事加工贸易或一般贸易与其污染排放之间关系，本书给出两个理论假说，即假说3和假说4。将在第六章采用计量经济学模型和中国企业数据对上述理论假说进行实证检验。对于上述结果，还需从三个方面作进一步讨论。

第一，假说3和假说4是建立在同一企业或能源效率相等的企业的基础上。一方面，根据式（3.24）和式（3.25），企业从事一般贸易和加工贸易的劳动生产率临界值受到能源效率的影响，即对于能源效率较高的企业，它们的劳动生产率临界值相对较低；根据式（3.27）和式（3.28），企业劳动生产率达到从事一般贸易和加工贸易的临界值时的能源密集度同样受到能源效率的影响，对于能源效率较高的企业，它们的能源密集度临界值也较低。另一方面，企业的能源效率从分布函数随机抽取，不同企业具有不相等的能源效率。因此，企业的能源效率可能会影响理论假说3和假说4的成立。本书将在第六章的实证分析中在控制或不控制能源效率的情形下对比一般贸易企业与加工贸易企业在劳动生产率以及能源密集度上的差异，以说明能源效率是否影响上述假说的成立。

第二，现实中，多数的加工贸易企业为既从事加工贸易又从事一般贸易的混合型出口企业，而在这些企业中，部分企业以一般贸易为主要的贸易方式，部分企业以加工贸易为主要的贸易方式。那么加工贸易参与度的差异越大，企业间的环境表现差别是否越大？为充分考虑企业在加工贸易参与度的差异，本书在第六章进一步检验企业加工贸易强度与污染排放之间的关系。

第三，考虑到加工贸易企业转型已成为必然趋势（铁瑛等，2018；毛其淋，2019），本书还将在第六章考察贸易方式转型对企业污染排放的影响。需要注意的是，上述的理论部分讨论的是贸易方式与企业污染排放之间的相关关系，而非因果关系。在理论分析中，从事加工贸易或一般贸易都是企业的自选择行为，则两类企业在污染排放上的差异源于自身特点，而非从事加工贸易或一般贸易所导致的。因此，本书将在第六章中借鉴Heckman 等（1997）、De Loecker（2007）的倍差匹配法控制企业的自选择效应，识别贸易方式转型的因果效应。

五、贸易壁垒、企业出口与污染排放

考虑到当前"逆全球化"趋势、贸易保护主义重新抬头、贸易壁垒增多，企业所处的贸易环境已发生巨大的变化，尤其是贸易自由化程度的改变（Bekkers，2019；Robinson & Thierfelder，2019；佟家栋等，2017）。为分析贸易壁垒、企业出口与污染排放之间的关系，本部分将在理论模型的基础上进一步讨论贸易壁垒对企业出口以及出口企业污染排放的影响。首先，通过企业出口所需的额外成本（主要是冰山成本）分析贸易壁垒对企业出口的直接影响。然后，采用 He 等（2019）的思路，将 Grossman 和Krueger（1991）的三效应理论应用于微观层面，讨论贸易壁垒对出口企业污染排放的间接影响。

（一）贸易壁垒对企业出口的影响

根据 Melitz（2003）的观点，企业出口需要支付额外的成本，包括额外的固定成本和冰山成本。其中，额外的固定成本属于沉没成本，一旦企业对其进行支付就无法收回，包含寻找贸易伙伴、与国外进口企业建立交易关系、海外市场营销成本等相关成本；冰山成本为单位产品运抵国外目的地所需的成本，包含运费、关税、进口中间产品等相关成本。

本部分以贸易自由化表示贸易壁垒减少，对贸易壁垒的影响进行理论分析。贸易自由化是指不同国家之间对来自国外的产品进口所采取的限制和具体措施减少，包括关税降低和非关税壁垒的减少，使得产品可以在国家之间自由流动。根据 Melitz（2003）的观点，贸易自由化有助于降低企业出口所需的额外成本，尤其是冰山成本，从而影响企业出口。虽然贸易自由化可以降低出口固定成本，如在实施自由贸易的两国，企业更容易在对方国家找到贸易伙伴建立稳定的合作关系，但贸易自由化对单位产品出口的成本（即冰山成本）的影响更大。以关税削减为例，国外对本国产品的关税削减有助于减少企业出口的壁垒，降低出口成本；而本国对国外产品的关税削减有助于企业以较低的价格购入国外高质量的原材料和中间产品，同样可以达到降低企业成本的目的。因此，本部分通过企业出口的额外成本（主要是冰山成本）的变化，分析贸易自由化对企业出口的影响。

根据式（3.8），企业出口的总成本为 $TC_x = f_x + \dfrac{(w_l\varphi_e + w_e\varphi_l + e\theta\varphi_l)}{\varphi_l\varphi_e}\tau\, q_x$，从中可以看出企业出口的总成本与其固定成本和冰山成本均成正比。此外，根据 Melitz（2003）的研究，贸易自由化有助于降低企业的出口成本（尤其是冰山成本）。因此，假设两国实现贸易自由化后，企业出口的固定成本降低至 f'_x，且 $f \leqslant f'_x < f_x$；冰山成本降低至 τ'，且 $1 \leqslant \tau' < \tau$。此时，企业出口的总成本函数如下：

$$TC'_x = f'_x + \frac{(w_l\varphi_e + w_e\varphi_l + e\theta\varphi_l)}{\varphi_l\varphi_e}\tau' q_x \tag{3.31}$$

式中，TC'_x 为两国实现贸易自由化后的企业出口的总成本。由于贸易自由化有助于降低企业出口的固定成本和冰山成本，即 $f'_x < f_x$ 和 $\tau' < \tau$，则 $TC'_x < TC_x$。

基于式（3.31），依次计算两国实现贸易自由化后企业出口的边际成本，以及在国外市场的最优定价和最优产出量。如下：

$$MC'_x = \frac{(w_l\varphi_e + w_e\varphi_l + e\theta\varphi_l)}{\varphi_l\varphi_e}\tau' \tag{3.32}$$

$$p'_x = \frac{(w_l\varphi_e + w_e\varphi_l + e\theta\varphi_l)}{\varphi_l\varphi_e\rho}\tau' \tag{3.33}$$

$$q'_x = R^* P^{*\sigma-1}\left[\frac{\varphi_l\varphi_e\rho}{(w_l\varphi_e + w_e\varphi_l + e\theta\varphi_l)\tau'}\right]^{\sigma} \tag{3.34}$$

式中，MC'_x、p'_x 和 q'_x 分别为两国实现贸易自由化后企业出口的边际成本以及企业产品在国外市场的最优定价和产出量。由于 $\tau' < \tau$，则 $MC'_x < MC_x$，$p'_x < p_x$ 和 $q'_x > q_x$，即贸易自由化有助于降低企业出口所面临的冰山成本，从而降低出口的边际成本以及产品在国外市场的价格，并提高国外销售量。

进一步，基于上述公式计算两国实现贸易自由化后的出口企业利润（$\pi = pq - TC$）。如下：

$$\pi'_x = p'_x q'_x - TC'_x = \frac{R^*}{\sigma}\left(\frac{P^*\rho}{\tau'}\right)^{\sigma-1}\left(\frac{\varphi_l\varphi_e}{w_l\varphi_e + w_e\varphi_l + e\theta\varphi_l}\right)^{\sigma-1} - f'_x \tag{3.35}$$

式中，π'_x 为两国实现贸易自由化后的出口企业利润，且 $\pi'_x > \pi_x$。

与上文一致，企业根据其劳动生产率（φ_l）和能源效率（φ_e）作出是否出口的决策。前文主要关注企业出口的能源效率临界值，为方便与前文得到的结论进行对比，同样计算两国实现贸易自由化后企业出口的零利润能源效率的临界值①。因此，令式（3.35）等于 0，得到如下的能源效率临界值：

$$\frac{1}{\varphi'_{ex}} = \left(\frac{R^*}{f'_x\sigma}\right)^{\frac{1}{\sigma-1}}\frac{P^*\rho}{\tau'(w_e + e\theta)} - \frac{w_l}{(w_e + e\theta)\varphi_l} \tag{3.36}$$

式中，φ'_{ex} 为两国实现贸易自由化后企业出口的零利润能源效率的临界值。由于贸易自由化能降低企业出口的固定成本和冰山成本，即 $f'_x < f_x$ 和 $\tau' < \tau$，则得到如下的结果：

$$\varphi'_{ex} < \varphi_{ex} \tag{3.37}$$

式（3.37）表明，在两国实现贸易自由化后，企业出口的能源效率临界值低于之前的临界值。此时，当 $\varphi_e \geq \varphi'_{ex}$ 时，企业可以进入出口市场。

---

① 实际上，如果计算企业出口的劳动生产率的临界值，也会得到同样的结论。

在两国实现贸易自由化之前，能源效率介于 φ'_{ex} 和 φ_{ex} 之间（即 $\varphi'_{ex} \leqslant \varphi_e < \varphi_{ex}$）的企业无法进入出口市场，而在贸易自由化之后，这部分企业可以将产品出口至国外市场。原因在于：贸易自由化能降低企业出口所需支付的固定成本和冰山成本，从而降低进入出口市场的能源效率阈值，使原有内销企业进入出口市场。因此，在考虑能源要素和污染排放的情形下依然可以得到与 Melitz（2003）相一致的结论，即在同一行业内，贸易自由化（包括进口自由化和出口自由化）可以促进企业进入出口市场。由此得到如下假说：

假说 5：在同一行业内，贸易壁垒减少（包括进口自由化和出口自由化）促进企业进入出口市场。

（二）贸易壁垒对出口企业污染排放的影响

上文已分析了贸易壁垒与企业出口的关系，并发现贸易壁垒减少可以促进原先的内销企业进入出口市场。本部分将进一步讨论贸易壁垒对企业污染排放的影响。一方面，根据上述结论，贸易自由化能促进内销企业进入出口市场，而企业出口可能会通过提高生产效率（Van Biesebroeck，2006；De Loecker，2007；Bustos，2011）减少污染排放。另一方面，通过式（3.34），即 $q'_x = R^* P^{*\sigma-1} \left[\dfrac{\varphi_l \varphi_e \rho}{(w_l \varphi_e + w_e \varphi_l + e\theta\varphi_l)\tau'} \right]^{\sigma}$，可以发现贸易自由化（冰山成本下降）同样对原先的出口企业产生影响，即有助于扩大企业的出口规模。基于此推断贸易自由化将会间接地影响出口企业的污染排放。

考虑到贸易自由化与企业污染排放之间的复杂关系，本部分借鉴 He 等（2019）的思路，应用 Grossman 和 Krueger（1991）的三效应理论，讨论贸易自由化（包括进口自由化和出口自由化）影响出口企业污染排放的中介机制。Grossman 和 Krueger（1991）首先提出，贸易通过三种效应（规模效应、结构效应和技术效应）影响环境污染，该理论也成为后续研究的重要基础和分析工具（Copeland & Taylor，1994，1995；Grossman & Krueger，1995；Antweiler et al.，2001）。然而这些研究聚焦于宏观层面的分析。不同于上述研究，本书将该理论应用于微观层面的分析，讨论贸易自由化影响出口企业污染排放的三种潜在渠道，即生产规模、要素结构和生产技术。

首先，贸易自由化可以通过扩大经济规模，影响环境污染水平（Grossman & Krueger，1991）。从微观企业视角，贸易自由化同样可以改变企业的生产规模（Head & Ries，1999；盛斌和毛其淋，2015）从而间接地影响污染排放，即规模效应（He et al.，2019）。具体而言，进口自由化意味着将有更多的国外产品进入国内市场。一方面，更多来自国外的进口产品将加剧国内市场的竞争，挤占国内企业的市场份额，从而减少生产和污染排放；另一方面，企业可以以较低的成本进口具有较高质量的中间产品，扩大生产，排放更多的污染物。出口自由化意味着出口市场准入的提高，出口规模的扩大使得企业扩大生产规模，增加污染排放。因此推断：进口自由化引致的规模效应对企业污染排放的影响不确定，而出口自由化引致的规模效应将加剧污染排放。

其次，贸易自由化可以通过改变经济活动的结构影响环境污染（Grossman & Krueger，1991）。Antweiler 等（2001）研究表明，贸易自由化影响一国的要素结构（资本与劳动力比例，即资本密集度），从而影响该国的环境污染。从微观企业视角，贸易自由化同样可以改变企业的要素投入结构（资本密集度），间接地影响污染排放，即要素结构效应（He et al.，2019）。具体而言，进口自由化既加剧国内市场竞争又促进中间产品进口，而出口自由化导致出口规模和生产规模的扩大，但两者对企业要素投入结构的影响均呈现不确定性。此外，一方面，一般而言，资本密集型企业通常排放相对更多的污染物，而劳动密集型企业相对更清洁；另一方面，资本密集度更高的企业也具有更先进的技术水平，排放强度更低。因此，进口自由化和出口自由化所引致的要素结构效应均呈现不确定性，取决于贸易自由化对企业要素投入结构，以及要素结构对污染排放的影响。

最后，贸易自由化可以通过改变技术水平影响环境污染（Grossman & Krueger，1991）。从微观企业视角，贸易自由化同样可以改变企业的生产技术（Amiti & Konings，2007；Fernandes，2007；余淼杰，2010；毛其淋和许家云，2015）间接地影响污染排放，即技术效应（He et al.，2019）。具体而言，进口自由化可能加剧国内市场竞争，迫使企业提高生产率。此外，进口自由化的技术溢出效应和来自国外的高质量的中间产品同样有助于提高企业生产率。出口自由化则有利于企业扩大出口规模，获得更多的利润，以增加创新投入，改善生产技术。另外，Bloom 等（2010）、Shapiro 和 Walker（2016）均表明，生产率较高的企业具有较低的排放强度。因此推断：进口自由化和出口自由化所引致的技术效应均有利于企业污染减排。

基于上述分析可以发现，进口自由化和出口自由化对出口企业污染排放的影响均呈现不确定性，取决于它们引致的三种效应的相对大小。由此得到如下假说：

假说6：在同一行业内，贸易壁垒减少（包括进口自由化和出口自由化）对出口企业污染排放的影响取决于规模效应、要素结构效应和技术效应的相对大小。

（三）进一步讨论

作为上述理论分析的结论，针对贸易壁垒、企业出口与污染排放之间的关系，本章得到两个理论假说（假说5 和假说6）。本书将在第七章采用计量经济学模型和中国企业数据对上述的假说进行实证检验。此外，对于该理论分析的结果还需要进行如下的讨论。

本章仅关注贸易壁垒对企业出口以及出口企业污染排放的影响，而贸易壁垒减少还会导致贸易失衡程度的提高（Santos - Paulino & Thirlwall，2004）。贸易自由化可以通过规模效应、要素结构效应和技术效应影响出口企业的污染排放，而贸易失衡同样也可以通过这三种潜在效应对企业排放产生影响。贸易顺差意味着本国在出口市场上拥有更强的竞争力，将吸引更多的企业进入出口市场，而企业进入与退出出口市场引起资源的再分配效应（Melitz，2003）可能会进一步影响企业排放。此外，贸易失衡也是当前"逆全球化"、中美贸易摩擦的重要原因。长久以来（尤其是 2001 年加入 WTO 后），中国的对外贸易存在持续且巨大的顺差。那么，在贸易失衡的背后，贸易顺差是否会加剧出口企业的污染排放？能否让中国同等地"获益"？为此，本书将在第八章通过实证的方法识别贸易失衡对出口企业污染排放的影响，揭示贸易顺差背后的微观环境利益。

六、本章小结

为从微观企业视角揭示国际贸易与环境污染的关系，本章以 Melitz（2003）模型作为基础的理论框架，纳入能源投入、能源效率异质性、污染排放等要素构建异质性企业贸易模型，从理论上厘清企业出口、贸易壁垒与污染排放之间的关系，也为后续章节的实证分析奠定理论基础。

具体而言，在理论框架中，企业间的异质性体现在能源效率、劳动生产率和能源密集度的差异上。首先，以能源效率作为中介分析企业出口与污染排放的关系，得到理论假说 1 和假说 2。结果表明：出口企业的能源效率高于非出口企业；能源效率较高的企业污染排放较少；出口企业污染排放较少；能源效率是企业出口与污染排放之间的中介渠道。在此基础上对企业出口与污染排放之间的其他中介渠道、劳动生产率的作用、企业出口的因果效应以及出口强度的影响进行讨论。

其次，借鉴 Dai 等（2016）、刘晴和徐蕾（2013）的思路，引入加工贸易以劳动生产率和能源密集度作为中介分析企业从事加工贸易和一般贸易与污染排放之间的关系，得到理论假说 3 和假说 4。结果表明：加工贸易企业的劳动生产率和能源密集度较低；劳动生产率较高的企业污染排放较少，能源密集度较高的企业污染排放较多；加工贸易企业是否更清洁取决于劳动生产率和能源密集度两种渠道影响的相对大小，当劳动生产率渠道的影响更大时，加工贸易企业的污染排放更多，而当能源密集度渠道的影响更大时，加工贸易企业更清洁。在此基础上对加工贸易强度以及加工贸易转型的影响进行讨论。

最后，通过企业出口的额外成本（主要是冰山成本）分析贸易壁垒对企业出口的影响，采用 He 等（2019）的思路，将 Grossman 和 Krueger（1991）的三效应理论应用于微观层面探讨贸易壁垒对出口企业污染排放的间接影响，得到理论假说 5 和假说 6。结果表明：贸易壁垒减少（包括进口自由化和出口自由化）促进企业进入出口市场；贸易壁垒对出口企业污染排放的影响取决于规模效应、要素结构效应和技术效应的相对大小。在此基础上进一步对贸易失衡对企业污染排放的影响进行讨论。

总体来说，本章通过拓展的异质性企业贸易模型从理论上揭示企业出口、贸易壁垒与污染排放之间的关系，在一定程度上丰富了贸易与环境的研究框架以及异质性企业理论。然而上述结论仅是理论层面的分析，这些结论是否与现实相符合，还需要采用实际的数据构建计量经济学模型进行实证检验。因此，在后续章节的实证分析将以本章的理论分析作为基础和指导。其中，第四章以能源效率作为中介，实证考察企业出口与污染排放的关系，检验理论假说 1 和假说 2；第五章分析企业的出口强度与环境表现的关系；第六章实证考察加工贸易企业与一般贸易企业在污染排放上的差异，以及加工贸易转型的影响，检验理论假说 3 和假说 4；第七章实证考察贸易壁垒对企业出口和出口企业污染排放的影响，检验理论假说 5 和假说 6；第八章进一步讨论贸易失衡的微观环境效应。

第四章
企业出口与环境污染

一、引言

　　能源效率和环境污染已成为全球性的焦点问题，并成为制约各国实现长期的可持续发展的重要阻碍。一般认为，国际贸易引起产品生产、能源消耗和环境污染的跨国转移，尤其是由环境规制严格的发达国家向规制宽松的发展中国家转移（Grossman & Krueger，1991；Rock，1996；Antweiler et al.，2001）。作为全世界最大的发展中国家以及最大的出口国，中国出口贸易的快速发展对环境质量产生不利的影响（Lin et al.，2014；Guan et al.，2014）。作为经济活动的微观主体，企业是出口贸易的参与者、能源的消耗者以及污染的排放者。一方面，出口企业的生产效率普遍较高（Melitz，2003；Bernard et al.，2003）；另一方面，作为一种生产效率，企业的能源效率与污染排放之间存在紧密的关系。因此，以能源效率作为中介研究企业出口与污染排放的关系具有重要的理论价值和现实意义。

　　虽然诸多的研究表明，相对于非出口企业，出口企业更清洁（Galdeano - Gomez，2010；Cui et al.，2012，2016；Batrakova & Davies，2012；Holladay，

2016；Richter & Schiersch，2017；Forslid et al.，2018），但这些研究还存在一些不足，有待完善。现有文献的不足之处在于：第一，由于微观环境数据的可获得性，针对企业出口与环境表现的研究集中在发达国家，相关研究在中国及其他发展中国家均极为缺乏。第二，现有研究没有在实证模型中考虑企业出口的自选择效应，仅分析企业出口与环境表现的相关关系，而非因果关系。第三，现有研究对企业出口影响污染排放的中介渠道讨论不足，有待进一步的拓展。其中，企业在能源效率上存在较大的异质性（Lyubich et al.，2018），能源效率与企业出口、污染排放之间存在紧密的相关性（Batrakova & Davies，2012；Roy & Yasar，2015），所以企业出口很可能会通过能源效率影响其污染排放。

针对当前的现实背景以及现有研究存在的不足，本章利用中国工业企业数据以及环境统计重点调查的工业企业数据实证研究企业出口、能源效率与污染排放之间的关系。本章的作用在于：在第三章理论分析的基础上展开实证研究，检验理论假说1和假说2，同时为后续章节的进一步实证分析（如第五章的出口强度、第六章的区分贸易方式、第七章的贸易壁垒等）打下基础。具体而言，第一，采用中介效应模型（Sobel，1982；Baron & Kenny，1986）分析企业出口、能源效率与污染排放的关系，检验假说1和假说2。第二，为保证结果的稳健性进行一系列的稳健性检验。第三，作为现有文献提出的企业出口与污染排放之间的其他渠道，即生产率与减排技术（Cui et al.，2012，2016；Forslid et al.，2018），检验这两种渠道对于中国企业是否同样成立。第四，作为理论分析的干扰因素以及Melitz（2003）模型的企业异质性特征，讨论劳动生产率在企业出口与环境表现之间的作用。第五，采用倍差匹配法（Heckman et al.，1997，1998；De Loecker，2007）考察企业出口对能源效率和污染排放的因果效应。第六，基于能源效率、所有制类型、所处部门和区域的视角探讨企业出口对不同类型企业的环境表现的异质性影响。

本章为企业出口、能源效率与污染排放之间的关系提供最初的经验证据。与现有的相关文献相对比，本章的贡献包括：第一，采用中国企业的实际能源消耗和污染排放的数据，为企业出口与环境表现的关系提供最初的经验证据。本书的微观环境数据来自一个尚处于保密中的数据库，即中国环境统计重点调查的工业企业数据。在与中国工业企业数据库进行匹配后共获得74542个具有代表性企业样本，且本章的实证结果很好地验证了假说1和假说2。第二，不仅检验企业出口与环境表现的相关关系，还借鉴Heckman等（1997，1998）和De Loecker（2007）的倍差匹配法检验企业出口对其环境表现的因果效应，即从环境视角同时分析企业的出口自选择效应和出口中学效应。第三，最先发现企业出口与污染排放之间的重要中介渠道，即能源效率。与发达国家不同，中国的出口企业更清洁，主要是因为它们具有更高的能源效率，而非更高的生产率和更先进的减排技术。这一发现不仅为后续的相关研究奠定重要的基础，也为政策制定者提供重要的政策启示。

本章剩余部分安排如下：第二部分介绍实证模型与数据；第三部分展示和分析实证结果，并检验假说1和假说2；第四部分为本章小结。

二、实证模型与数据

（一）实证模型

1. 中介效应模型

考虑到能源效率在企业出口与污染排放之间的中介作用，本章采用Sobel（1982）、Baron和Kenny（1986）的中介效应模型实证考察企业出口、能源效率与污染排放之间的相关性，并检验假说1和假说2[①]。本章之

---

① 需要注意的是，在第三章的理论分析中，企业根据其能源效率作出是否出口的决策，即进入出口市场是企业的自选择行为。出口企业与非出口企业在环境表现上的差异主要源自它们自身的特点。因此，中介效应模型仅能考察企业出口、能源效率与污染排放之间的相关关系，而非因果关系。

所以选择中介效应模型，主要是因为该模型能有效地识别能源效率的中介作用。首先，需要证明出口企业的能源效率较高，污染排放较少以及能源效率较高的企业污染排放较少。之后，通过比较在控制和不控制中介渠道的情形下企业出口与污染排放的关系，识别能源效率的中介作用。该检验的逻辑在于：如果出口企业污染排放较少是由于它们具有较高的能源效率，那么在控制能源效率渠道后，出口企业在环境表现上的优势将会消失或减弱[1]。具体而言，以企业出口作为核心变量，能源效率作为中介变量以及污染排放作为因变量。中介效应模型由三个方程组成，即式（4.1）至式（4.3）。其中，式（4.1）考察企业出口与能源效率的关系，检验假说1。

$$\ln EE_{ispt} = \beta_1 EXB_{isp,t-1} + X'\theta + \gamma Regulation_{sp} + \mu_s + \delta_p + \omega_t + \varepsilon_{ispt} \tag{4.1}$$

式（4.2）考察企业出口与污染排放的关系，部分地检验假说2[2]。

$$\ln E_{ispt} = \beta_1 EXB_{isp,t-1} + X'\theta + \gamma Regulation_{sp} + \mu_s + \delta_p + \omega_t + \varepsilon_{ispt} \tag{4.2}$$

式（4.3）考察在控制企业能源效率的情形下企业出口与污染排放的关系，同时检验能源效率与污染排放之间的相关性。

$$\ln E_{ispt} = \beta_1 EXB_{isp,t-1} + \beta_2 \ln EE_{ispt} + X'\theta + \gamma Regulation_{sp} + \mu_s + \delta_p + \omega_t + \varepsilon_{ispt}$$
$$\tag{4.3}$$

式中，下标 i、s、p 和 t 分别表示企业个体、工业部门、省份和年份。$EXB_{isp,t-1}$ 表示企业出口行为的虚拟变量。当企业出口时，$EXB_{isp,t-1}=1$；否则，$EXB_{isp,t-1}=0$。为保证企业间环境表现的差异是由企业自身特点决定，而非出口导致，对该变量采取滞后一期的处理[3]。EE_{ispt} 为企业的能源效率，

---

① 在实证模型中控制能源效率相当于在相同的能源效率水平下比较出口企业与非出口企业在污染排放上的差异。对于能源效率相同的企业，如果出口企业不再具有较低的污染排放，那么能源效率是企业出口与污染排放之间的中介渠道。如果出口企业依然在环境表现上具有优势，那么能源效率没有发挥中介作用。

② 假说2不仅表明出口企业的污染排放较少，而且提及能源效率是企业出口与污染排放之间的中介渠道。因此，式（4.2）只能部分地检验假说2，本章后续还会通过中介效应检验讨论能源效率的中介作用。

③ 在第三章的理论分析中，出口企业更清洁主要因为它们自身的特征。如果直接采用当期的企业出口行为作为核心变量，那么估计系数同时捕捉出口企业自身的特征和出口带来的影响。鉴于企业特征在短短两年内不容易发生明显的变化，本章对企业出口行为采取滞后一期的处理。

以企业工业增加值与能源消耗量的比值表示[①]，并以煤炭作为投入能源[②]。E_{ispt} 为企业的污染排放。同时采用污染排放量和排放强度[③]来表示企业层面的污染排放，并以 SO_2 作为污染物。考虑到贸易会对不同污染物产生差异化的影响（Cole & Elliott，2003；Managi et al.，2009；Gumilang et al.，2011），采用其他污染物（如氮氧化物、烟尘和粉尘）作稳健性检验。X' 为其他的控制变量，包括企业的产出规模、资本密集度、劳动生产率、补贴收入、平均工资、利润率、减排设备数量、年龄和所有制类型。$Regulation_{sp}$ 为企业所处工业部门和省份的环境规制强度。μ_s、δ_p 和 ω_t 分别为部门、省份和年份的固定效应[④]。具体而言，μ_s 和 δ_p 捕捉企业所在部门和省份的特点以及政策干扰；ω_t 控制企业的环境表现随时间变化的趋势以及宏观层面的经济变量，如第三章理论模型的总支出指数和总物价指数；μ_s、δ_p 和 ω_t 共同控制理论模型中的固定成本、冰山成本和要素价格。ε_{ispt} 为随机误差项。

在式（4.1）至式（4.3）中，主要关心式（4.1）和式（4.2）的 β_1 以及式（4.3）中的 β_1 和 β_2。其中，式（4.1）的 β_1 刻画出口企业与非出口企业在能源效率上的平均差异，检验假说1，预期符号为正。式（4.2）

---

① Lyubich 等（2018）同样使用该方法测算企业层面的能源效率。该方法的好处在于，测算得到的能源效率方便与其他要素生产率（如劳动生产率）进行比较。

② 采用煤炭作为投入能源的原因在于：第一，1989～2018 年，中国煤炭消耗占总能源消耗的比重均在60%以上，且能源消费结构的变化不大。在本章的研究时期（即2006 年和2007 年），煤炭消耗的比重分别高达72.4% 和72.5%（数据来源：《中国统计年鉴》）。因此，煤炭作为最重要的投入能源，能够较好地反映工业企业的能源投入。第二，将能源效率作为企业出口与污染排放的中介渠道，相对于其他能源，如燃料油和天然气，煤炭消耗与污染排放的关系更为紧密。第三，基于本书的数据集，污染排放企业在生产中主要使用煤炭作为投入能源，而使用其他能源的企业样本量较少。

③ 在第三章的理论分析中，企业的排放强度为污染排放量与产出量的比值，但本书所采用的数据库没有提供企业产量的信息。因此，在本章以及后续章节中采用企业总产值作为替代，即实证分析中的排放强度为污染排放量与产值的比值。

④ 本章没有在实证模型中控制企业固定效应，原因在于：第一，基于第三章的假说，在同一行业内，出口企业具有较好的环境表现。换句话说，本章目标在于比较特定行业内，出口企业与非出口企业在环境表现上的差异。第二，采用的微观环境数据为一个两年的非平衡面板数据集。在与中国工业企业数据库匹配后，总共有49313 家企业和74542 个观测值。按照该企业数量与观测值数量的比率，如果控制企业固定效应，那么回归结果可能存在偏差。为此，本章尽可能多地采用影响环境表现的企业特征作为控制变量。

的 β_1 刻画出口企业与非出口企业在污染排放上的平均差异，部分地检验假说2，预期符号为负。式（4.3）的 β_1 刻画在控制中介渠道（能源效率）的情形下，两类企业在污染排放上的平均差异。考虑到能源效率的中介作用，相对于式（4.2）的 β_1，式（4.3）的 β_1 理应有所变化。式（4.3）的 β_2 刻画当企业的能源效率更高时，污染排放的平均变化，预期符号为负。

在第三章的理论分析中，假说的成立是在同一企业或劳动生产率相等的企业以及相同的产出规模的基础上。此外，为简化分析，本书理论模型假定企业拥有相同的减排技术和设备，且企业仅投入能源和劳动力两种要素。而在现实中，企业间的排放技术不同，且企业还在生产中投入资本要素。为控制这些变量以及可能影响企业能源效率和污染排放的其他因素，本章在上述中介效应模型中控制如下的企业特征：

$$X'\theta = \theta_1 \ln RAdd_{ispt} + \theta_2 \ln KL_{ispt} + \theta_3 \ln LP_{ispt} + \theta_4 \ln Subsidy_{ispt} + \theta_5 \ln AWage_{ispt} +$$
$$\theta_6 \ln Profit_{ispt} + \theta_7 Equipment_{ispt} + \theta_8 Age_{ispt} + \theta_9 SOE_{ispt} + \theta_{10} Foreign_{ispt}$$

$$(4.4)$$

式中，$RAdd_{ispt}$ 为相对工业增加值，代表企业的生产规模，以企业工业增加值与所在行业、省份和年份的平均水平的比值表示；KL_{ispt} 为资本密集度，以固定资产净值与从业人员人数的比值表示，控制资本要素投入；LP_{ispt} 为劳动生产率，以工业增加值与从业人员人数的比值表示；$Subsidy_{ispt}$ 为政府补贴强度，以补贴收入与产值的比值表示；$AWage_{ispt}$ 为平均工资，以总工资与从业人员人数的比值表示；$Profit_{ispt}$ 为利润率，以企业利润与产值的比值表示；$Equipment_{ispt}$ 为针对空气污染物的减排设备数量，控制理论分析中的企业排放技术[①]；Age_{ispt} 为企业年龄；SOE_{ispt} 和 $Foreign_{ispt}$ 分别为国有企业和外资企业的虚拟变量。当企业为国有企业时，$SOE_{ispt}=1$，否则，$SOE_{ispt}=0$；当企业为外资企业时，$Foreign_{ispt}=1$，否则，$Foreign_{ispt}=0$。

---

① 如果采用第三章理论分析的做法，直接以单位能源投入所产生的污染排放量来代表减排技术，则污染排放和减排技术两个变量将互为内生变量。而本书所采用的中国环境统计重点工业企业数据库中，提供企业减排设备数量的信息。将单位能源投入产生的污染排放与减排设备数量进行回归，发现两者之间存在显著的负向关系。因此，本书采用减排设备数量作为减排技术的代理变量。

此外，第三章的理论模型还假设企业面对固定的环境规制强度，即企业排污成本为常数。诸多研究也表明环境规制显著地影响污染减排（Henderson，1996；Chay & Greenstone，2005；Shapiro & Walker，2018）。如果不在实证模型中控制环境规制的影响，实证结果可能会存在偏差。为量化环境规制的强度，借鉴 Shi 和 Xu（2018）的方法，结合"十一五"规划期间各个省份的 SO_2 减排目标和各个行业的污染排放，识别特定省份和行业的环境规制强度。该环境规制的测度方法如下：

$$Regulation_{sp} = REI_s \times RTarget_p \qquad (4.5)$$

式中，REI_s 为部门 s 的相对排放强度，以该部门的排放强度与所有部门的平均强度的比值表示；REI_s 与部门层面的环境规制强度成正比，即污染密集度更高的部门受到更严格的环境管制；$RTarget_p$ 为省份 p 相对其他省份的减排目标，以《"十一五"期间全国主要污染物排放总量控制计划》[①] 所规定的省份 SO_2 减排目标与所有省份的平均减排目标的比值表示；$RTarget_p$ 与省份层面的环境规制强度成正比，即减排目标更高的省份受到更严格的管制。

2. 中介效应检验

根据 Sobel（1982）、Baron 和 Kenny（1986）的方法，本书通过式（4.1）至式（4.3）的主要系数进行中介效应检验。假设 a 代表企业出口（核心变量）与能源效率（中介变量）的关系，即式（4.1）中的 β_1；b 代表能源效率与污染排放（因变量）的相关性，即式（4.3）中的 β_2；c 代表未控制能源效率的情形下，企业出口与污染排放的关系，即式（4.2）中的 β_1；c' 代表控制能源效率时，企业出口与污染排放的关系，即式（4.3）中的 β_1。

为证明能源效率是企业出口与污染排放之间的中介渠道，进一步检验第三章的假说 2，需要满足如下条件：第一，c 的估计系数显著为负，即出口企业的污染排放较少；第二，a 的系数显著为正，即出口企业的能源效率较高；第三，b 的系数显著为负，即能源效率较高的企业污染排放较少；第四，

[①] 详见 http://www.gov.cn/gongbao/content/2006/content_394866.htm。

相对于 c 的系数，c' 的系数有所改变，即在控制能源效率渠道（或相同能源效率）的情形下，企业出口与污染排放之间的关系发生变化，如出口企业在环境表现上的优势消失或减弱。若 c' 依旧显著为负，且估计系数明显减小，即控制能源效率渠道后，出口企业在环境表现上的优势减弱，则表示能源效率发挥部分中介效应的作用。在该情形下，能源效率渠道只是出口企业污染排放较少的解释之一。若 c' 不再显著，即在能源效率相等的条件下，出口企业不再具有较少的污染排放，则表示能源效率发挥完全中介效应；能源效率是企业出口与污染排放之间的主要渠道。若 c' 依旧显著，但系数符号由负变为正，即如果没有能源效率渠道，那么出口企业的污染排放将会更多，则表示能源效率发挥遮掩效应。总体来说，部分中介效应、完全中介效应或遮掩效应，均表明能源效率是企业出口与污染排放之间的中介渠道。

进一步，借鉴 Sobel（1982）的方法，计算中介效应比率。如下：

$$R = \frac{a \times b}{c} \tag{4.6}$$

式中，R 为中介效应比率，该比率与中介效应的强度呈正相关。当 R 接近 1 时，表示完全中介效应；当 R 大于 1 时，表示遮掩效应。

3. 倍差匹配法

上述中介效应模型仅能检验企业出口与环境表现的相关关系（即出口自选择效应），即比较出口企业与非出口企业在自身特征上的差异。然而，该模型不能进行因果关系的检验。根据第三章的理论分析，具有较好的环境表现的企业自选择进入出口市场（出口自选择效应），非不是出口导致企业环境表现的提高（出口中学效应）。为进一步考察企业出口的因果效应，借鉴 Heckman 等（1997，1998）和 De Loecker（2007）的倍差匹配法[1]，结合 PSM 方法与 DID 方法检验企业出口是否会导致其环境表现的变化。

---

[1] Heckman 等（1997）首先采用该方法评估职业培训项目带来的影响，且解决受训者自选择参加项目引致的估计偏差。之后，Heckman 等（1998）为该方法提供理论基础。De Loecker（2007）最先将该方法应用于国际贸易领域的研究，该研究采用斯洛文尼亚的企业数据检验企业的出口中学效应，并发现企业一旦开始出口，它们的生产率水平将得到提升。该研究也成为检验出口中学效应的主要框架。

鉴于本章采用的企业环境数据的时期为 2006～2007 年，该方法正好适用于两年面板数据。具体而言，以 2007 年开始出口的企业作为处理组，2006～2007 年均未出口的企业作为对照组。此外，以 2007 年企业的能源效率和污染排放相对于 2006 年的变化率作为结果变量。首先，存在不可观测的企业特征同时影响企业开始出口和其环境表现。鉴于本章所采用的研究样本为在 2006 年和 2007 年运营的企业，将企业在 2006 年和 2007 年环境表现的对数进行差分①，消除不可观测且不随时间变化的因素的影响。之后，对比处理组和对照组的企业环境表现的差异。其次，同样由于 2006 年和 2007 年数据的差分，可以缓解反向因果关系的干扰。原因在于：在取差分后，处理变量为企业是否在 2007 年开始出口，结果变量为环境表现的变化率。虽然企业出口与环境表现之间相互影响，但环境表现的变化率为企业开始出口的结果，而非原因②。再次，开始出口的企业与非出口企业在各方面均存在很大的差异。这些差异决定着企业是否开始出口及其环境表现，导致样本选择性偏差。为此，采用 PSM 方法在未出口的企业中选择各方面特征与开始出口的企业相似的样本作为对照组，使得处理组与对照组具有可比性。最后，在采用 PSM 方法匹配样本的过程中，采用企业在 2006 年的能源效率作为协变量，控制企业事前的能源效率，即通过比较事前能源效率相同的企业来控制企业出口的自选择效应。

本章估算平均处理效应（ATT），以检验企业开始出口对其能源效率和污染排放的影响效应。如下：

$$ATT = E(\Delta \ln Y_i^1 - \Delta \ln Y_i^0 \mid Start_i = 1)$$
$$= E(\Delta \ln Y_i^1 \mid Start_i = 1) - E(\Delta \ln Y_i^0 \mid Start_i = 1) \tag{4.7}$$

式中，ATT 为平均处理效应，反映企业出口对其环境表现的影响；

---

① 由于结果变量为 2007 年企业环境表现相对于 2006 年的变化率，通过取对数实现两年数据的差分。

② 事实上，企业是否在 2007 年开始出口主要受事前企业特征的影响，即 2006 年的能源效率。

$\Delta \ln Y_i^1$ 为 2007 年开始出口的企业环境表现（包括能源效率和污染排放）的变化率，而 $\Delta \ln Y_i^0$ 为未出口的企业的环境表现的变化率。$Start_i$ 为区分企业样本的虚拟变量。如果企业于 2007 年开始出口，则 $Start_i = 1$；否则，则 $Start_i = 0$。$E\left(\Delta \ln Y_i^1 \mid Start_i = 1\right)$ 为企业于 2007 年开始出口时，它们环境表现的平均变化率，而 $E\left(\Delta \ln Y_i^0 \mid Start_i = 1\right)$ 为开始出口的企业在它们未出口时结果变量的平均变化率。然而，$E\left(\Delta \ln Y_i^0 \mid Start_i = 1\right)$ 为不可观测的反事实。因此，需要构建对照组作为替代，即采用 PSM 方法，构建对照组 $E\left(\Delta \ln Y_i^0 \mid Start_i = 0\right)$ 替代 $E\left(\Delta \ln Y_i^0 \mid Start_i = 1\right)$。

借鉴 Heckman 等（1997，1998）和 De Loecker（2007）的做法，采用 PSM 方法来构建对照组。本章采用如下 Probit 模型估计倾向得分。该 Probit 模型同时检验企业出口的自选择效应，即能源效率较高的企业是否自选择进入出口市场。

$$Pr(Start_i = 1) = \Phi(\ln EE_{isp,t-1}, X_{isp,t-1}, \mu_s, \delta_p) \tag{4.8}$$

式中，$Pr\left(Start_i = 1\right)$ 为企业开始出口的可能性。$\ln EE_{isp,t-1}$、$X_{isp,t-1}$、μ_s 和 δ_p 为用于匹配的协变量。其中，$EE_{isp,t-1}$ 为滞后一期（2006 年）的企业能源效率，用于控制企业的自选择效应，以在事前能源效率相等的条件下，对开始出口的企业与非出口企业进行比较。换句话说，企业在 2006 年的能源效率决定其在 2007 年是否开始出口，所以该 Probit 模型可以同时检验企业出口的自选择效应。$X_{isp,t-1}$ 为影响企业开始出口的企业特征，包括式（4.4）中的所有控制变量，并作滞后一期的处理[①]。μ_s 和 δ_p 为部门层面和省份层面的固定效应，以确保处理组和对照组的企业在相同部门和区域内进行比较。之后，以 $Pr\left(Start_i = 1\right)$ 作为倾向得分，采用最邻近匹配方法对处理组和对照组的样本进行匹配。

在匹配后，检验企业开始出口是否导致其环境表现（包括能源效率和污染排放）产生变化。如下：

---

① 考虑到企业特征对其是否开始出口的事前影响，即 2006 年的企业特征影响其在 2007 年是否开始出口，本章对用于匹配的企业特征变量作滞后一期处理。

$$ATT = \frac{1}{n} \sum_{i \in (Start_i = 1)} \left[\Delta \ln Y_i^1 - \sum_{i \in (Start_i = 0)} g(p_i, p_j) \Delta \ln Y_j^0 \right] \qquad (4.9)$$

式中，n 为匹配的企业 i 的数量。$g(p_i, p_j)$ 为当使用企业 j 的 $\Delta \ln Y_j^0$ 替代企业 i 的 $\Delta \ln Y_i^0$ 时所赋予 $\Delta \ln Y_j^0$ 的权重。

（二）数据

本章的研究主要采用两套中国企业的数据库：第一，企业的基本信息以及出口、生产和财务信息来源于中国工业企业数据库；第二，企业层面的能源消耗、污染排放和减排设备的数据来源于中国环境统计重点调查工业企业数据库。我们将两套企业数据库进行匹配，合并成一个涵盖 2005 ~ 2007 年企业出口以及 2006 ~ 2007 年企业能源消耗、污染排放、其他特征等信息的非平衡面板的数据集。此外，还收集其他数据测算环境规制强度。本章将在以下部分提供更详细的数据说明、处理以及描述性统计。

1. 企业数据

本书主要的企业数据来自中国统计局提供的中国工业企业数据库，采用的年份为 2005 ~ 2007 年[①]。该数据库包括中国所有国有企业和年产值在 500 万元以上的非国有企业，并提供企业的基本信息以及企业出口、生产、财务等信息。选取来自所有 38 个工业部门[②]和 31 个省份的企业作为研究样本。

按照本章的研究设计，参考 Feenstra 等（2014）和 Yu（2015）的数据处理方法，进一步对该企业数据进行如下处理：第一，考虑到该数据库中非国有企业的年产值必然在 500 万元以上，以及基于所有制类型的异质性分析，本章剔除所有年产值在 500 万元以下的企业。第二，为清理异常数据，剔除工业增加值、销售额、固定资产净值和总工资小于或等于 0 的企业样本，补贴收入和利润小于 0 的样本，从业人员人数小于 10 人的样

---

① 中国工业企业数据库常用年份为 1998 ~ 2007 年，但考虑到本章微观环境数据的时期仅为 2006 ~ 2007 年，所以只采用 2005 ~ 2007 年的工业企业数据。

② 以 GB/T 4754—2002 的 2 位码作为工业部门分类的标准。

本以及成立时间在 1949 年以前的样本。第三，考虑到绝大多数的变量需要对数化处理，给初始值为 0 的变量赋值为 1。第四，为剔除物价变化的干扰，采用 2006 年工业生产者出厂价格指数对企业的工业增加值、补贴收入和利润进行平减，采用 2006 年固定资产投资价格指数对固定资产净值进行平减，以及采用 2006 年居民消费价格指数对平均工资进行平减。

2. 企业污染数据

本书的企业层面的能源消耗、污染排放和减排设备数据来自一个目前仍处于保密中的数据库，即中国生态环境部提供的环境统计重点调查工业企业数据库。采用的数据年份为 2006~2007 年。该数据源于生态环境部历年的环境综合统计年报，数据来源权威且稳定。自 1980 年起，中国生态环境部开始建立环境统计系统，收集污染数据。该数据库涵盖生态环境部所监控的重点污染排放企业，而重点企业的筛选标准为污染排放量占各县（市）区排放总量 85% 以上的工业企业[①]。统计项目包括国家重点控制的污染物，如 SO_2（二氧化硫）、NO_x（氮氧化物）、烟尘、粉尘等，只要有其中一项被筛选上，就会被纳入重点调查企业名单。其中，2006 年和 2007 年，该数据库涵盖的企业数量分别为 76501 家和 104058 家。被纳入重点调查的企业每年需要报告大量与环境相关的信息，所以该数据库提供企业的基本信息以及企业生产、能源消耗、减排设备、污染排放等信息。总体来说，该数据库被认为是目前中国乃至发展中国家最全面、最可靠和最权威的微观环境数据库，并开始被应用于少部分的研究中（如 Wu et al.，2016；Liu et al.，2017；Zhang et al.，2018）[②]。

为获得更多有关企业特征的变量，本书将该数据库与中国工业企业数据库进行匹配。匹配的步骤如下：首先，由于两个数据库使用同一套企业代码，采用企业代码进行匹配；其次，采用企业名称进行匹配；再次，为匹配更多样本，进一步采用企业的曾用名进行匹配；最后，考虑到本章在

---

① 县（市）区排放总量是指，该县（市）区污染排放申报登记中全部工业企业的排放量。
② 然而，现有研究没有采用该数据库研究贸易与环境的关系。

实证分析中采用滞后一期的企业出口行为作为核心变量，将上一年的企业出口信息匹配至本年数据。在完成匹配后，共获得 74542 个企业样本，涵盖 2005 ~ 2007 年的企业出口以及 2006 ~ 2007 年的企业能源消耗、污染排放、其他企业特征等信息。其中，出口企业样本 20887 个、非出口企业样本 53655 个。在能源投入方面，47511 个企业样本投入煤炭进行生产。在污染排放方面，排放 SO_2 的企业样本 52083 个，排放 NO_x 的样本 43649 个，排放烟尘的样本 46613 个，排放粉尘的样本 13951 个。

表 4.1 展示企业层面环境数据的描述性统计。从中可得知，本章所采用的企业样本包含污染密集型企业和清洁企业。对于能源投入，企业样本的能源消耗范围为 0.7143 ~ 9914990 吨，能源效率范围为 0.0008 ~ 4134034 千元/吨，说明样本覆盖具有较高能源效率和较低能源效率的企业。对于污染排放，以 SO_2 为例，企业的污染排放量范围为 1 ~ 98723640 千克，排放强度范围为 0 ~ 1351.127 千克/千元。该结果说明本章的样本覆盖重污染企业和清洁企业。对于减排设备，企业采用减排设备数量的范围为 0 ~ 1181 套。结合以上的结果，本章的企业样本具有足够的全面性和代表性，适用于实证研究。

表 4.1　微观环境数据的描述性统计

变量	样本数量	均值	标准误差	最小值	最大值
$Coal_{ispt}$	47511	19721.95	140483.8	0.7143	9914990
EE_{ispt}	47511	250.5434	23246.7	0.0008	4134034
E_SO_{2ispt}	52083	173245.5	1299961	1	98723640
EI_SO_{2ispt}	52083	1.7162	9.1039	0	1351.127
E_NO_{ispt}	43649	105280.5	804479	1	49392400
EI_NO_{ispt}	43649	0.8708	4.1931	0	258.6252
E_Soot_{ispt}	46613	83846.51	482572.6	1	25350000
EI_Soot_{ispt}	46613	1.1298	6.9277	0	493.0707
E_dust_{ispt}	13951	531467.2	1803121	1	56350000
EI_dust_{ispt}	13951	10.3392	33.0191	0	821.3593
$Equipment_{ispt}$	74542	2.1443	9.0227	0	1181

注：$Coal_{ispt}$ 为煤炭消耗量（单位：吨）；E_{ispt} 为企业的污染排放量（单位：千克）；EI_{ispt} 为企业的排放强度。货币单位为 1000 元。

此外，为确保两个企业数据库具有较好的匹配效果，且不存在样本选择性偏差，在表4.2报告数据库之间的匹配效果，并对关键变量（主要是环境指标）在匹配前后进行对比。其中，Panel A 为匹配前的企业环境统计数据，Panel B 为与中国工业企业数据库匹配后的数据集，Panel C 为经过数据处理（处理过程详见前文）后的数据集。对比表4.2的 Panel A 至 Panel C，原始的企业环境统计数据共有企业样本180559个，匹配中国工业企业数据库后得到样本95017个，匹配成功率约为52.6%。经过数据处理后，剩余样本74542个，占原始样本的41.3%。进一步对比匹配前后的环境指标，与原始样本相比，虽然匹配并经过数据处理后的企业样本的关键变量（包括煤炭消耗量、SO_2排放量、NO_x排放量、烟尘排放量、粉尘排放量和减排设备数量）在样本数量、均值、标准误差和取值范围上出现变化，但变化幅度不大，所以本书微观数据库之间的匹配效果较好，不存在匹配后样本选择性偏差的问题。

表4.2　企业数据库的匹配效果

变量	样本数量	均值	标准误差	最小值	最大值
Panel A：匹配前（样本数量：180559）					
$Coal_{ispt}$	116543	14430.87	114326.3	0.7143	9914990
E_SO_{2ispt}	124822	137149.6	1055633	1	98723640
E_NO_{ispt}	101567	81984.48	875706.1	1	175200174
E_Soot_{ispt}	111382	77640.97	460572.5	1	33854178
E_dust_{ispt}	30576	443926.9	1629974	1	61933350
$Equipment_{ispt}$	180560	1.6639	11.1534	0	2372
Panel B：匹配后（样本数量：95017）					
$Coal_{ispt}$	60950	19532.26	145623.3	0.7143	9914990
E_SO_{2ispt}	66874	172638.9	1283774	1	98723640
E_NO_{ispt}	55632	106477.9	874677.8	1	60003170
E_Soot_{ispt}	59344	85307.62	502858.6	1	33225221
E_dust_{ispt}	18691	521647.4	1818710	1	61933350
$Equipment_{ispt}$	95017	2.1687	9.2822	0	1181

变量	样本数量	均值	标准误差	最小值	最大值
Panal C：匹配后、经过数据处理（样本数量：74542）					
$Coal_{ispt}$	47511	19721.95	140483.8	0.7143	9914990
E_SO_{2ispt}	52083	173245.5	1299961	1	98723640
E_NO_{ispt}	43649	105280.5	804479	1	49392400
E_Soot_{ispt}	46613	83846.51	482572.6	1	25350000
E_dust_{ispt}	13951	531467.2	1803121	1	56350000
$Equipment_{ispt}$	74542	2.1443	9.0227	0	1181

3. 其他数据

除出口、能源消耗、污染排放、其他特征等企业数据外，本书还收集其他数据，测算特定工业部门和省份的环境规制强度。首先，部门层面的污染排放和产值的数据来自相应年份的历年《中国统计年鉴》；其次，省份层面的污染减排目标来自《"十一五"期间全国主要污染物排放总量控制计划》。

4. 描述性统计

在进行实证分析之前，首先通过描述性统计方法比较出口企业和非出口企业在能源效率、污染排放以及其他企业特征上的差异。表4.3为区分出口企业和非出口企业的描述性统计的结果。从表中可以发现，出口企业和非出口企业在各个方面均存在较大的差异。

表4.3　描述性统计：出口企业与非出口企业

	出口企业			非出口企业		
	样本数量	均值	标准误差	样本数量	均值	标准误差
EE_{ispt}	10220	814.5237	50032.84	37291	95.9785	1550.248
E_SO_{2ispt}	12680	278602.5	2366029	39403	139341.3	653924.6
EI_SO_{2ispt}	12680	0.5637	2.1194	39403	2.0870	10.3703
E_NO_{ispt}	11010	157175.4	1364658	32639	87774.91	485931.2

	出口企业			非出口企业		
	样本数量	均值	标准误差	样本数量	均值	标准误差
EI_NO_{ispt}	11010	0.3016	0.9966	32639	1.0628	4.7991
E_Soot_{ispt}	11742	94802.52	639533.4	34871	80157.33	416564.2
EI_Soot_{ispt}	11742	0.3177	1.3342	34871	1.4033	7.9535
E_dust_{ispt}	2521	407097.5	1997310	11430	558898.2	1756315
EI_dust_{ispt}	2521	1.2321	8.1177	11430	12.3478	35.9707
$RAdd_{ispt}$	20887	1.8477	4.3957	53655	0.8256	1.8370
KL_{ispt}	20887	143.5484	472.4563	53655	122.266	288.2483
LP_{ispt}	20887	156.342	476.8995	53655	155.3175	311.2339
$Subsidy_{ispt}$	20887	0.0023	0.0139	53655	0.0052	0.0218
$AWage_{ispt}$	20887	2.8901	0.5676	53655	2.6586	0.5458
$Profit_{ispt}$	20887	0.0591	0.0783	53655	0.0624	0.0958
$Equipment_{ispt}$	20887	2.4575	11.0034	53655	2.0223	8.1190
Age_{ispt}	20887	14.8313	12.8383	53655	12.9916	12.2258
SOE_{ispt}	20887	0.0509	0.2199	53655	0.0526	0.2232
$Foreign_{ispt}$	20887	0.4380	0.4962	53655	0.1073	0.3095
$Regulation_{sp}$	12680	1.2355	1.5714	39403	1.8654	2.1845

注：E_{ispt} 为企业的污染排放量，EI_{ispt} 为企业的排放强度。

首先，平均而言，出口企业的能源效率高于非出口企业，与假说 1 一致。但是，来自不同工业部门、具有不同特征的企业不能进行直接比较，所以本章将在后续部分进一步采用严格的实证方法进行检验。此外，能源效率的标准误差与均值的比值明显地大于劳动生产率，意味着企业在能源效率上的异质性大于劳动生产率的异质性，该结果与 Lyubich 等（2018）的发现一致。

其次，相对于非出口企业，出口企业平均排放更多的 SO_2、NO_x 和烟尘，而排放更少的粉尘。对于 SO_2、NO_x 和烟尘，描述性统计的结果与假说 2 相反。然而，由于不能直接比较不同工业部门、具有不同特征的企业的污染排放，所以不能基于上述结果判定假说 2 不成立。此外，对于四种污染物，出口企业的排放强度均更低。本章将在后续的分析中采用计量经济学的方法检验企业出口与污染排放之间的关系。

最后，对于其他企业特征，出口企业与非出口企业之间同样存在较大的差异。具体而言，出口企业的产出规模较大，资本密集度和平均工资较高，在生产中采用较多的污染减排设备，且成立时间较长。但这类企业获得的补贴收入较少，利润率较低。此外，大量的出口企业属于外资企业。因此，基于出口企业与非出口企业之间巨大的特征差异，如果本书不在实证模型中控制这些企业特征，得到的结果将会存在偏差。此外，平均而言，出口企业与非出口企业面临着不相等的环境规制强度。

三、实证结果与分析

（一）基准回归结果

1. 企业出口与能源效率

本部分分析企业出口（核心变量）与能源效率（中介变量）的关系，即检验假说 1。表 4.4 报告基于式（4.1）的估计结果。作为对比，列（1）～列（3）分别为不控制企业特征、固定效应和环境规制的估计结果。此外，为保证中介效应模型的三个方程的样本一致，进一步在列（5）中采用 SO_2 排放企业的样本进行估计。

从表 4.4 的结果来看，企业出口行为的估计系数均为正，且在 1% 水平上显著。该结果表明，出口企业的能源效率高于非出口企业，证实第三章假说 1。这一结果与 Batrakova 和 Davies（2012）、Roy 和 Yasar（2015）的研究结论相似，且证明中国企业普遍存在的出口—生产率悖论对于能源效率不成立[①]。对比列（1）~列（4）的结果，在控制企业特征、固定效应和环境规制后，企业出口的估计系数出现变化。因此，如果不控制这些企业层面、部门层面、省份层面和时间层面的特征以及环境规制的强度，本书的结果将会存在偏差。采用列（4）和列（5）作为基准回归结果，用于后续的分析和比较。从这两列的结果来看，平均而言，出口企业的能源效率高于非出口企业30.36%和31.66%。

表4.4 企业出口与能源效率

	不控制企业特征	不控制固定效应	不控制环境规制	煤炭消耗企业	既消耗煤炭又排放 SO_2 企业
	（1）	（2）	（3）	（4）	（5）
$EXB_{isp,t-1}$	0.3829 ***	0.5928 ***	0.3021 ***	0.3036 ***	0.3166 ***
	（0.0205）	（0.0197）	（0.0188）	（0.0188）	（0.0187）
$\ln RAdd_{ispt}$		0.0550 ***	0.1681 ***	0.1681 ***	0.1570 ***
		（0.0069）	（0.0069）	（0.0069）	（0.0069）
$\ln KL_{ispt}$		−0.3818 ***	−0.3068 ***	−0.3066 ***	−0.3010 ***
		（0.0076）	（0.0069）	（0.0069）	（0.0069）
$\ln LP_{ispt}$		0.8429 ***	0.7256 ***	0.7248 ***	0.7507 ***
		（0.0098）	（0.0096）	（0.0096）	（0.0096）
$\ln Subsidy_{ispt}$		−0.0481 ***	−0.0298 ***	−0.0296 ***	−0.0271 ***
		（0.0027）	（0.0025）	（0.0025）	（0.0025）
$\ln AWage_{ispt}$		0.1122 ***	−0.0525 ***	−0.0537 ***	−0.0664 ***
		（0.0164）	（0.0156）	（0.0156）	（0.0156）
$\ln Profit_{ispt}$		0.0485 ***	0.0292 ***	0.0294 ***	0.0255 ***
		（0.0047）	（0.0042）	（0.0042）	（0.0042）
$Equipment_{ispt}$		−0.0229 ***	−0.0189 ***	−0.0188 ***	−0.0189 ***
		（0.0008）	（0.0007）	（0.0007）	（0.0007）

[①] 诸多采用中国企业数据的实证研究均发现，出口企业的生产率（包括劳动生产率、全要素生产率等）较低（如 Lu, 2010；Lu et al., 2010；Dai et al., 2016），该结果与 Melitz（2003）模型的预测相违背，但作为一种生产率，中国出口企业的能源效率却高于非出口企业，不存在出口—生产率悖论。

续表

	不控制 企业特征	不控制 固定效应	不控制 环境规制	煤炭消耗 企业	既消耗煤炭又 排放 SO_2 企业
	（1）	（2）	（3）	（4）	（5）
Age_{ispt}		0.0040 ***	−0.0027 ***	−0.0027 ***	−0.0029 ***
		（0.0007）	（0.0006）	（0.0006）	（0.0006）
SOE_{ispt}		0.5454 ***	0.1640 ***	0.1632 ***	0.1429 ***
		（0.0370）	（0.0336）	（0.0336）	（0.0336）
$Foreign_{ispt}$		0.0332	−0.0614 ***	−0.0610 ***	−0.0607 ***
		（0.0250）	（0.0225）	（0.0225）	（0.0224）
$Regulation_{sp}$	0.0605 ***	−0.2629 ***		0.0357 ***	0.0370 ***
	（0.0084）	（0.0038）		（0.0073）	（0.0074）
部门、省份、 年份固定效应	YES	NO	YES	YES	YES
样本数量	44070	44070	44070	44070	43593
调整后 R^2	0.32	0.34	0.49	0.49	0.50

注：列（1）~列（3）分别表示不控制企业特征、固定效应和环境规制的估计结果，列（5）表示样本为 SO_2 排放企业。小括号内数值为标准误。显著性水平：***1%、**5% 和 *10%。

此外，同样基于列（4）和列（5），检验影响企业能源效率的其他因素。对于企业特征，企业的能源效率与生产规模、劳动生产率和利润率成正比，而与资本密集度、补贴收入、平均工资、减排设备数量和年龄成反比。相对于非国有内资企业，国有企业的能源效率较高，而外资企业的能源效率较低。此外，来自环境规制更严格的工业部门和省份的企业具有更高的能源效率。该结果说明，严格的环境规制有助于提高生产效率，减少单位产出的能源投入，进而从能源效率的视角支持波特假说的存在。

2. 企业出口与污染排放

本部分分析企业出口（核心变量）与污染排放（因变量）的关系，即部分地检验假说2。表4.5报告基于式（4.2）的估计结果，同时采用污染排放量和排放强度表示企业的污染排放。在表4.5中，列（1）~列（5）

的因变量为污染排放量，列（6）和列（7）的因变量为排放强度。作为对比，列（1）～列（3）分别为没有控制企业特征、固定效应和环境规制的回归结果。此外，为保证中介效应模型的样本一致性，在列（5）和列（7）采用煤炭消耗企业的样本对结果进行估计。

采用污染排放量作为因变量。从表4.5中列（1）～列（5）的结果来看，除列（1）外，企业出口行为的估计系数均为负，且在1%水平上显著。该结果说明，相对于非出口企业，出口企业的污染排放较少。对比列（1）～列（4）的结果，在控制企业特征和固定效应后，企业出口的估计系数出现变化。尤其是列（1）的结果，如果不控制企业特征，核心变量的系数符号与其他列相反，说明控制这些企业特征的必要性。但在控制环境规制的影响后，回归结果没有显著的改变。以列（4）和列（5）作为基准回归结果，用于后续分析和比较。从列（4）和列（5）来看，平均而言，出口企业的污染排放量少于非出口企业27.34%和14.23%。通过对列（4）和列（5）的进一步比较，相对于所有 SO_2 排放企业样本，在消耗煤炭的 SO_2 排放企业中，出口企业与非出口企业在排放量上的差异较小。

表4.5 企业出口与污染排放

	污染排放量					排放强度	
	不控制企业特征	不控制固定效应	不控制环境规制	SO_2 排放企业	既消耗煤炭又排放 SO_2 企业	SO_2 排放企业	既消耗煤炭又排放 SO_2 企业
	（1）	（2）	（3）	（4）	（5）	（6）	（7）
$EXB_{isp,t-1}$	0.2194***	−0.4177***	−0.2731***	−0.2734***	−0.1423***	−0.4083***	−0.2919***
	(0.0216)	(0.0210)	(0.0211)	(0.0211)	(0.0205)	(0.0215)	(0.0209)
$lnRAdd_{ispt}$		0.5341***	0.5678***	0.5678***	0.6012***	−0.2102***	−0.1738***
		(0.0075)	(0.0078)	(0.0078)	(0.0075)	(0.0080)	(0.0077)
$lnKL_{ispt}$		0.2857***	0.2325***	0.2324***	0.2568***	0.0509***	0.0776***
		(0.0081)	(0.0078)	(0.0078)	(0.0075)	(0.0080)	(0.0077)

续表

	污染排放量					排放强度	
	不控制企业特征	不控制固定效应	不控制环境规制	SO_2 排放企业	既消耗煤炭又排放 SO_2 企业	SO_2 排放企业	既消耗煤炭又排放 SO_2 企业
	(1)	(2)	(3)	(4)	(5)	(6)	(7)
$\ln LP_{ispt}$		-0.3697***	-0.4808***	-0.4806***	-0.5198***	-0.2439***	-0.2786***
		(0.0106)	(0.0110)	(0.0110)	(0.0105)	(0.0113)	(0.0108)
$\ln Subsidy_{ispt}$		-0.0071**	0.0044	0.0044	0.0021	0.0447***	0.0409***
		(0.0030)	(0.0029)	(0.0029)	(0.0028)	(0.0030)	(0.0028)
$\ln AWage_{ispt}$		-0.2586***	-0.0496***	-0.0494***	0.0831***	-0.2887***	-0.1452***
		(0.0174)	(0.0177)	(0.0177)	(0.0170)	(0.0181)	(0.0174)
$\ln Profit_{ispt}$		-0.0254***	-0.0089*	-0.0089*	-0.0062	-0.0062	-0.0068
		(0.0052)	(0.0049)	(0.0049)	(0.0046)	(0.0050)	(0.0047)
$Equipment_{ispt}$		0.0280***	0.0226***	0.0226***	0.0188***	0.0165***	0.0127***
		(0.0009)	(0.0008)	(0.0008)	(0.0007)	(0.0008)	(0.0008)
Age_{ispt}		0.0062***	0.0100***	0.0100***	0.0076***	0.0087***	0.0063***
		(0.0007)	(0.0007)	(0.0007)	(0.0007)	(0.0007)	(0.0007)
SOE_{ispt}		-0.1912***	-0.0299	-0.0297	0.0276	-0.0124	0.0446
		(0.0405)	(0.0388)	(0.0388)	(0.0367)	(0.0397)	(0.0375)
$Foreign_{ispt}$		-0.4503***	-0.2790***	-0.2792***	0.0198	-0.2990***	-0.0006
		(0.0253)	(0.0245)	(0.0245)	(0.0245)	(0.0250)	(0.0250)
$Regulation_{sp}$	-0.0109	0.2112***		-0.0077	-0.0114	-0.0429***	-0.0480***
	(0.0094)	(0.0042)		(0.0085)	(0.0081)	(0.0087)	(0.0083)
部门、省份、年份固定效应	YES	NO	YES	YES	YES	YES	YES
样本数量	48459	48459	48459	48459	43593	48459	43593
调整后 R^2	0.20	0.22	0.34	0.34	0.37	0.37	0.35

注：列（1）~列（5）的因变量为污染排放量，列（6）和列（7）的因变量为排放强度。列（1）~列（3）分别表示不控制企业特征、固定效应和环境规制的估计结果。列（5）和列（7）表示样本为煤炭消耗企业。小括号内数值为标准误。显著性水平：***1%、**5%和*10%。

考虑到排放强度为反映污染排放的另外一个指标，采用排放强度作为因变量对结果进行再次估计。从列（6）和列（7）的结果来看，企业出口的估计系数为负，且在1%水平上显著。该结果说明，相对于非出口企业，出口企业的排放强度较低。平均而言，出口企业的排放强度低于非出口企业40.83%和29.19%。与排放量作为因变量的结果相似，在煤炭消耗企业样本中的排放强度差异小于所有SO_2排放企业样本。进一步对比列（4）和列（6）（或列（5）和列（7）），出口企业与非出口企业在排放强度上的差异要大于排放量的差异。对此，可能的解释在于：出口企业不仅具有较低的排放强度，也有较大的产出规模。基于上述的分析，无论因变量为污染排放量还是排放强度，均部分地证实第三章的假说2，即出口企业的污染排放较少。该结果与Galdeano-Gomez（2010）、Cui等（2012，2016）、Holladay（2016）、Forslid等（2018）的研究结果一致。然而，上述研究聚焦于发达国家的企业污染排放，而本书为中国乃至发展中国家提供最初的出口企业污染排放更少的证据。

此外，同样基于列（4）～列（7）的结果，考察影响企业污染排放的其他因素。对于企业特征，企业的污染排放量与产出规模、资本密集度、减排设备数量和成立时间成正比，与劳动生产率成反比，而与补贴收入的关系不显著。平均工资和利润率对排放量的影响取决于企业是否为煤炭消耗企业。企业的排放强度与资本密集度、补贴收入、减排设备数量和成立时间呈正相关，与产出规模、劳动生产率和平均工资呈负相关，而与利润率的关系不显著。特别地，拥有更多减排设备的企业并不具有更少的污染排放。所有制类型同样影响企业污染排放，具体而言，对于所有SO_2排放企业，外资企业排放更少的污染物。此外，面临更严格环境规制的企业的排放强度更低。该结果表明，环境规制对企业污染减排产生积极的效应，且与Shapiro和Walker（2018）的结果一致。

3. 企业出口、能源效率与污染排放

本部分进一步检验在控制企业能源效率（中介变量）的情形下，企业出口（核心变量）与污染排放（因变量）的关系，并同时分析能源效率与

污染排放的相关性。表4.6报告基于式（4.3）的估计结果。对于列（1）～
列（4），因变量为企业的污染排放量，而对于列（5），因变量为排放强
度。作为对比，列（1）～列（3）分别为没有控制企业特征、固定效应和
环境规制的估计结果。

表 4.6　企业出口、能源效率与污染排放

	污染排放量				排放强度
	不控制企业特征	不控制固定效应	不控制环境规制	既消耗煤炭对排放 SO_2 企业	既消耗煤炭对排放 SO_2 企业
	（1）	（2）	（3）	（4）	（5）
$EXB_{isp,t-1}$	0.6683 ***	0.1752 ***	0.1030 ***	0.1038 ***	− 0.0441 ***
	（0.0185）	（0.0145）	（0.0144）	（0.0144）	（0.0150）
$\ln EE_{ispt}$	− 0.5623 ***	− 0.7374 ***	− 0.7772 ***	− 0.7774 ***	− 0.7826 ***
	（0.0043）	（0.0035）	（0.0037）	（0.0037）	（0.0038）
企业特征	NO	YES	YES	YES	YES
环境规制	YES	YES	NO	YES	YES
部门、省份、年份固定效应	YES	NO	YES	YES	YES
样本数量	43593	43593	43593	43593	43593
调整后 R^2	0.42	0.63	0.69	0.69	0.67

注：列（1）～列（4）的因变量为污染排放量，列（5）的因变量为排放强度。列（1）～列
（3）分别表示不控制企业特征、固定效应和环境规制的估计结果。小括号内数值为标准误。显著
性水平：***1%、**5%和*10%。

以污染排放量作为因变量，从表4.6的列（1）～列（4）的结果来
看，企业能源效率的估计系数为负，且在1%水平上显著。该结果说明，
能源效率较高的企业污染排放量较少。对比列（1）～列（4），在控制企
业特征和固定效应后，能源效率的估计系数出现变化。以列（4）作为基
准回归结果。平均而言，当一家企业的能源效率比另一家企业高1%时，
它们的污染排放量将少0.7774%。此外，对比表4.5和表4.6中企业出口
行为的估计系数，在控制企业能源效率的情形下，企业出口的系数符号由

负变为正，且依旧在1%水平上显著。该结果表明，在控制能源效率的渠道后，出口企业的污染排放量将多于非出口企业。基于列（4）的结果，平均而言，出口企业的污染排放量多于非出口企业10.38%。

采用排放强度作为因变量。从列（5）的结果来看，企业能源效率的估计系数为负，且在1%水平上显著，即能源效率较高的企业排放强度较低。平均而言，当一家企业的能源效率比另一家企业高1%时，它们的排放强度将低0.7826%。结合所有列的回归系数，结果证明：能源效率高的企业污染排放较少。此外，对比表4.5和表4.6中企业出口的估计系数，在控制企业能源效率的情形下，企业出口的估计系数依旧为负，且在1%水平上显著，但该系数的绝对值明显地下降。该结果表明，在控制能源效率渠道后，出口企业与非出口企业在排放强度上的差异显著地减小。基于列（5）的结果，平均而言，出口企业的排放强度低于非出口企业4.41%。

4. 中介效应检验

上述结果证实假说1的成立，并部分地证实假说2。进一步检验假说2，即能源效率是企业出口与污染排放之间的中介渠道。表4.7报告中介效应检验所需要的估计系数。其中，中介效应模型中的系数 a、b、c 和 c' 已在前文中进行定义，本书也将依次检验这些估计系数。此外，R 为基于式（4.6）计算得到的中介效应比率。

表4.7　中介效应检验：企业出口、能源效率与污染排放

因变量	a	b	c	c'	效应比率（R）	样本数量
E_{ispt}	0.3166*** (0.0187)	-0.7774*** (0.0037)	-0.1423*** (0.0205)	0.1038*** (0.0144)	1.7296	43593
EI_{ispt}	0.3166*** (0.0187)	-0.7826*** (0.0038)	-0.2919*** (0.0209)	-0.0441*** (0.0150)	0.8488	43593

注：a 表示企业出口（核心变量）与能源效率（中介变量）的相关性；b 表示能源效率与污染排放（因变量）的相关性；c 表示在没有控制能源效率的情形下，企业出口与污染排放的相关性；c' 表示在控制能源效率的情形下，企业出口与污染排放的相关性。R 为中介效应比率。E_{ispt} 为企业的污染排放量，EI_{ispt} 为企业的排放强度。小括号内数值为标准误。显著性水平：***1%、**5%和*10%。

为证实假说 2，借鉴 Sobel（1982）、Baron 和 Kenny（1986），采取四个步骤进行中介效应检验，即依次检验系数 c、a、b 和 c'。首先，检验表4.7 的系数 c。对于因变量为污染排放量或排放强度的情形，系数 c 均显著为负。该结果表明，出口企业的污染排放较少。其次，检验系数 a。该系数显著为正，即出口企业的能源效率更高。再次，检验系数 b，且系数显著为负，说明企业能源效率与污染排放成反比。最后，检验系数 c'，并对系数 c 和 c' 进行比较。对于因变量为污染排放量，c' 依旧显著，但系数符号由负变为正。该结果表明，在控制能源效率渠道后（或在能源效率相等的条件下），出口企业具有更大的污染排放量。因此，能源效率在企业出口与污染排放之间发挥着遮掩效应。换句话说，如果没有能源效率渠道，出口企业的污染排放量将大于非出口企业。此外，该中介效应比率为 1.7296，比率大于 1，同样表明能源效率发挥遮掩的作用。对于因变量为排放强度，c' 依然显著为负，但系数的绝对值明显地下降。该结果表明，在控制能源效率渠道后（或对于能源效率相等的企业），出口企业与非出口企业在排放强度上的差异显著地减小。因此，能源效率在企业出口与污染排放之间发挥部分中介效应。也就是说，能源效率仅为出口企业的排放强度较低的解释之一。此外，该中介效应比率为 0.8488。该比率相当高，且接近 1，同样证明能源效率的中介作用。总体来说，无论是遮掩效应还是中介效应，均说明在控制能源效率渠道后，出口企业在环境表现上的优势消失或减弱。因此，能源效率是企业出口与污染排放之间的中介渠道。结合系数 c 和 c'，上述结果证实第三章的假说 2，即出口企业的能源效率较高，从而污染排放较少。

（二）稳健性检验

为保证上述结果的稳健性，进一步从四个方面进行稳健性检验，包括采用不同污染物、采用 PSM 方法重新选择样本、剔除极端值以及采用不同时期的子样本。表 4.8 报告本章稳健性检验的结果。Panel A 至 Panel D 分别展示四种稳健性检验的结果，其中，系数 a、b、c 和 c' 以及中介效应比

率 R 如前文定义。

表 4.8　稳健性检验：企业出口、能源效率与污染排放

因变量	a	b	c	c'	效应比率（R）	样本数量
Panel A：不同污染物						
E_NO_{ispt}	0.3195***	−0.7935***	−0.1570***	0.0965***	1.6148	36433
	（0.0199）	（0.0039）	（0.0218）	（0.0150）		
EI_NO_{ispt}	0.3195***	−0.7984***	−0.3060***	−0.0509***	0.8336	36433
	（0.0199）	（0.0041）	（0.0221）	（0.0155）		
E_Soot_{ispt}	0.2969***	−0.7016***	−0.1577***	0.0506***	1.3209	39202
	（0.0192）	（0.0047）	（0.0225）	（0.0180）		
EI_Soot_{ispt}	0.2969***	−0.7087***	−0.3136***	−0.1032***	0.6710	39202
	（0.0192）	（0.0049）	（0.0232）	（0.0189）		
E_Dust_{ispt}	0.4932***	−0.4339***	−0.4926***	−0.2786***	0.4344	10283
	（0.0483）	（0.0137）	（0.0698）	（0.0669）		
EI_Dust_{ispt}	0.4932***	−0.4231***	−0.6422***	−0.4335***	0.3249	10283
	（0.0483）	（0.0140）	（0.0711）	（0.0684）		
Panel B：以 PSM 方法选择样本						
E_{ispt}	0.4541***	−0.7736***	−0.2868***	0.0645**	1.2249	20459
	（0.0400）	（0.0055）	（0.0442）	（0.0316）		
EI_{ispt}	0.4541***	−0.7884***	−0.3575***	0.0006	1.0014	20459
	（0.0400）	（0.0057）	（0.0452）	（0.0325）		
Panel C：剔除极端值						
E_{ispt}	0.2233***	−0.7325***	−0.0532***	0.1104***	3.0746	36629
	（0.0167）	（0.0039）	（0.0175）	（0.0125）		
EI_{ispt}	0.2233***	−0.7534***	−0.2053***	−0.0371***	0.8195	36629
	（0.0167）	（0.0042）	（0.0184）	（0.0134）		
Panel D：不同时期样本						
$E_{isp,2006}$	0.3154***	−0.7856***	−0.1429***	0.1049***	1.7339	19086
	（0.0278）	（0.0056）	（0.0307）	（0.0216）		
$EI_{isp,2006}$	0.3154***	−0.7952***	−0.2909***	−0.0401*	0.8622	19086
	（0.0278）	（0.0057）	（0.0310）	（0.0218）		
$E_{isp,2007}$	0.3208***	−0.7732***	−0.1440***	0.1040***	1.7225	24507
	（0.0253）	（0.0049）	（0.0274）	（0.0193）		
$EI_{isp,2007}$	0.3208***	−0.7765***	−0.2914***	−0.0423**	0.8548	24507
	（0.0253）	（0.0052）	（0.0283）	（0.0204）		

　　注：a、b、c、c' 和 R 的定义与表 4.7 一致。E_{ispt} 为企业的污染排放量，EI_{ispt} 为企业的排放强度。小括号内数值为标准误。显著性水平：***1%、**5% 和 *10%。

1. 不同污染物

现有研究表明，如果采用不同的污染物进行分析，贸易对污染排放的影响是差异化的（Cole & Elliott, 2003；Managi et al., 2009；Gumilang et al., 2011）。因此，采用 NO_x、烟尘和粉尘作为污染物进行稳健性检验。除 SO_2 外，NO_x、烟尘和粉尘也是主要的空气污染物，并报告于历年的《中国统计年鉴》以及生态环境部的统计数据。表 4.8 的 Panel A 报告采用不同污染物的估计结果。基于系数 a 可以发现出口企业的能源效率更高，证实假说 1。进一步，系数 b、c 和 c' 表明能源效率更高的企业污染排放更少；出口企业污染排放更少；在控制能源效率渠道的情形下，企业出口与污染排放的相关性出现显著的改变。这些结果与本章基准回归的结果一致，即假说 2 成立。特别地，对于粉尘，c' 的符号略有差异。对于污染排放量，该系数的符号为负，表明能源效率在企业出口与污染排放量之间并非发挥遮掩效应，而是部分中介效应。尽管如此，该结果依然支持假说 2 的成立。基于上述结果，本书的基准回归结果在采用其他污染物进行分析时依然稳健。

2. 采用 PSM 方法重新选择样本

从表 4.3 的描述性统计来看，出口企业与非出口企业之间存在较大的差异。例如，相对于非出口企业，出口企业的生产规模更大，资本密集度和平均工资更高，采用更多的减排设备以及成立时间更长。这些企业特征上的差异均有可能导致估计的偏差。为排除由于样本选择引致的估计偏差，采用 PSM 方法重新选择样本。具体而言，以企业是否出口作为处理变量，企业特征以及各类固定效应作为协变量，采用 Probit 模型估计倾向得分。然后，采用最邻近匹配方法，按照 1:1 的比例匹配出口企业和非出口企业的样本，并采用匹配样本对结果进行重新估计。Panel B 报告以 PSM 方法选择样本的估计结果，发现系数 a、b、c 和 c' 的符号与本章基准回归的结果一致，即证实假说 1 和假说 2。其中，对于排放强度，系数 c' 不再显著，说明能源效率在企业出口与排放强度之间发挥完全中介效应。此外，该结果对应的中介效应比率接近 1，同样反映完全中介效应的存在。

因此，在采用 PSM 方法重新选择样本的情形下，本章的基准回归结果依旧稳健。

3. 剔除极端值

同样基于表 4.3 的描述性统计的结果，在能源效率、污染排放等关键变量上，标准误差与均值的比值异常大。该结果可能是由一些极端值的样本所引致的，并会造成估计结果的潜在偏差。为排除极端值的干扰，将剔除所有样本中能源效率和污染排放排在前后 5% 的极端样本。在剔除极端值的样本后，主要变量的标准误差与均值的比值明显下降①。然后，采用处理后的样本对结果进行重新估计，并报告于 Panel C。从结果来看，系数 a、b、c 和 c' 的符号与基准回归的结果一致，证实假说 1 和假说 2。此外，对于污染排放量，中介效应比率异常大。该结果表明，剔除极端值的样本后，能源效率在企业出口与污染排放量之间所发挥的遮掩作用变得更强。因此，本书的基准回归结果在剔除极端值后依旧稳健。

4. 不同时期的样本

本章所采用的企业环境数据的时期为 2006~2007 年。考虑到企业出口与环境表现的关系可能会随时间变化，本章采用不同时期的子样本对结果进行重新估计。具体而言，分别采用 2006 年和 2007 年的企业样本进行估计，报告于 Panel D。从结果来看，无论是 2006 年或 2007 年的企业样本，所有估计系数的符号均与基准回归的结果一致，且证实假说 1 和假说 2。该结果表明，企业出口、能源效率与污染排放之间的相关性不会随着时间而显著变化。基于上述结果，当采用不同时期的子样本进行估计时，回归结果依旧支持基准回归的结果。

（三）企业出口与污染排放之间的其他渠道

上文的结果表明，能源效率为企业出口与污染排放之间的中介渠道。

---

① 在剔除极端样本后，对于出口企业，能源效率的标准误差与均值的比值由 61.4259 下降至 1.3865；污染排放量的比值由 8.4925 下降至 1.6436；排放强度的比值由 3.7596 下降至 2.4611。对于非出口企业，能源效率的比值 16.1520 下降至 1.6614；污染排放量的比值由 4.6930 下降至 1.5672；排放强度的比值由 4.9689 下降至 2.4249。

现有文献也提供企业出口与污染排放之间的其他渠道，包括生产率渠道和减排技术渠道（Cui et al.，2012，2016；Forslid et al.，2018）。上述研究发现出口企业的生产率更高，且投资更多的减排技术，以至于这类企业排放更少的污染物。然而，这两个渠道主要针对发达国家的企业。Gutierrez和 Teshima（2018）认为，在发展中国家，企业主要通过提高能源效率来减少污染排放，而非通过减排技术投资。诸多基于中国企业数据的研究发现，出口企业的生产率相对较低（如 Lu，2010；Lu et al.，2010；Dai et al.，2016），间接说明生产率渠道不是中国出口企业更清洁的原因。基于这些研究推断：对于中国，生产率渠道和减排技术渠道可能不是出口企业较清洁的原因。

为证实该推断，本章对生产率渠道和减排技术渠道进行检验。具体做法为：将中介效应模型的中介变量替换为劳动生产率和减排设备数量，并分别对结果进行估计。表 4.9 报告企业出口与污染排放之间其他渠道的检验结果。其中，Panel A 和 Panel B 分别为劳动生产率渠道和减排技术渠道的检验结果，系数 a、b、c 和 c' 以及中介效应比率 R 如前文定义。

表 4.9　企业出口与污染排放之间的其他渠道

因变量	a	b	c	c'	效应比率（R）	样本数量
Panel A：劳动生产率渠道						
E_{ispt}	− 0. 2962 ***	− 0. 4806 ***	− 0. 1310 ***	− 0. 2734 ***	− 0. 8790	48459
	（0. 0086）	（0. 0110）	（0. 0212）	（0. 0211）		
EI_{ispt}	− 0. 2962 ***	− 0. 2439 ***	− 0. 3360 ***	− 0. 4083 ***	− 0. 2150	48459
	（0. 0086）	（0. 0113）	（0. 0214）	（0. 0215）		
Panel B：减排技术渠道						
E_{ispt}	0. 0391	0. 0226 ***	− 0. 2725 ***	− 0. 2734 ***	—	48459
	（0. 1186）	（0. 0008）	（0. 0213）	（0. 0211）		
EI_{ispt}	0. 0391	0. 0165 ***	− 0. 4076 ***	− 0. 4083 ***	—	48459
	（0. 1186）	（0. 0008）	（0. 0216）	（0. 0215）		

注：a、b、c、c' 和 R 的定义与表 4.7 一致。E_{ispt} 为企业的污染排放量，EI_{ispt} 为企业的排放强度。小括号内数值为标准误。显著性水平：＊＊＊1%、＊＊5% 和 ＊10%。

对劳动生产率渠道进行检验，从表4.9的 Panel A 可以发现，出口企业依然具有较少的污染排放。然而，a 的估计系数显著为负，即相对于非出口企业，出口企业具有较低的劳动生产率。该结果与现有基于中国企业数据的实证发现一致（如 Lu，2010；Lu et al.，2010；Dai et al.，2016）。进一步对比 c 和 c′ 的系数，在控制劳动生产率渠道后，出口企业在环境表现上的优势反而增大。从这些结果来看，劳动生产率渠道不是中国出口企业较清洁的原因。

对减排技术渠道进行检验，从 Panel B 可以发现，出口企业依然较清洁。然而，a 的估计系数不显著，说明相对于非出口企业，出口企业并不会拥有更多的污染减排设备。进一步比较 c 和 c′ 的系数，在控制减排技术渠道后，企业出口与污染排放之间的相关性没有显著的变化。该结果表明，对于中国企业，减排技术不是企业出口与污染排放之间的中介渠道，与 Gutierrez 和 Teshima（2018）基于墨西哥企业数据的实证发现相似。结合上述结果，与发达国家不同，生产率渠道和减排技术渠道均不是中国出口企业污染排放较少的原因。

（四）劳动生产率的作用

上文已检验企业出口、能源效率与污染排放的相关性，并发现出口企业具有较高的能源效率，从而污染排放较少，证实假说 1 和假说 2。然而，本书的理论假说和实证结果均建立在同一企业或劳动生产率相等的企业的基础上。作为 Melitz（2003）模型的企业异质性特征，本章将讨论劳动生产率在企业出口与环境表现之间的作用。根据第三章的理论分析，企业出口的能源效率临界值与它们的劳动生产率成反比。对于劳动生产率较高的企业，由于出口的临界值较低，所以能源效率相对较低的企业也能够进入出口市场。因此推断：对于劳动生产率较高的企业，出口企业与非出口企业在环境表现上的差异较小。

为考察劳动生产率的作用，在式（4.1）和式（4.2）中加入企业出口与劳动生产率的交互项（即 $EXB_{isp,t-1} \times \ln LP_{ispt}$），并对结果进行重新估计。

具体而言，该交互项的系数刻画：相对于劳动生产率较低的企业，在劳动生产率较高的企业中，出口企业与非出口企业在环境表现上的差异，且该交互项系数的预期符号与企业出口的系数符号相反。表4.10 报告这一估计结果。列（1）和列（2）的因变量为能源效率，列（3）和列（4）的因变量为污染排放量，列（5）和列（6）的因变量为排放强度。此外，为确保样本的一致性，同样采用既投入煤炭又排放 SO_2 的企业样本进行估计。

表 4.10 劳动生产率的作用

	能源效率		污染排放量		排放强度	
	能源消耗企业	SO_2 排放企业	SO_2 排放企业	既消耗能源对排放 SO_2 企业	SO_2 排放企业	既消耗能源对排放 SO_2 企业
	（1）	（2）	（3）	（4）	（5）	（6）
$EXB_{isp,t-1}$	0.4937 ***	0.5769 ***	− 0.4624 ***	− 0.4687 ***	− 0.5362 ***	− 0.5945 ***
	（0.0718）	（0.0716）	（0.0789）	（0.0783）	（0.0807）	（0.0800）
$EXB_{isp,t-1} \times$ $\ln LP_{ispt}$	− 0.0431 ***	− 0.0590 ***	0.0425 **	0.0740 ***	0.0288 *	0.0686 ***
	（0.0157）	（0.0157）	（0.0171）	（0.0171）	（0.0175）	（0.0175）
企业特征	YES	YES	YES	YES	YES	YES
环境规制	YES	YES	YES	YES	YES	YES
部门、省份、年份固定效应	YES	YES	YES	YES	YES	YES
样本数量	44070	43593	48459	43593	48459	43593
调整后 R^2	0.49	0.50	0.34	0.37	0.37	0.35

注：列（1）和列（2）的因变量为能源效率，列（3）和列（4）的因变量为污染排放量，列（5）和列（6）的因变量为排放强度。小括号内数值为标准误。显著性水平：＊＊＊1%、＊＊5%和＊10%。

从表4.10 的列（1）和列（2）的结果来看，企业出口行为的估计系数依旧显著为正，即出口企业具有更高的能源效率。进一步对交互项的系数进行检验，并发现交互项的系数均显著为负。该结果表明，对于劳动生产率较高的企业，出口企业与非出口企业在能源效率上的差异较小。平均而言，出口企业的能源效率高于非出口企业（$49.37 - 4.31 \times \ln LP_{ispt}$）% 和（$57.69 - 5.90 \times \ln LP_{ispt}$）%。此外，对于列（3）～列（6），企业出口的估计系数依旧显著为负，即出口企业具有更少的污染排放量和更低的排放强度。进一步关注交互项的系数，发现交互项的系数均显著为正。该结果表明，对于劳动生产率较高的企业，出口企业与非出口企业在污染排放上的差异较小。平均而言，出口企业的污染排放量少于非出口企业（$46.24 - 4.25 \times \ln LP_{ispt}$）% 和（$46.87 - 7.40 \times \ln LP_{ispt}$）%；出口企业的排放强度低于非出口企业（$53.62 - 2.88 \times \ln LP_{ispt}$）% 和（$59.45 - 6.86 \times \ln LP_{ispt}$）%。综合上述结果，得到与本章推断一致的结论：对于劳动生产率较高的企业，出口企业与非出口企业在环境表现上的差异较小。

（五）企业出口的因果效应

中介效应模型主要检验的是企业出口、能源效率与污染排放之间的相关关系，而非因果关系。换句话说，上文的结果仅能证明出口企业与非出口企业在环境表现上存在差异，且主要是由于企业自身的特征决定，而不能证明企业出口引致它们环境表现的提高。因此，本部分将进一步采用前文介绍的倍差匹配法，识别企业出口是否导致它们能源效率与污染排放的变化。

采用 Probit 模型估计倾向得分，该模型同时检验能源效率较高的企业是否自选择进入出口市场。在匹配前，先检验是否所有的协变量均与企业开始出口存在相关性，且仅有相关变量才可以用作匹配变量。表 4.11 报告倾向得分估计的结果。其中，列（1）～列（4）包含式（4.4）中的所有企业特征，且样本分别为所有企业、消耗煤炭的企业、排放 SO_2 的企业以及既消耗煤炭又排放 SO_2 的企业。与列（4）相比较，列（5）为剔除与企业开始出口无关的协变量的结果。

对于表 4.11，主要关注滞后一期的企业能源效率的估计系数。从中可以发现，这些系数均显著为正，且在 1% 水平上显著，说明能源效率较高的企业自选择进入出口市场，与第三章的理论分析一致。因此，出口自选

表 4.11 倾向得分估计：企业开始出口

	所有企业	煤炭消耗企业	SO₂ 排放企业	煤炭消耗、SO₂ 排放企业	剔除无关协变量
	（1）	（2）	（3）	（4）	（5）
$\ln EE_{isp,t-1}$	0.0807***	0.0836***	0.0838***	0.0828***	0.0745***
	（0.0172）	（0.0181）	（0.0180）	（0.0182）	（0.0176）
$\ln RAdd_{isp,t-1}$	0.2397***	0.2390***	0.2412***	0.2432***	0.2484***
	（0.0253）	（0.0257）	（0.0258）	（0.0259）	（0.0256）
$\ln KL_{isp,t-1}$	0.0357	0.0458	0.0339	0.0408	
	（0.0273）	（0.0282）	（0.0280）	（0.0283）	
$\ln LP_{isp,t-1}$	-0.2305***	-0.2321***	-0.2280***	-0.2305***	-0.2162***
	（0.0407）	（0.0417）	（0.0417）	（0.0419）	（0.0393）
$\ln Subsidy_{isp,t-1}$	0.0076	0.0062	0.0081	0.0084	
	（0.0091）	（0.0093）	（0.0094）	（0.0094）	
$\ln AWage_{isp,t-1}$	0.1944***	0.1787***	0.1804***	0.1686***	0.1839***
	（0.0582）	（0.0596）	（0.0596）	（0.0602）	（0.0594）
$\ln Profit_{isp,t-1}$	-0.0011	0.0016	0.0005	0.0015	
	（0.0165）	（0.0169）	（0.0168）	（0.0170）	
$Equipment_{isp,t-1}$	0.0013	0.0014	0.0014	0.0015	0.0016
	（0.0014）	（0.0013）	（0.0013）	（0.0013）	（0.0013）
$Age_{isp,t-1}$	-0.0043*	-0.0044*	-0.0042*	-0.0043*	-0.0039*
	（0.0023）	（0.0023）	（0.0023）	（0.0023）	（0.0022）
$SOE_{isp,t-1}$	0.0668	0.0740	0.0824	0.0834	
	（0.1222）	（0.1248）	（0.1248）	（0.1252）	
$Foreign_{isp,t-1}$	0.4034***	0.3730***	0.3749***	0.3710***	0.3735***
	（0.0710）	（0.0735）	（0.0736）	（0.0740）	（0.0734）
部门、省份固定效应	YES	YES	YES	YES	YES
样本数量	12147	11636	11642	11553	11553
pseudo R^2	0.13	0.13	0.13	0.13	0.13

注：小括号内数值为标准误。显著性水平：***1%、**5%和*10%。

择效应至少是出口企业的环境表现较好的原因之一。进一步，基于表4.11的列（1）～列（4）发现存在很多与企业开始出口不相关的协变量。以列（4）为例，仅产出规模、劳动生产率、平均工资、减排设备数量、成立时间与国外资本与企业开始出口相关。具体而言，产出规模更大、劳动生产率更低、平均工资更高、减排设备更多和成立时间更短的企业，以及外资企业更有可能在2007年开始进入出口市场。本书仅保留存在相关性的协变量来估计倾向得分，用于匹配企业样本，如列（5）所示。

根据倾向得分，采用最邻近匹配方法对处理组和对照组的企业样本进行匹配。匹配后，比较匹配前后两组企业的特征差异，即PSM的平衡性条件检验，如表4.12所示。根据Smith和Todd（2005）的做法，计算匹配前后两组样本的匹配变量的标准偏差。如果匹配后的两组样本的变量标准偏差变得越小，则表示匹配的效果越好。平衡性条件检验的结果显示，在匹配后，企业能源效率、产出规模、劳动生产率、平均工资、减排设备数量以及外资虚拟变量的标准偏差均出现明显的下降。该结果表明，PSM方式有效地降低处理组与对照组在上述企业特性的差异。然而，企业年龄的标准偏差却出现上升，表明匹配后两组企业在成立时间上的差异增大。考虑到企业年龄仅对企业开始出口以及环境表现产生较小的影响（如表4.4、表4.5和表4.11所示），将该协变量从匹配变量中剔除[①]。

表 4.12　处理组与对照组的企业特征比较

变量名称	处理	均值		标准偏差 （%）	标准偏差 减少幅度（%）
		处理组	对照组		
$\ln EE_{isp,t-1}$	匹配前	3.1115	2.2346	45.5	
	匹配后	3.0865	2.8937	10	78
$\ln RAdd_{isp,t-1}$	匹配前	-0.3293	-1.0025	50.3	
	匹配后	-0.3346	-0.2484	-6.4	87.2

---

① 在后续分析中，提供剔除和不剔除企业年龄协变量的匹配结果。无论是否剔除该协变量，本章的结果均不改变。

续表

变量名称	处理	均值		标准偏差	标准偏差
		处理组	对照组	（％）	减少幅度（％）
$\ln LP_{isp,t-1}$	匹配前	4.5724	4.4066	16.5	
	匹配后	4.5762	4.5652	1.1	93.4
$\ln AWage_{isp,t-1}$	匹配前	2.6774	2.5366	27.4	
	匹配后	2.6764	2.6485	5.4	80.2
$Equipment_{isp,t-1}$	匹配前	3.6627	3.1153	4.4	
	匹配后	3.6758	3.2909	3.1	29.7
$Age_{isp,t-1}$	匹配前	13.617	13.918	−2.3	
	匹配后	13.658	13.273	2.9	−28.2
$Foreign_{isp,t-1}$	匹配前	0.2229	0.0841	39.2	
	匹配后	0.2182	0.2212	−0.9	97.8

接着，估算平均处理效应（ATT），检验企业出口对其环境表现（包括能源效率和污染排放）的因果效应。表4.13报告基于倍差匹配法的估计结果。其中，Panel A 至 Panel C 表示采用不同协变量的估计结果。为了保证三个结果变量（即能源效率、污染排放量和排放强度）的估计样本的一致性，在列（2）、列（4）和列（6）中采用既消耗煤炭又排放 SO_2 的企业样本。

在表4.13的 Panel A 中，采用式（4.4）的所有企业特征作为协变量，并发现除第（6）列的估计结果外，所有估计系数均不显著。该结果表明，企业开始出口不会导致其能源效率和污染排放量的变化。比较特殊的是，对于所有的 SO_2 排放企业，企业出口不会显著地影响排放强度，但对于消耗煤炭的 SO_2 排放企业，出口使得企业降低排放强度。鉴于在 Panel A 中很多用于匹配的协变量与企业开始出口不相关，且只有存在相关性的变量才能用于匹配，提供剔除不相关的协变量的估计结果，如 Panel B 所示。在 Panel B 中，所有估计系数依然与 Panel A 的结果相似，即当企业在2007年开始出口，它们的能源效率和污染排放量没有发生显著的改变，但对于

表 4.13　企业出口对环境表现的因果效应

	能源效率		污染排放量		排放强度	
	SO$_2$ 排放企业		煤炭消耗企业		煤炭消耗企业	
Panel A：所有协变量						
ATT	0.0689	−0.0323	0.0205	−0.0975	−0.0695	−0.1776 *
	(0.0857)	(0.0879)	(0.0932)	(0.0884)	(0.0982)	(0.0923)
样本数量	10769	10687	10785	10687	10785	10687
Panel B：剔除与企业开始出口不相关的协变量						
ATT	−0.1047	0.0808	−0.0519	−0.0902	−0.0965	−0.1672 *
	(0.0910)	(0.0888)	(0.0910)	(0.0896)	(0.0948)	(0.0941)
样本数量	10542	10455	10605	10455	10605	10455
Panel C：进一步剔除企业年龄						
ATT	−0.0673	0.1197	0.0236	−0.0863	−0.1060	−0.1994 **
	(0.0880)	(0.0916)	(0.0945)	(0.0856)	(0.0987)	(0.0908)
样本数量	10530	10478	10642	10478	10642	10478

注：小括号内数值为标准误。显著性水平：***1%、**5% 和 *10%。

煤炭消耗企业，它们的排放强度出现下降。进一步，考虑到在匹配后，处理组与对照组的企业年龄的标准偏差反而增大，剔除协变量中的企业年龄，并重新估计结果，如 Panel C 所示。基于 Panel C，同样发现与 Panel A 和 Panel B 一致的估计结果，即企业出口不会影响能源效率和污染排放量，但会降低煤炭消耗企业的排放强度。结合上述结果，当企业开始出口，它们的能源效率不会发生改变，以至于不会影响它们的污染排放量以及（所有 SO$_2$ 排放企业的）排放强度。因此，出口企业具有更高的能源效率，从而排放较少的污染物，主要是因为它们的自身特征（出口自选择效应），而非出口导致的（出口中学效应）。具体而言，能源效率较高的企业自选择进入出口市场（详见表 4.11 的结果），以至于出口企业具有较好的环境表现。然而，对于煤炭消耗企业，开始出口会导致这类企业排放强度的进一步下降。可能的解释在于：一是煤炭消耗企业是污染排放的重要来源，受到环境管制的力度更大，采用减排技术的动力更强；二是规模较大的企业倾向于开始出口（详见表 4.11 的结果），而大规模企业同样更有可能投资减排技术，降低排放强度（Forslid et al.，2018）。然而，进入国际市场导致企业生产扩张，抵消排放强度下降的效应，对污染排放量没有产生显著的影响。

（六）异质性检验

本章基准回归的结果已分析企业出口、能源效率与污染排放之间的关系。考虑到不同类型的企业具有不同的环境表现和特征，进一步采用不同能源效率、所有制类型、工业部门和省份的企业子样本，对结果进行异质性检验。表 4.14 报告基于中介效应模型的异质性检验的结果，其中，Panel A 至 Panel D 分别表示四种类型的异质性检验，a、b、c、c'和 R 如前文定义。

表 4.14　异质性检验：企业出口、能源效率与污染排放

类型	因变量	a	b	c	c'	效应比率（R）	样本数量
		Panel A：不同能源效率					
高	E_{ispt}	0.1979 *** (0.0211)	−0.7716 *** (0.0061)	−0.0796 *** (0.0252)	0.0732 *** (0.0193)	1.9183	22566
高	EI_{ispt}	0.1979 *** (0.0211)	−0.8318 *** (0.0060)	−0.2246 *** (0.0258)	−0.0600 *** (0.0190)	0.7329	22566
低	E_{ispt}	0.1894 *** (0.0188)	−0.7225 *** (0.0079)	−0.0123 (0.0255)	0.1245 *** (0.0216)	—	21027
低	EI_{ispt}	0.1894 *** (0.0188)	−0.6816 *** (0.0085)	−0.1506 *** (0.0264)	−0.0215 (0.0231)	0.8572	21027
		Panel B：不同所有制类型					
国有	E_{ispt}	0.3781 *** (0.0853)	−0.7997 *** (0.0169)	−0.0234 (0.0972)	0.2790 *** (0.0696)	—	2375
国有	EI_{ispt}	0.3781 *** (0.0853)	−0.7662 *** (0.0166)	−0.3525 *** (0.0942)	−0.0628 (0.0682)	0.8218	2375

续表

类型	因变量	a	b	c	c'	效应比率 （R）	样本数量
非国有内资	E_{ispt}	0.3234 *** （0.0218）	−0.7711 *** （0.0041）	−0.1397 *** （0.0238）	0.1097 *** （0.0169）	1.7851	35602
非国有内资	EI_{ispt}	0.3234 *** （0.0218）	−0.7787 *** （0.0043）	−0.3155 *** （0.0245）	−0.0637 *** （0.0177）	0.7982	35602
外资	E_{ispt}	0.2244 *** （0.0394）	−0.8172 *** （0.0098）	−0.1121 *** （0.0432）	0.0714 ** （0.0289）	1.6358	5616
外资	EI_{ispt}	0.2244 *** （0.0394）	−0.8313 *** （0.0102）	−0.1551 *** （0.0444）	0.0314 （0.0301）	1.2027	5616
Panel C：不同工业部门							
技术密集型	E_{ispt}	0.0186 （0.0396）	−0.8612 *** （0.0098）	0.1427 *** （0.0456）	0.1587 *** （0.0303）	—	6127
技术密集型	EI_{ispt}	0.0186 （0.0396）	−0.8611 *** （0.0102）	−0.0718 （0.0464）	−0.0558 * （0.0314）	—	6127
资本密集型	E_{ispt}	0.4134 *** （0.0292）	−0.7359 *** （0.0056）	−0.1767 *** （0.0326）	0.1274 *** （0.0247）	1.7216	22311
资本密集型	EI_{ispt}	0.4134 *** （0.0292）	−0.7310 *** （0.0058）	−0.3043 *** （0.0331）	−0.0022 （0.0255）	0.9931	22311
劳动密集型	E_{ispt}	0.2294 *** （0.0293）	−0.8359 *** （0.0055）	−0.1657 *** （0.0314）	0.0261 （0.0197）	1.1572	15155
劳动密集型	EI_{ispt}	0.2294 *** （0.0293）	−0.8339 *** （0.0059）	−0.2682 *** （0.0323）	−0.0769 *** （0.0212）	0.7133	15155
Panel D：不同省份							
沿海	E_{ispt}	0.3287 *** （0.0223）	−0.8086 *** （0.0044）	−0.1733 *** （0.0235）	0.0925 *** （0.0151）	1.5337	24097
沿海	EI_{ispt}	0.3287 *** （0.0223）	−0.8050 *** （0.0047）	−0.2918 *** （0.0242）	−0.0272 * （0.0163）	0.9068	24097
内陆	E_{ispt}	0.2408 *** （0.0325）	−0.7572 *** （0.0062）	−0.0525 （0.0374）	0.1298 *** （0.0281）	—	19496
内陆	EI_{ispt}	0.2408 *** （0.0325）	−0.7523 *** （0.0063）	−0.2096 *** （0.0376）	−0.0285 （0.0286）	0.8643	19496

注：a、b、c、c' 和 R 的定义与表 4.7 一致。E_{ispt} 为企业的污染排放量，EI_{ispt} 为企业的排放强度。小括号内数值为标准误。显著性水平：***1%、**5% 和 *10%。

1. 不同能源效率

在第三章的理论分析中，企业间的异质性反映在能源效率上的差异，且只有能源效率达到一定阈值的企业才可以将产品出口至国外市场，所以能源效率较高的企业更有可能出口产品。此外，能源效率较高的企业污染排放较少。因此，对于能源效率较高的企业，本书推断出口企业与非出口企业在环境表现上的差异更大。中国存在大量低能源效率的企业，所以考察企业出口对不同能源效率的企业的异质性影响十分重要。按照特定工业部门、省份和年份的企业能源效率的中位数，将企业样本区分为高、低能源效率两组企业，并分别采用两组子样本对结果进行重新估计。

表 4.14 的 Panel A 报告基于不同能源效率的企业的估计结果。对于系数 a，无论对于能源效率较高或较低的企业样本，出口企业的能源效率均高于非出口企业，而对于能源效率较高的样本，该差异更明显。该结果与本书推断一致。对于系数 b，同样对于较高能源效率的样本，企业能源效率对污染排放的影响更大。检验系数 c，发现仅对于能源效率较高的样本，出口企业的污染排放量更少；而对于两类企业样本，出口企业的排放强度均更低。特别地，对于较低能源效率的样本，出口企业并不具有更少的污染排放量。可能的解释在于：由于排放量为排放强度与总产值的乘积，这类出口企业不仅具有更低的排放强度，而且有较大的产出规模。此外，对于能源效率较高的样本，出口企业与非出口企业在排放强度上的差异更大。进一步检验系数 c'，对于能源效率较高的样本，出口企业之所以污染排放量较少、排放强度更低，主要是因为它们具有较高的能源效率。而对于能源效率较低的样本，能源效率仅在企业出口与排放强度之间发挥中介作用。

2. 不同所有制类型

所有制结构改革一直是中国经济发展的重要内容。中国国有企业在经济发展中发挥着重要的作用。这类企业具有很强的政治影响力，获得更多的政府补贴，但相对于非国有企业，它们的效率普遍较低（Li et al.，2018；刘瑞明，2012）。因此，改革国有企业以及支持非国有内资企业的发展均十分重要。此外，引进具有先进技术的外资企业也是当前所有制改革的重点任务。因此，本部分考察企业出口对不同所有制类型的企业的异质性影响。按照中国所有制的特殊性，将所有样本区分为国有企业、非国有内资企业和外资企业，并采用三组子样本对结果进行重新估计。

表 4.14 的 Panel B 报告基于不同所有制类型的估计结果。检验系数 a，发现对于国有企业、非国有内资企业和外资企业，出口企业均具有更高的能源效率。通过比较，该能源效率的差异在国有企业样本内最为明显，其次是非国有内资企业。可能的原因在于：存在着大量效率较低的国有企业，以至于国有企业间的能源效率差异较大。对于系数 b，在三类企业中，能源效率均与污染排放成反比，其中，该效应在外资企业样本中最为明显。检验系数 c，对于国有企业，出口企业并不具有更低的污染排放量，而对于三类企业，出口企业的排放强度均较低。对此，可能的解释与前文针对能源效率较低的样本相似，即对于国有企业，出口企业不仅具有较低的出口强度，而且有更大的产出规模。此外，对于国有企业，出口企业与非出口企业在排放强度上的差异最大，其次是非国有内资企业。检验系数 c'，结果表明除国有企业污染排放量的情形外，能源效率均在企业出口与污染排放之间扮演中介角色。

3. 不同工业部门

中国已进入产业转型升级的时期。长期以来，中国在劳动密集型部门的产品生产和出口上具有比较优势，但这类部门处于全球价值链的低端环节，技术较落后，且产品附加值较低（Lu，2010；戴翔，2015）。因此，劳动密集型部门的发展并不利于中国出口贸易的长期、可持续发展，而技术密集型和资本密集型部门才是未来发展的关键部门。其中，技术密集型部门具有先进的技术，高附加值的产品，对产业升级起到重要的作用（文东伟等，2009；戴翔，2015）。然而，中国技术密集型部门的竞争力不强，且多数出口企业为加工贸易企业。此外，资本密集型部门通常属于高污染的部门，即污染排放的重要源头以及环境监管的重点对象。由此，本部分从工业部门的视角考察企业出口的异质性影响。根据部门的要素密集度，将所有样本区分为来自技术密集型、资本密集型和劳动密集型部门的企业，并采用三组子样本对结果进行重新估计。具体而言，采用研发投入占主营业务收入的比重①区分技术密集型和非技术密集型部门；进一步，针对非技术密集型部门，再采用资本密集度②区分资本密集型和劳动密集型部门。

表4.14 的 Panel C 报告基于不同工业部门的估计结果。检验系数 a，发现仅资本密集型和劳动密集型部门的出口企业具有更高的能源效率。对于技术密集型部门的样本，系数 a 不显著。对此，可能的原因在于：中国技术密集型部门的出口竞争力不足，且多数出口企业为加工贸易企业，所以出口企业与非出口企业在能源效率上没有显著的差异。通过进一步的比较，资本密集型部门的出口企业在能源效率上的优势大于劳动密集型部门。对于系数 b，三种部门的企业样本中能源效率较高的企业污染排放均较少，且该相关性在技术密集型部门最为明显。检验系数 c，技术密集型部门相对于非出口企业，出口企业具有较大的污染排放量，而在排放强度上的差异不显著。可能的解释在于：对于该部门，出口企业不具有能源效率优势，而能源效率与污染排放呈负相关。而且，本章基准回归的结果表明，能源效率在企业出口与排放量之间发挥遮掩效应，即如果没有更高的能源效率，出口企业将具有更大的排放量。此外，对于资本密集型和劳动密集型部门，出口企业均具有较少的污染排放。其中，作为高污染的部门，资本密集型部门中的出口企业与非出口企业在污染排放上的差异更明显。检验系数 c'，结果表明对于资本密集型和劳动密集型部门，由于出口企业的能源效率更高，以至于出口企业排放更少的污染物。

4. 不同省份

中国区域发展不平衡的现象十分突出。相比之下，沿海省份经济较发达，贸易成本较低，更适于企业开展出口贸易。相反，内陆省份经济发展

---

① 资料来源：《中国科技统计年鉴》。
② 资料来源：通过《中国统计年鉴》中的数据计算得到。

相对落后，企业面临的贸易成本较高。因此，扩大内陆地区开放以及促进区域间的平衡发展十分重要。基于此，本部分从不同区域的视角考察企业出口的异质性影响。根据企业所处的地理位置，将所有样本区分为来自沿海省份和内陆省份的企业，并采用两组子样本重新估计结果。由于沿海省份的企业面临的贸易成本较低，推断对于沿海区域，出口企业与非出口企业在环境表现上的差异更大。

表 4.14 的 Panel D 报告基于不同区域的估计结果。检验系数 a，对于沿海省份和内陆省份的企业样本，出口企业的能源效率均较高。相比之下，沿海省份的出口企业在能源效率上的优势更明显，该结果与本书的推断一致。检验系数 b，两类地区的企业的能源效率与污染排放呈负相关，且该效应在沿海地区更明显。检验系数 c，内陆省份的出口企业并不具有更少的污染排放量，而对于沿海和内陆省份，出口企业的排放强度均更低。可能的解释为：在内陆地区，虽然出口企业的排放强度更低，但它们的产出规模更大。此外，对于沿海区域，出口企业与非出口企业在排放强度上的差异更大，该结果同样与本书的推断一致。检验系数 c' 可以发现除内陆企业的排放量，能源效率在企业出口与污染排放之间发挥中介作用。

四、本章小结

本章在第三章理论分析的基础上，利用中国工业企业数据以及环境统计重点工业企业数据，实证分析企业出口、能源效率与污染排放之间的关系。具体而言，第一，采用 Sobel（1982）、Baron 和 Kenny（1986）的中介效应模型，以能源效率作为中介变量考察企业出口与污染排放的关系，并检验假说 1 和假说 2。第二，通过不同污染物、PSM 方法选择样本、剔除极端值以及不同时期的样本，对结果进行稳健性检验。第三，作为现有文献提出的企业出口与污染排放之间的其他中介渠道，即生产率与减排技术（Cui et al.，2012，2016；Forslid et al.，2018），检验这两种渠道对于中国企业是否同样成立。第四，作为本书理论分析的干扰因素以及 Melitz（2003）模型的企业异质性特征，讨论劳动生产率在企业出口与环境表现之间的作用。第五，采用倍差匹配法（Heckman et al.，1997，1998；De Loecker，2007）探索企业出口是否会导致它们的能源效率和污染排放的变化，即因果效应检验。第六，从能源效率、所有制类型、工业部门和区域的视角检验不同类型的企业出口与环境表现的异质性关系。

归纳起来，本章的研究结论主要为以下方面：第一，中介效应模型的估计结果表明，假说 1 和假说 2 均成立，即出口企业的能源效率高于非出口企业；能源效率较高的企业污染排放较少；出口企业的污染排放较少；能源效率是企业出口与污染排放之间的中介渠道。第二，上述结果在采用不同污染物、采用 PSM 方法选择样本、剔除极端值和采用不同时期的样本估计时依旧稳健。第三，不同于发达国家，对于中国企业，生产率渠道和减排技术渠道不是出口企业更清洁的原因。第四，对于劳动生产率更高的企业，出口企业与非出口企业在环境表现上的差异较小。第五，出口企业之所以具有更好的环境表现，主要是因为它们自身的特点，而非出口导致的，即环境表现较好的企业自选择进入出口市场。对于煤炭消耗企业，开始出口可以进一步降低它们的排放强度。第六，对于不同能源效率、所有制类型、工业部门以及区域，企业出口与环境表现之间的关系存在异质性。其中，对于能源效率较低、国有企业、技术密集型部门以及内陆省份的企业样本，出口企业不具有较少的污染排放量；对于技术密集型部门，出口企业在能源效率上不具有优势。

本章的研究结果说明：虽然与针对发达国家的研究结果一致（Galdeano - Gomez，2010；Cui et al.，2012，2016；Batrakova & Davies，2012；Holladay，2016；Richter & Schiersch，2017；Forslid et al.，2018），即在中国，相对于非出口企业，出口企业的污染排放较少，但中介渠道并不相同，对于中国企业，在企业出口与污染排放之间发挥中介作用的是能源效率，而非生产率和减排技术。这一关系对于不同劳动生产率、能源效率、所有制类型、工业部门和区域的企业均具有异质性，且主要是由于企业自身的特征，而非出口导致的。这些结论均对辅助政府进一步扩大对外开放、推动企业出口、提高能源效率和促进经济转型具有重要的政策启示。此外，既然出口企业更清洁，那么企业出口是否越多越好？我们将在下一章中对此进行解答。

第五章
出口强度与环境污染

一、引言

本书第四章以及现有诸多的研究均表明，相对于非出口企业，出口企业更清洁（Galdeano-Gomez，2010；Cui et al.，2012，2016；Batrakova & Davies，2012；Holladay，2016；Richter & Schiersch，2017；Forslid et al.，2018）。然而，现实中存在一个普遍的现象，即不同的出口企业具有不相等的出口参与度，且大多数企业仅出口总产出的一部分（Bernard & Jensen，2004；Brooks，2006；Eaton et al.，2011）。其中，一些出口企业以内销为主，一些企业以出口为主，还有一些企业出口所有产品。为此，本章将对如下问题进行研究：既然出口企业的环境表现更好，那么企业出口是否越多越好？即考察企业出口强度与环境表现之间的关系，具有重要的理论价值和现实意义。

针对上述问题，已有一些相关的研究，但依然存在如下不足之处：首先，虽然现有文献已开始关注企业出口与环境表现的关系，但绝大多数的研究均采用二元变量（是否出口）来表示企业出口，忽略了企业间出口参与度的差异。作为与本章内容较相关的研究，Richter 和 Schiersch（2017）发现出口强度较高的企业 CO_2 排放强度较低，但该文献并非考察企业出口强度与污染排放之间的关系[①]，且关注的是德国（发达国家）的企业环境表现。其次，虽然现有文献已分析了出口强度与企业行为或绩效的关系，但主要聚焦于企业生产率（Liu et al.，1999；Castellani et al.，2002；Antolin et al.，2013）、工资水平（史青，2013）、利润率（苏振东和洪玉娟，2013；陈勇兵，2014）等方面。作为与一国环境水平紧密关联的企业特征，企业污染排放与出口强度的关系还有待研究。最后，现有文献缺乏对企业出口强度与污染排放的中间渠道的讨论，有待探索。

　　基于上述的现实背景和相关研究现状，本章利用中国工业企业数据以及环境统计重点工业企业数据，实证研究企业出口强度与污染排放之间的关系。本章的作用在于：在第四章研究企业出口与污染排放的关系并得到出口企业更清洁的结论的基础上[②]，进一步分析企业的出口参与度与环境表现的关系，即企业出口是否越多越好？具体而言，首先，提出一种企业层面污染排放的分解方法揭示企业出口强度与污染排放之间的中介渠道。其次，采用计量经济学模型检验企业出口强度与污染排放的相关性，通过产出规模、排放技术、能源密集度和劳动生产率分析出口强度与污染排放之间的中间渠道。再次，为保证结果的稳健性通过一系列方法进行稳健性检验。又次，借鉴 Heckman 等（1997，1998）、De Loecker（2007）的倍差匹配法识别企业出口强度的提高或下降对其环境表现的因果效应。最后，基于所有制类型、所处产业和区域的视角分析不同类型的企业出口强

　　[①]　需要注意的是，CO_2 属于温室气体，而非空气污染物。与 Richter 和 Schiersch（2017）的研究不同，本章采用空气污染物数据检验企业的出口强度与污染排放之间的关系。

　　[②]　与第四章不同之处在于：第四章关注的是企业的出口行为（是否出口），即出口企业与非出口企业之间的比较，而本章关注企业的出口强度，即针对出口企业，对不同出口参与度的企业进行比较。在关系上，两者内容不同，且存在递进的关系，即第五章在第四章发现出口企业的污染排放较少的基础上，进一步研究企业的出口强度是否越高越好。鉴于不同出口强度的企业具有差异化的特征（Bernard & Jensen，2004；Brooks，2006；Eaton et al.，2011），所以分析企业出口强度与污染排放的关系十分有必要，且本章对上述关系的考察得到有趣且具有重要现实意义的结论。

度与环境表现的异质性关系。

与现有的相关研究相比，本章的贡献在于：第一，采用出口强度来表示企业出口，充分考虑企业间出口参与度的差异，为企业出口强度与污染排放之间的关系提供第一个来自中国的经验证据。第二，不仅考察企业出口强度与环境表现的相关关系，还创新性地设计一个识别框架，检验出口强度提高和降低引致的因果效应。第三，提出一种新颖的企业污染排放的分解方法，并揭示企业出口强度与污染排放之间的中介渠道，即排放技术、能源密集度、生产技术和产出规模四种渠道。

本章剩余部分的安排如下：第二部分讨论出口强度与企业污染排放之间的影响机制；第三部分介绍实证模型与数据；第四部分展示和分析实证结果；第五部分为本章小结。

二、出口强度与污染排放：机制分析

第四章以能源效率作为中介分析企业出口与污染排放的关系。但能源效率渠道不足以分析企业出口强度与污染排放的关系（详见本章的实证结果）。为识别企业出口强度与污染排放之间的中介渠道，本部分提出一种新颖的方法，从企业层面对污染排放进行分解，并在此基础上讨论企业出口强度与环境表现的关系。

（一）企业污染排放的分解方法

现有研究主要关注宏观层面污染排放的影响渠道，包括规模效应、结构效应和技术效应三种渠道（Grossman & Krueger，1991，1995；Copeland & Taylor，1994，1995；Antweiler et al.，2001）。不同于上述研究，本章从微观企业的视角提供一种污染排放的分解方法。实际上，在第三章的理论分析中已对该分解方法进行介绍，如式（3.5）和式（3.30）所示。与理论分析一致，本章通过式（5.1）至式（5.4）对企业污染排放进行分解。

$$Emission = \underbrace{\frac{Emission}{Output}}_{排放强度} \times \underbrace{Output}_{产值} \tag{5.1}$$

$$\underbrace{\frac{Emission}{Output}}_{排放强度} = \underbrace{\frac{Emission}{Energy}}_{排放技术} \times \underbrace{\frac{Energy}{Output}}_{\substack{能源效率\\的倒数}} \tag{5.2}$$

$$\underbrace{\frac{Energy}{Output}}_{\substack{能源效率\\的倒数}} = \underbrace{\frac{Energy}{Labor}}_{\substack{能源\\密集度}} \times \underbrace{\frac{Labor}{Output}}_{\substack{劳动生产率\\的倒数}} \tag{5.3}$$

$$Emission = \underbrace{\frac{Emission}{Energy}}_{排放技术} \times \underbrace{\frac{Energy}{Labor}}_{\substack{能源\\密集度}} \times \underbrace{\frac{Labor}{Output}}_{\substack{劳动生产率\\的倒数}} \times \underbrace{Output}_{产值} \tag{5.4}$$

考虑到企业污染排放的变化可能源自生产规模或技术水平的改变，将企业的污染排放分解为排放强度和产值，如式（5.1）所示。其中，拥有更先进技术的企业的排放强度更低，污染排放量更少。此外，在企业间技术水平相同的情形下生产规模更大的企业污染排放更多。

与企业污染排放相关的技术包括排放技术和生产技术，将排放强度分解为排放技术和能源效率的倒数，如式（5.2）所示。其中，排放技术为每单位能源投入产生的排放量。拥有更先进的减排技术和设备的企业在生产中去除污染物的能力更强，排放强度更低，排放量更少。此外，能源效率表示与污染排放相关的生产技术，且能源效率更高的企业在生产相同数量的产品时，消耗更少的能源，具有更低的排放强度和更少的排放量。

考虑到不同企业在生产中投入不同的生产要素，进一步将能源效率的倒数分解为能源密集度和劳动生产率的倒数，如式（5.3）所示。其中，能源密集度为企业在能源与劳动力两种生产要素的投入比，且能源属于污染密集型要素，劳动力属于清洁要素。能源密集型的企业采用更多的高污染要素进行生产，排放强度更高，排放量更多。此外，在能源与劳动力投入比相等的情形下劳动生产率更高的企业在生产相同数量的产品时，投入较少的生产要素，从而这类企业具有较低的排放强度和较少的排放量。

基于上述的分解，将污染排放分解为排放技术、能源密集度、劳动生产率和产出规模，如式（5.4）所示，即企业污染排放的变化来源于这四种直接渠道。具体而言，企业的污染排放与能源密集度和产出规模成正比，而与减排技术和生产技术成反比。

（二）出口强度与污染排放

基于上述分解的结果，本部分从减排技术、能源密集度、生产技术和产出规模四种渠道，分析企业出口强度与污染排放之间的关系。

企业出口强度可能会通过减排技术影响污染排放。一般认为，与出口市场关系更密切的企业更可能从国外获取先进的技术（De Loecker，2007），且受国外的绿色贸易壁垒影响，企业被迫采用更多的减排技术和设备。此外，拥有更先进的减排技术和设备的企业污染排放更少。基于上述视角推断：出口强度更高的企业可能拥有更先进的减排技术，排放强度更低，排放量更少。

企业出口强度可能会通过能源密集度，影响污染排放。长期以来，中国在劳动密集型产品的生产和出口上具有比较优势（Lu，2010；戴翔，2015），出口强度更高的企业更可能在生产中雇用相对更多的劳动力，而非投入能源等要素。因此，出口导向型的企业可能具有较低的能源密集度。此外，相对于能源，劳动力属于清洁生产要素，所以劳动密集型的企业的污染排放相对更少。从该角度推断：出口强度更高的企业可能具有更低的能源密集度，排放强度更低，排放量更少。

企业出口强度可能会通过生产技术，影响污染排放。根据 Melitz（2003）的研究，相对于非出口企业，出口企业的生产率更高。然而，基于中国工业企业数据的研究却发现相反的结论，即出口企业的生产率普遍低于内销企业，称为出口—生产率悖论（如 Lu，2010；Lu et al.，2010；Yang & He，2014；Dai et al.，2016；李春顶，2010）。其中，Lu 等（2010）、Dai 等（2016）分别发现外资企业和加工贸易企业对出口市场的依存度较高，且具有较低的生产率。该结果间接表明，中国出口强度较高的企业具有相对落后的生产技术。Dai 等（2016）进一步发现，专门针对出口导向型的企业存在减免企业所得税的优惠政策，使低生产率的企业提高出口参与度。Lu 等（2014）发现，相对于其他类型的出口企业，纯出口企业的生产率最低。此外，在企业能源密集度相同的情形下劳动生产率较低的企业在生产中投入更多的生产要素，排放更多的污染物。因此推断：出口强度更高的企业可能具有更低的劳动生产率，排放强度更高，排放量更多。

企业出口强度可能会通过产出规模影响污染排放。一方面，企业出口强度与产出的关系在一定程度上取决于国内和国外市场需求量的相对差异，而中国国内市场具有相当大的需求优势。另一方面，基于上文的分析，中国出口强度较高的企业可能具有较低的生产率，且企业产值通常与生产率呈正相关，以至于以出口为主的企业的产出规模较小。此外，生产规模较小的企业排放较少的污染物。因此推断：出口强度更高的企业可能具有更小的产出规模，从而污染排放量较少。

综上所述，企业出口强度与污染排放之间的关系是不确定的，取决于减排技术、能源密集度、生产技术和产出规模四种渠道的净效应。

三、实证模型与数据

（一）实证模型

1. 出口强度与环境表现

与第四章不同，本章采用连续变量（出口强度）来表示企业出口，充分地考虑企业间出口参与度的差异。为从微观视角研究出口强度与污染排放之间的关系，设定如下实证模型：

$$\ln E_{ispt} = \beta_1 EXI_{isp,t-1} + X'\theta + \beta_2 Regulation_{sp} + \mu_s + \delta_p + \omega_t + \varepsilon_{ispt} \qquad (5.5)$$

式中，i、s、p 和 t 表示企业个体、工业部门、省份和年份。E_{ispt} 为企业的污染排放量，且以 SO_2 作为污染物。考虑到贸易对不同污染物的差异化影响（Cole & Elliott, 2003；Managi et al., 2009；Gumilang et al., 2011），采用 NO_x、烟尘和粉尘作为污染物，进行稳健性检验。$EXI_{isp,t-1}$ 为企业的出口强度，以出口额占总销售额的比重来表示，取值范围为（0，1］，并对该变量进行滞后一期的处理[①]。X' 为其他控制变量，用于控制企业特征，包括资本密集度、补贴收入、平均工资、利润率、成立时间和所有制类型。$Regulation_{sp}$ 为企业所在工业部门和省份的综合环境规制强度。μ_s 和 δ_p 为部门和省份的固定效应，分别控制部门和省份层面的特征以及政策干扰。ω_t 为时间固定效应，控制企业的环境表现随时间变化的趋势，以及宏观层面的影响因素。ε_{ispt} 为随机误差项。本章主要关注 β_1，该系数刻画当企业的出口强度更高时，企业污染排放量的平均变化。

为控制可能影响企业环境表现的其他因素，本章在上述实证模型中控制如下的企业特征。

$$X'\theta = \theta_1 \ln KL_{ispt} + \theta_2 \ln Subsidy_{ispt} + \theta_3 \ln AWage_{ispt} + \theta_4 \ln Profit_{ispt} + \theta_5 Age_{ispt} + \theta_6$$
$$SOE_{ispt} + \theta_7 Foreign_{ispt} \qquad (5.6)$$

式中，KL_{ispt} 为企业的资本密集度，以固定资产净值与从业人员人数的比值表示。$Subsidy_{ispt}$ 为政府补贴强度，以补贴收入与产值的比值表示。$AWage_{ispt}$ 为平均工资，以总工资与从业人员人数的比值表示。$Profit_{ispt}$ 为利润率，以企业利润与产值的比值表示。Age_{ispt} 为企业成立时间。SOE_{ispt} 和 $Foreign_{ispt}$ 为企业所有制类型的虚拟变量。当企业为国有企业时，$SOE_{ispt} = 1$，否则，$SOE_{ispt} = 0$；当企业为外资企业时，$Foreign_{ispt} = 1$，否则，

---

① 与第四章类似，本章考察企业出口强度与环境表现之间的相关关系，即不同出口参与度的企业自身特征，而在后续分析中还检验出口强度变化的影响。因此，与第四章的做法一致，对核心变量作滞后一期的处理。实际上，如果本章采用当期的出口强度作为核心变量，回归结果也不会改变。

$Foreign_{ispt} = 0$。

此外，考虑到环境规制显著地影响污染减排（Henderson，1996；Chay & Greenstone，2005；Shapiro & Walker，2018），与第四章一致，借鉴 Shi 和 Xu（2018）的做法，结合"十一五"规划期间各省份的主要污染物减排目标和各行业的排污强度，量化企业所在省份和行业的环境规制强度。该测度方法详见第四章。

为探索企业出口强度与污染排放之间的中介渠道，根据式（5.4），采用对数形式对企业的污染排放进行分解。

$$\ln E_{ispt} = \ln EI_{ispt} + \ln Output_{ispt} = \ln ET_{ispt} - \ln EE_{ispt} + \ln Output_{ispt}$$

$$= \ln ET_{ispt} + \ln EL_{ispt} - \ln LP_{ispt} + \ln Output_{ispt} \tag{5.7}$$

具体而言，首先将企业的污染排放量分解为排放强度（EI_{ispt}）和产值（$Output_{ispt}$）。其中，EI_{ispt} 为污染排放量与产值的比值。其次，将排放强度分解为减排技术（ET_{ispt}）和能源效率（EE_{ispt}）。其中，ET_{ispt} 为污染排放量与能源消耗量的比值[1]，并以煤炭作为投入能源。EE_{ispt} 为产值与能源消耗量的比值，由于分解得到的能源效率为倒数形式，则取对数后，$\ln EE_{ispt}$ 的符号为负。最后，将能源效率分解为能源密集度（EL_{ispt}）和劳动生产率（LP_{ispt}）。其中，EL_{ispt} 为能源消耗量与从业人员人数的比值。LP_{ispt} 为产值与从业人员人数的比值，且由于劳动生产率为倒数形式，则 $\ln LP_{ispt}$ 的符号为负。

在完成上述分解后，检验企业出口强度与污染排放之间的中介渠道。为此，将式（5.5）的因变量（污染排放量）替换为式（5.7）中的分解变量，并对如下公式进行重新估计。

$$\ln EI_{ispt} = \beta_1 EXI_{isp,t-1} + X'\theta + \beta_2 Regulation_{sp} + \mu_s + \delta_p + \omega_t + \varepsilon_{ispt} \tag{5.8}$$

$$\ln Output_{ispt} = \beta_1 EXI_{isp,t-1} + X'\theta + \beta_2 Regulation_{sp} + \mu_s + \delta_p + \omega_t + \varepsilon_{ispt} \tag{5.9}$$

$$\ln ET_{ispt} = \beta_1 EXI_{isp,t-1} + X'\theta + \beta_2 Regulation_{sp} + \mu_s + \delta_p + \omega_t + \varepsilon_{ispt} \tag{5.10}$$

$$\ln EE_{ispt} = \beta_1 EXI_{isp,t-1} + X'\theta + \beta_2 Regulation_{sp} + \mu_s + \delta_p + \omega_t + \varepsilon_{ispt} \tag{5.11}$$

---

[1]　不同于第四章，本章直接采用污染排放量与能源消耗量的比值表示减排技术，而不是企业的减排设备数量。该做法与第三章的理论模型的做法一致。

$$\ln EL_{ispt} = \beta_1 EXI_{isp,t-1} + X'\theta + \beta_2 Regulation_{sp} + \mu_s + \delta_p + \omega_t + \varepsilon_{ispt} \quad (5.12)$$

$$\ln LP_{ispt} = \beta_1 EXI_{isp,t-1} + X'\theta + \beta_2 Regulation_{sp} + \mu_s + \delta_p + \omega_t + \varepsilon_{ispt} \quad (5.13)$$

本章关注式（5.8）至式（5.13）的 β_1，该系数刻画当企业的出口强度更高时，企业在各方面表现（包括排放强度、产出规模、减排技术、能源效率、能源密集度和劳动生产率）的平均变化。由于式（5.8）至式（5.13）的因变量均分解自污染排放量，所以式（5.5）与式（5.8）至式（5.13）的核心变量系数具有高度的相关性。例如，排放强度和产出规模是由污染排放量分解而来，则式（5.8）的 β_1 和式（5.9）的 β_1 之和近似等于式（5.5）的 β_1。因此，通过比较上述公式中的系数 β_1 检验企业出口强度与污染排放之间的中介渠道。

为保证结果的稳健性，需要进行一系列的稳健性检验。其中，鉴于出口强度是取值范围为（0，1] 的连续变量，改用一系列离散变量作为核心变量的替代。具体而言，根据出口强度的取值范围将不同出口强度的企业样本分入五个组，且将五个分组定义为 Level 1 至 Level 5。五个分组（Level 1 至 Level 5）的企业样本的出口强度取值范围分别为（0，0.25]、（0.25，0.5]、（0.5，0.75]、（0.75，1）和 [1，1]。其中，Level 1 组的企业样本以产品内销为主，仅出口一小部分产品至国外市场。Level 2 组和 Level 3 组的企业样本同时关注国内和国外市场，但 Level 2 组的企业内销相对更多，而 Level 3 组的企业出口占总销售的比重更大。Level 4 组的企业样本以产品出口为主，仅在国内市场销售少量的产品。将出口强度等于 1 的纯出口企业作为一个独立的分组[①]，即 Level 5 组。因此，本章将核心变量（出口强度）替换为 Level 1 至 Level 5 分组的虚拟变量，并对结果进行重新估计。如下：

$$\ln Y_{ispt} = \beta_1 Level2_{isp,t-1} + \beta_2 Level3_{isp,t-1} + \beta_3 Level4_{isp,t-1} + \beta_4 Level5_{isp,t-1} + X'\theta$$
$$+ \beta_5 Regulation_{sp} + \mu_s + \delta_p + \omega_t + \varepsilon_{ispt} \quad (5.14)$$

---

① Lu 等（2014）的研究表明，与既出口又内销的企业相比，纯出口企业在各方面特征上均存在差异，如生产率水平更低。

式中，Y_{ispt} 为一系列企业表现，包括污染排放量、排放强度、产出规模、减排技术、能源效率、能源密集度和劳动生产率。以 Level 1 的企业样本作为基准（遗漏组），$Level2_{isp,t-1}$、$Level3_{isp,t-1}$、$Level4_{isp,t-1}$ 和 $Level5_{isp,t-1}$ 分别表示企业所处分组（Level 2 至 Level 5）的虚拟变量。例如，当企业样本来自 Level 2 组，即出口强度的取值范围为（0.25，0.5］时，$Level2_{isp,t-1}=1$，否则，$Level2_{isp,t-1}=0$。关注式（5.15）中的系数 $\beta_1 - \beta_4$，这些系数刻画特定分组（Level 2 至 Level 5）的企业与 Level 1 组的企业在各方面表现上的平均差异。

2. 出口强度变化的影响效应

上述实证模型仅检验企业出口强度与环境表现之间的相关关系，即不同出口强度的企业自身的特征。进一步，借鉴 Heckman 等（1997，1998）、De Loecker（2007）的倍差匹配法，检验企业出口强度的提高和下降对其环境表现的因果效应。

将企业发生出口强度变化定义如下：鉴于本章所采用的企业数据时期为 2006~2007 年，通过比较企业出口强度在 2006 年和 2007 年的取值范围（即前文定义的 Level 1 至 Level 5），识别企业出口强度是否发生改变。如果一家企业在 2006 年来自出口强度取值范围较低的分组，而在 2007 年进入出口强度取值范围相对较高的分组，则定义该企业在 2007 年提高出口强度。类似地，如果一家企业在 2007 年来自出口强度取值范围较高的分组，而在 2007 年为出口强度取值范围较低的分组，则定义该企业降低出口强度。此外，如果一家企业在 2006 年和 2007 年均处于出口强度取值范围相同的分组，则定义该企业没有改变出口强度。例如，一家企业在 2006 年来自 Level 1（出口强度的取值范围为（0，0.25］），而在 2007 年处于 Level 2、Level 3、Level 4 或 Level 5（出口强度的取值范围为（0.25，0.5］、（0.5，0.75］、（0.75，1）或［1，1］），则该企业的出口强度提高[1]；如果该企业在 2007

---

[1]　该定义的逻辑在于：在 2006 年，企业主要关注国内市场（Level 1），而在 2007 年，它们提高出口强度，进而同时关注国内外市场（Level 2 和 Level 3）、重点依赖国际市场（Level 4）或成为纯出口企业（Level 5）。

年依然处于 Level 1，则该企业的出口强度没有改变[1]。

具体而言，以在 2007 年提高或降低自身出口强度的企业作为处理组，以没有改变出口强度的企业作为对照组，以企业环境表现[2]的变化率作为结果变量。首先，存在不可观测的企业特征同时影响企业提高或降低出口强度及其环境表现。对企业 2006 年和 2007 年环境表现的对数进行差分，消除不可观测且不随时间变化因素的影响。然后，比较处理组和对照组的企业环境表现。其次，同样基于 2006 年和 2007 年数据的差分缓解反向因果关系的干扰。该思路如下：在差分后，处理变量为企业在 2007 年是否提高或降低其出口强度，结果变量为企业环境表现的变化率。企业出口强度与环境表现相互影响，但环境表现的变化率是出口强度改变的结果，不能影响企业在 2007 年改变出口强度。事实上，企业在 2007 年是否提高或降低出口强度取决于事前（2006 年）的企业特征。再次，不同出口强度的企业在各个方面存在较大的差异，且这些差异影响企业是否提高或降低出口强度以及它们的环境表现，导致样本选择性偏差。为此，采用 PSM 方法，在没有改变出口强度的企业中选择与出口强度变化的企业具有相似特征的样本作为对照组，使两组具有可比性。最后，在采用 PSM 匹配样本时使用 2006 年分解自污染排放量的企业环境表现作为协变量，控制企业的事前环境表现，以控制企业的自身特征。

估计平均处理效应（ATT），量化企业提高和降低出口强度对其环境表现的影响效应。如下：

$$ATT^{Increase} = E(\Delta \ln Y_i^1 - \Delta \ln Y_i^0 \mid Increase_i = 1)$$

$$= E(\Delta \ln Y_i^1 \mid Increase_i = 1) - E(\Delta \ln Y_i^0 \mid Increase_i = 1) \quad (5.15)$$

$$ATT^{Decrease} = E(\Delta \ln Y_i^1 - \Delta \ln Y_i^0 \mid Decrease_i = 1)$$

$$= E(\Delta \ln Y_i^1 \mid Decrease_i = 1) - E(\Delta \ln Y_i^0 \mid Decrease_i = 1) \quad (5.16)$$

式中，$ATT^{Increase}$ 和 $ATT^{Decrease}$ 分别反映企业提高和降低出口强度对其环境

---

[1] 2006 年和 2007 年，企业均主要关注国内市场（Level 1）。

[2] 企业环境表现包括污染排放量、排放强度、产出规模、排放技术、能源效率、能源密集度和劳动生产率。

表现的影响。$\Delta\ln Y_i^1$ 为当企业提高或降低出口强度时，它们环境表现的变化率；$\Delta\ln Y_i^0$ 为当企业没有改变出口参与度时，环境表现的变化率。$Increase_i$ 和 $Decrease_i$ 为企业分组的虚拟变量。如果企业在 2007 年提高出口强度，则 $Increase_i = 1$。通过对比企业出口强度在 2006 年和 2007 年的取值范围识别企业是否提高出口强度。类似地，$Decrease_i = 1$ 表示企业在 2007 年降低出口强度，且同样通过企业出口强度的取值范围，识别企业是否降低出口强度。此外，如果企业在 2007 年没有改变它们的出口强度，则 $Increase_i = 0$ 且 $Decrease_i = 0$。$E(\Delta\ln Y_i^1 \mid Increase_i = 1)$ 和 $E(\Delta\ln Y_i^1 \mid Decrease_i = 1)$ 分别为企业于 2007 年提高和降低出口强度时，它们环境表现的平均变化率，而 $E(\Delta\ln Y_i^0 \mid Increase_i = 1)$ 和 $E(\Delta\ln Y_i^0 \mid Increase_i = 1)$ 为出口强度变化的企业在它们没有改变出口强度时，环境表现的平均变化率。然而，$E(\Delta\ln Y_i^0 \mid Increase_i = 1)$ 和 $E(\Delta\ln Y_i^0 \mid Increase_i = 1)$ 为不可观测的反事实，需要构建对照组作为替代。

借鉴 Heckman 等（1997，1998）、De Loecker（2007）的方法，采用 PSM 方法构建对照组。首先，采用 Probit 模型估计倾向得分。如下：

$$\Pr(Increase_i = 1) = \Phi(\ln ET_{isp,t-1}, \ \ln EL_{isp,t-1}, \ \ln LP_{isp,t-1},$$
$$\text{In}Output_{isp,t-1}, \ X_{isp,t-1}, \ \mu_s, \ \delta_p) \tag{5.17}$$

$$\Pr(Decrease_i = 1) = \Phi(\ln ET_{isp,t-1}, \ \ln EL_{isp,t-1}, \ \ln LP_{isp,t-1},$$
$$\ln Output_{isp,t-1}, \ X_{isp,t-1}, \ \mu_s, \ \delta_p) \tag{5.18}$$

式中，$\Pr(Increase_i = 1)$ 和 $\Pr(Decrease_i = 1)$ 分别为企业提高和降低出口强度的可能性。$\ln ET_{isp,t-1}$、$\ln EL_{isp,t-1}$、$\ln LP_{isp,t-1}$、$\ln Output_{isp,t-1}$、$X_{isp,t-1}$、μ_s 和 δ_p 为用于匹配的协变量。具体而言，$ET_{isp,t-1}$、$EL_{isp,t-1}$、$LP_{isp,t-1}$ 和 $Output_{isp,t-1}$ 为 2006 年分解自污染排放量的企业环境表现。采用这些协变量控制企业的自身特征，可以对具有相同的事前环境表现的企业进行比较。$X_{isp,t-1}$ 为影响企业提高或降低出口强度的企业特征，包括式（5.6）的所有

变量，并作滞后一期的处理[①]。μ_s和δ_p分别为部门和省份固定效应，以确保处理组和对照组的企业在同一部门以及区域内进行比较。然后，以 $\Pr(Increase_i=1)$和$\Pr(Decrease_i=1)$作为倾向得分，并采用最邻近匹配方法，对处理组和对照组的样本进行匹配。

匹配后，检验企业提高和降低出口强度对其环境表现的因果效应。如下：

$$ATT^{Increase} = \frac{1}{n}\sum_{i\in(Increase_i=1)}\left[\Delta\ln Y_i^1 - \sum_{i\in(Increase_i=0)}g(p_i,p_j)\Delta\ln Y_i^0\right] \quad (5.19)$$

$$ATT^{Decrease} = \frac{1}{n}\sum_{i\in(Decrease_i=1)}\left[\Delta\ln Y_i^1 - \sum_{i\in(Decrease_i=0)}g(p_i,p_j)\Delta\ln Y_i^0\right] \quad (5.20)$$

式中，n为匹配的企业i的数量。$g(p_i,p_j)$为当使用企业j的 $\Delta\ln Y_j^0$ 替代企业i的 $\Delta\ln Y_i^0$时，所赋予 $\Delta\ln Y_j^0$ 的权重。

（二）数据

与第四章采用的数据一致，本章的研究采用两套中国企业的数据库：企业的基本信息以及出口、生产和财务信息源于中国工业企业数据库；企业环境数据源于中国环境统计重点工业企业数据库。我们将两套企业数据合并，形成一个涵盖2005～2007年企业出口强度以及2006～2007年企业环境表现、其他特征等信息的非平衡面板的数据集。

具体而言，企业的出口强度和非环境特征的数据来自中国工业企业数据库，采用的年份为2005～2007年。对于该数据库的处理与第四章相似，所以在数据处理上的重复细节，本章不再介绍。此外，由于本章的研究对象为出口企业，即出口强度大于0的企业，在第四章数据处理的基础上将所有非出口企业样本剔除。

企业环境表现的数据来自中国环境统计重点调查工业企业数据库，数据年份为2006～2007年。关于该数据库的说明以及与中国工业企业数据

---

① 考虑到企业特征对其是否提高或降低出口强度的事前影响，即2006年的企业特征影响其在2007年是否改变出口强度，本章对企业特征变量作滞后一期处理。

库匹配的方法与第四章一致，不再重复介绍。在匹配两个企业数据库后共获得 20621 个企业样本。其中，10365 个企业样本采用煤炭作为投入能源，12735 个样本排放 SO_2，11090 个样本排放 NO_x，11779 个样本排放烟尘以及 2584 个样本排放粉尘。

除企业数据外，本章还收集其他数据测算企业所处工业部门和省份的环境规制强度。该数据来源与第四章一致，不再重复介绍。

（三）描述性统计

在实证分析前，通过描述性统计方法比较不同出口强度的企业在环境表现以及其他特征上的差异。表 5.1 为按出口强度分组的变量描述性统计。

表 5.1　按出口强度分组的变量描述性统计

	Level 1	Level 2	Level 3	Level 4	Level 5
	$EXI \in (0, 0.25]$	$EXI \in (0.25, 0.5]$	$EXI \in (0.5, 0.75]$	$EXI \in (0.75, 1)$	Pure exporter
E_{ispt}	541530.1	193690.2	90454.15	71573.39	32823.6
EI_{ispt}	0.7824	0.6700	0.6192	0.5541	0.6311
$Output_{ispt}$	1018154	434966.6	262844.8	230169.2	113570.8
ET_{ispt}	36.7183	32.9386	22.6349	22.9035	20.3594
EE_{ispt}	501.6976	10198.86	458.1521	625.3503	536.5853
EL_{ispt}	23.5444	14.9407	14.3423	8.9055	7.9028
LP_{ispt}	637.4022	568.3271	512.0553	403.8874	343.6391
$EXI_{isp, t-1}$	0.0862	0.3661	0.6196	0.8883	1
KL_{ispt}	141.1636	125.0011	113.7857	85.8405	61.4117
$Subsidy_{ispt}$	0.0036	0.0028	0.0018	0.0019	0.0022
$AWage_{ispt}$	18.5566	18.2845	17.8590	16.7208	16.3636
$Profit_{ispt}$	0.0642	0.0488	0.0482	0.0480	0.0458
Age_{ispt}	19.4601	16.4779	14.1429	12.9262	10.9747
SOE_{ispt}	0.1032	0.0465	0.0213	0.0048	0.0023
$Foreign_{ispt}$	0.1701	0.2809	0.3325	0.4648	0.5144
$Regulation_{sp}$	1.5066	1.3377	1.1823	0.9874	0.8128
样本数量	4992	1741	1218	1450	869

注：表内数值为样本均值。

从表 5.1 中可以看出，不同出口强度的企业具有差异化的环境表现。首先，出口参与度更高的企业排放更多的污染物，其中，纯出口企业的污染排放量最少。然而，来自不同工业部门和地区以及具有不同特征的企业不能直接比较，所以在后续部分将采用实证方法做进一步的检验。其次，出口强度更高的企业产出规模更小，劳动生产率更低，且在生产中，相对于劳动力，投入更少的能源要素。此外，不同出口强度的企业还具有差异化的排放强度、减排技术和能源效率。

对于其他企业特征，不同出口强度的企业间也存在较大的差异。具体而言，出口强度更高的企业具有更低的资本密集度、平均工资和利润率，且成立时间更短。国有企业更关注国内市场，而外资企业的出口依存度更高。此外，平均而言，出口参与度较高的企业所在的部门和地区的环境规制强度较低。

四、实证结果与分析

（一）出口强度与环境表现：相关性分析

1. 出口强度与污染排放

表 5.2 报告基于式（5.5）的回归结果，即检验企业出口强度与污染排放量的相关性。其中，列（1）和列（5）为仅在实证模型中加入核心变量；列（2）和列（6）为加入控制变量，控制影响环境表现的企业特征；列（3）和列（7）为进一步控制部门、省份和时间的固定效应；列（4）和列（8）在此基础上控制环境规制的影响。此外，列（1）～列（4）的企业样本为所有排放 SO_2 的企业，列（5）～列（8）的样本为在生产中消耗煤炭的 SO_2 排放企业。

表 5.2 出口强度与污染排放

	所有 SO₂ 排放企业				消耗煤炭的 SO₂ 排放企业			
	(1)	(2)	(3)	(4)	(5)	(6)	(7)	(8)
$EXI_{ispt,t-1}$	-1.4856*** (0.0535)	-0.7539*** (0.0581)	-0.6382*** (0.0568)	-0.6386*** (0.0568)	-1.2052*** (0.0548)	-0.6121*** (0.0567)	-0.5978*** (0.0557)	-0.5983*** (0.0557)
$\ln KL_{ispt}$		0.4654*** (0.0177)	0.3633*** (0.0171)	0.3634*** (0.0171)		0.5084*** (0.0178)	0.4097*** (0.0171)	0.4097*** (0.0171)
$\ln Subsidy_{ispt}$		-0.0269*** (0.0063)	-0.0137** (0.0060)	-0.0137** (0.0060)		-0.0390*** (0.0060)	-0.0177*** (0.0058)	-0.0177*** (0.0058)
$\ln AWage_{ispt}$		-0.3383*** (0.0376)	-0.0398 (0.0383)	-0.0399 (0.0383)		0.1586*** (0.0378)	0.2922*** (0.0382)	0.2922*** (0.0382)
$\ln Profit_{ispt}$		-0.0226* (0.0123)	0.0028 (0.0113)	0.0028 (0.0113)		-0.0063 (0.0117)	0.0029 (0.0109)	0.0030 (0.0109)
Age_{ispt}		0.0257*** (0.0015)	0.0302*** (0.0014)	0.0302*** (0.0014)		0.0220*** (0.0014)	0.0255*** (0.0013)	0.0255*** (0.0013)
SOE_{ispt}		-0.1538* (0.0873)	0.0317 (0.0828)	0.0314 (0.0828)		0.0621 (0.0819)	0.1371* (0.0784)	0.1371* (0.0784)
$Foreign_{ispt}$		-0.3787*** (0.0444)	-0.1501*** (0.0430)	-0.1500*** (0.0430)		0.0406 (0.0437)	0.1052** (0.0416)	0.1054** (0.0416)
$Regulation_{sp}$				-0.0076 (0.0342)				-0.0199 (0.0374)
部门、省份和时间固定效应	NO	NO	YES	YES	NO	NO	YES	YES
样本数量	12735	12735	12735	12735	10270	10270	10270	10270
调整后 R²	0.06	0.13	0.29	0.29	0.04	0.16	0.31	0.31

注：列（1）~列（4）的企业样本为所有排放 SO₂ 的企业，列（5）~列（8）的样本为在生产中投入煤炭的 SO₂ 排放企业。小括号内数值为标准误。显著性水平：*** 1%、** 5% 和 * 10%。

从表 5.2 所有列的结果来看，出口强度的估计系数均为负，且在 1%
水平上显著。该结果表明，出口强度较高的企业的污染排放量较少，即出
口导向型的企业更清洁。此外，通过比较，在控制企业特征、固定效应和
环境规制后核心变量的系数出现明显的变化。如果不考虑这些影响企业污
染排放的因素，结果将存在偏差。在本章的后续分析中，所有结果均控制
企业特征、固定效应和环境规制。以列（8）作为基准回归的结果，用于
后续的分析和比较。列（8）的结果表明，当一家企业的出口强度比另一
家企业高 10% 时，污染排放量将少 5.98%。

同样基于列（8），分析影响企业污染排放的其他因素。企业的污染排
放量与资本密集度、平均工资和成立时间成正比，与补贴收入成反比，而
与利润率的关系不显著。相比较非国有内资企业，国有企业和外资企业均
排放更多的污染物。此外，处于更高的环境规制强度的企业并不具有更少
的污染排放量。

2. 机制检验

上述结果表明，出口强度更高的企业污染排放量更少。接着检验企业
出口强度与污染排放之间的中介渠道，并报告于表 5.3。其中，作为对比，
列（1）为以污染排放量作为因变量的回归结果，即表 5.2 列（8）的结
果。列（2）~列（7）的因变量均从污染排放量分解而来，分别包括企业
的排放强度、产值、减排技术、能源效率、能源密集度和劳动生产率。

表 5.3 出口强度与污染排放：机制检验

	污染排放量	排放强度	产值	减排技术	能源效率	能源密集度	劳动生产率
	（1）	（2）	（3）	（4）	（5）	（6）	（7）
$EXI_{isp,t-1}$	-0.5983***	-0.0389	-0.5593***	-0.0068	0.0321	-0.2093***	-0.1772***
	（0.0557）	（0.0540）	（0.0381）	（0.0306）	（0.0505）	（0.0473）	（0.0222）
$\ln KL_{ispt}$	0.4097***	0.0165	0.3931***	-0.0719***	-0.0884***	0.4197***	0.3313***
	（0.0171）	（0.0166）	（0.0117）	（0.0094）	（0.0155）	（0.0145）	（0.0068）
$\ln Subsidy_{ispt}$	-0.0177***	0.0451***	-0.0628***	-0.0038	-0.0489***	0.0015	-0.0474***
	（0.0058）	（0.0056）	（0.0039）	（0.0032）	（0.0052）	（0.0049）	（0.0023）

	污染排放量	排放强度	产值	减排技术	能源效率	能源密集度	劳动生产率
	(1)	(2)	(3)	(4)	(5)	(6)	(7)
ln $AWage_{ispt}$	0.2922 ***	-0.3640 ***	0.6562 ***	-0.0779 ***	0.2861 ***	0.1348 ***	0.4209 ***
	(0.0382)	(0.0371)	(0.0262)	(0.0210)	(0.0347)	(0.0325)	(0.0153)
ln $Profit_{ispt}$	0.0030	-0.0835 ***	0.0865 ***	-0.0082	0.0752 ***	-0.0540 ***	0.0212 ***
	(0.0109)	(0.0106)	(0.0074)	(0.0060)	(0.0099)	(0.0092)	(0.0043)
Age_{ispt}	0.0255 ***	0.0060 ***	0.0195 ***	-0.0038 ***	-0.0098 ***	0.0028 **	-0.0070 ***
	(0.0013)	(0.0013)	(0.0009)	(0.0007)	(0.0012)	(0.0011)	(0.0005)
SOE_{ispt}	0.1371 *	0.0196	0.1175 **	-0.0444	-0.0640	-0.2766 ***	-0.3405 ***
	(0.0784)	(0.0760)	(0.0536)	(0.0431)	(0.0711)	(0.0666)	(0.0313)
$Foreign_{ispt}$	0.1054 **	0.0766 *	0.0288	-0.0798 ***	-0.1564 ***	0.0774 **	-0.0791 ***
	(0.0416)	(0.0404)	(0.0285)	(0.0229)	(0.0377)	(0.0353)	(0.0166)
$Regulation_{sp}$	-0.0199	-0.0689 *	0.0490 *	0.0342 *	0.1031 ***	-0.0405	0.0626 ***
	(0.0374)	(0.0363)	(0.0256)	(0.0206)	(0.0339)	(0.0318)	(0.0149)
部门、省份和时间固定效应	YES	YES	YES	YES	YES	YES	YES
样本数量	10270	10270	10270	10270	10270	10270	10270
调整后 R^2	0.31	0.21	0.43	0.12	0.25	0.36	0.50

注：小括号内数值为标准误。显著性水平：***1%、**5%和*10%。

（1）将污染排放量分解为排放强度与产值，检验企业出口强度与两者之间的关系。表5.3的列（2）报告基于式（5.8）的回归结果，即出口强度与排放强度的相关性。从该列的结果看，出口强度的估计系数不显著，表明企业出口强度与排放强度之间不存在显著的相关性。该列还检验影响企业排放强度的其他因素。企业的排放强度与补贴收入和成立时间呈正相关，与平均工资和利润率呈负相关，且外资企业的排放强度更高。此外，处于更严格的环境规制的企业具有较低的排放强度，该结果与 Shapiro 和 Walker（2018）的研究结论相似。

表5.3的列（3）报告基于式（5.9）的回归结果，即出口强度与产出

规模的相关性。可以发现出口强度的估计系数为负，且在 1% 水平上显著。该结果表明，出口强度较高的企业具有较小的产出规模，排放更少的污染物。具体而言，当一家企业的出口强度比另一家企业高 10% 时，产值将低 5.59%。可能的解释在于：第一，中国拥有巨大的国内市场需求，则以内销为主的企业面临更大的市场需求，生产规模更大。第二，中国出口参与度较高的企业通常为外资企业和加工贸易企业，而这些企业的生产率普遍较低（Lu et al.，2010；Dai et al.，2016）。此外，企业产值通常与生产率成正比，以出口为主的企业的生产规模较小。因此，产出规模是企业出口强度与污染排放之间的一个中介渠道。结合列（1）～列（3）的结果，由于排放强度和产值是从污染排放量分解而来，则列（1）中出口强度的估计系数近似等于列（2）和列（3）的系数之和。该结果说明，出口强度较高的企业的污染排放量较少，主要是因为它们较小的生产规模，而不是在排放强度上的差异。此外，列（3）还展示影响企业产出规模的其他因素。企业的产出规模与资本密集度、平均工资、利润率和成立时间成正比，与补贴收入成反比，且国有企业的生产规模更大。处于更严格的环境规制的企业具有更大的生产规模。

（2）将排放强度分解为排放技术和能源效率，检验企业出口强度与两者之间的关系。表 5.3 的列（4）报告基于式（5.10）的回归结果，即企业出口强度与排放技术的相关性。从该列可以发现，出口强度的估计系数不显著，说明出口强度与排放技术之间不存在显著的相关性。该结果与本章的推断不一致。一方面，与出口市场关系更紧密的企业没能从国外获得更多先进的减排技术和设备；另一方面，国外的绿色贸易壁垒也没有迫使出口强度较高的企业应用减排技术。该列也检验影响企业减排技术的其他因素。企业的减排技术与资本密集度、平均工资和年龄呈正相关，且外资企业拥有更先进的减排技术。此外，相对而言，处于更严格环境规制的企业的排放技术更落后。

表 5.3 的列（5）报告基于式（5.11）的回归结果，即出口强度与能源效率的相关性。从该列的结果看，出口强度的估计系数不显著，表明企

业出口强度与能源效率之间不存在显著的相关性。结合列（2）、列（4）和列（5）的结果，由于排放技术与能源效率是从排放强度分解而来，且列（4）和列（5）的估计系数均不显著，所以出口强度不同的企业之间不存在排放强度的显著差异。此外，列（5）还检验影响企业能源效率的其他因素。从中可以发现，企业的能源效率与平均工资、利润率成正比，与资本密集度、补贴收入、成立时间成反比，且外资企业的能源效率更低。处于更严格的环境规制的企业具有较高的能源效率。

（3）将能源效率分解为能源密集度和劳动生产率，检验出口强度与两者之间的关系。表5.3的列（6）报告基于式（5.12）的回归结果，即企业出口强度和能源密集度的相关性。从该列的结果看，出口强度的估计系数为负，且在1%水平上显著。该结果表明，相对于能源要素，出口强度较高的企业在生产中雇用更多的劳动力。具体而言，当一家企业的出口强度比另一家企业高10%时，它们的能源密集度将低2.09%。可能的解释在于：长期以来，中国在劳动密集型产品的生产和出口上具有比较优势，出口导向型的企业在生产中采用更多的比较优势要素（即劳动力）。此外，能源属于污染密集型生产要素，而劳动力属于清洁型要素，则劳动密集型的企业具有较低的排放强度，排放更少的污染物。因此，能源密集度为企业出口强度与污染排放之间的一个中介渠道。列（6）同时检验影响企业能源密集度的其他因素。企业的能源密集度与资本密集度、平均工资和成立时间成正比，与利润率成反比。此外，相对于非国有内资企业，国有企业在生产中雇用相对较多的劳动力，而外资企业投入更多的能源。

表5.3的列（7）报告基于式（5.13）的回归结果，即企业出口强度和劳动生产率的相关性。从该列的结果看，出口强度的估计系数为负，且在1%水平上显著。该结果表明，出口强度较高的企业具有相对较落后的生产技术，且与Lu等（2010）、Dai等（2016）的研究结论相似。具体而言，当一家企业的出口强度比另一家企业高10%时，它们的劳动生产率将低1.77%。可能的解释为：在中国，出口企业的生产率普遍较低（Lu, 2010；Lu et al., 2010；Yang & He, 2014；Dai et al., 2016）。Lu 等

（2010）、Dai 等（2016）进一步发现，出口参与度较高的企业通常是外资企业和加工贸易企业，而这些企业具有较落后的生产技术。此外，Dai 等（2016）还发现，针对出口导向型企业的所得税减免政策使得低生产率的企业积极开展出口业务，提高出口强度。在能源与劳动力投入比相同的情形下，劳动生产率较低的企业在生产中投入较多的生产要素，从而具有较高的排放强度，排放更多污染物。因此，劳动生产率是企业出口强度与污染排放之间的一个中介渠道。结合列（5）~列（7）的结果，由于能源密集度和劳动生产率由能源效率分解而来，则列（5）中出口强度的估计系数为列（6）和列（7）中系数的综合结果。企业的出口强度与能源密集度和劳动生产率均呈反向关系，而能源密集度和劳动生产率分别与污染排放量呈正向及反向关系，所以这两个渠道的效应是相反的。通过进一步观察，列（6）和列（7）的核心变量系数的绝对值相近，即两种渠道的影响相互抵消，企业出口强度与能源效率之间不存在显著的相关性。此外，列（7）也检验影响企业劳动生产率的其他因素。企业的劳动生产率与资本密集度、平均工资和利润率成正比，与补贴收入和成立时间成反比，且国有企业和外资企业的劳动生产率均更低。处于更严格的环境规制的企业具有较高的劳动生产率。

综上所述，企业出口强度与污染排放量之间主要存在三种影响渠道，即产出规模、能源密集度和劳动生产率。具体而言，出口强度较高的企业具有较小的产出规模，较低的能源密集度和劳动生产率。其中，较小的产出规模和较低的能源密集度使该类企业的污染排放较少，而较低的劳动生产率引致较多的排放。相比之下，产出规模渠道的影响最大。综合而言，产出规模渠道与能源密集度渠道的影响大于劳动生产率渠道，所以净效应使出口强度较高的企业排放较少的污染物。

3. 稳健性检验

为保证结果的稳健性，进一步做五个方面的稳健性检验，包括替换核心变量、采用其他污染物、剔除极端值、剔除纯出口企业和采用不同时期的子样本。表5.4 报告稳健性检验的结果。

表 5.4　稳健性检验：出口强度与环境表现

	污染排放量	排放强度	产值	排放技术	能源效率	能源密集度	劳动生产率
	（1）	（2）	（3）	（4）	（5）	（6）	（7）
Panel A：替换核心变量（样本数量：10270）							
$Level2_{isp,t-1}$	-0.0996**	0.1112**	-0.2109***	0.0564**	-0.0548	0.0080	-0.0468**
	（0.0481）	（0.0467）	（0.0330）	（0.0265）	（0.0437）	（0.0409）	（0.0192）
$Level3_{isp,t-1}$	-0.2661***	0.0263	-0.2924***	0.0257	-0.0006	-0.0710	-0.0716***
	（0.0556）	（0.0539）	（0.0381）	（0.0306）	（0.0505）	（0.0473）	（0.0222）
$Level4_{isp,t-1}$	-0.3936***	-0.0264	-0.3672***	0.0066	0.0330	-0.1630***	-0.1300***
	（0.0543）	（0.0527）	（0.0372）	（0.0299）	（0.0493）	（0.0462）	（0.0217）
$Level5_{isp,t-1}$	-0.7191***	-0.1380**	-0.5811***	-0.0517	0.0863	-0.2422***	-0.1559***
	（0.0685）	（0.0665）	（0.0470）	（0.0377）	（0.0622）	（0.0583）	（0.0274）
调整后 R^2	0.31	0.21	0.43	0.12	0.25	0.36	0.50
Panel B：氮氧化物（样本数量：8848）							
$EXI_{isp,t-1}$	-0.5604***	-0.0444	-0.5161***	0.0303	0.0747	-0.2393***	-0.1646***
	（0.0595）	（0.0572）	（0.0410）	（0.0315）	（0.0536）	（0.0501）	（0.0240）
调整后 R^2	0.31	0.20	0.44	0.08	0.25	0.37	0.51
Panel C：烟尘（样本数量：9780）							
$EXI_{isp,t-1}$	-0.5131***	0.0349	-0.5480***	0.0627	0.0278	-0.2058***	-0.1780***
	（0.0590）	（0.0589）	（0.0389）	（0.0416）	（0.0511）	（0.0478）	（0.0227）
调整后 R^2	0.28	0.21	0.44	0.14	0.24	0.36	0.51
Panel D：粉尘（样本数量：1461）							
$EXI_{isp,t-1}$	-0.8093***	0.0176	-0.8270***	0.2203	0.2026	-0.4083**	-0.2057***
	（0.2552）	（0.2543）	（0.1168）	（0.2379）	（0.1850）	（0.1703）	（0.0690）
调整后 R^2	0.40	0.35	0.68	0.31	0.30	0.44	0.53
Panel E：剔除极端值（样本数量：10060）							
$EXI_{isp,t-1}$	-0.5051***	0.0340	-0.5391***	0.0225	-0.0115	-0.1673***	-0.1788***
	（0.0521）	（0.0515）	（0.0381）	（0.0279）	（0.0499）	（0.0468）	（0.0225）
调整后 R^2	0.28	0.22	0.39	0.15	0.24	0.35	0.50

	污染排放量	排放强度	产值	排放技术	能源效率	能源密集度	劳动生产率
	(1)	(2)	(3)	(4)	(5)	(6)	(7)
Panel F：剔除纯出口企业（样本数量：9401）							
$EXI_{isp,t-1}$	−0.4642***	0.0140	−0.4782***	0.0226	0.0086	−0.1831***	−0.1745***
	(0.0631)	(0.0606)	(0.0432)	(0.0350)	(0.0570)	(0.0531)	(0.0249)
调整后 R^2	0.30	0.22	0.43	0.12	0.25	0.36	0.50
Panel G：2006（样本数量：4799）							
$EXI_{isp,t-1}$	−0.5854***	−0.0180	−0.5674***	0.0030	0.0210	−0.1993***	−0.1782***
	(0.0829)	(0.0809)	(0.0567)	(0.0465)	(0.0762)	(0.0716)	(0.0332)
调整后 R^2	0.31	0.21	0.42	0.12	0.24	0.35	0.49
Panel H：2007（样本数量：5471）							
$EXI_{isp,t-1}$	−0.6080***	−0.0629	−0.5450***	−0.0152	0.0477	−0.2244***	−0.1767***
	(0.0758)	(0.0731)	(0.0518)	(0.0408)	(0.0680)	(0.0635)	(0.0301)
调整后 R^2	0.31	0.20	0.44	0.12	0.25	0.37	0.51

注：所有回归结果均控制企业特征、各类固定效应以及环境规制。小括号内的数值为标准误。显著性水平：***1%、**5%和*10%。

（1）替换核心变量。鉴于出口强度为取值范围（0，1］的连续变量，采用离散变量作为替代，即 Level 1 至 Level 5 分组。具体而言，以 Level 1 组的企业样本作为基准（遗漏组），检验其他组的企业与 Level 1 组的企业在环境表现上的差异。表 5.4 的 Panel A 报告基于式（5.14）的估计结果。从列（1）来看，结果表明出口强度越高的企业污染排放越少，与本章基准回归的结果一致。具体而言，纯出口企业的排放量最少，其次是 Level 4 组企业。列（2）的结果表明，仅纯出口企业的排放强度低于 Level 1 组的企业，而 Level 2 组的企业具有较高的排放强度。该结果表明，企业出口强度与排放强度的相关性不显著。列（3）的结果表明，出口参与度越高的企业产出规模越小，其中，纯出口企业的规模最小。从列（4）和列（5）来看，出口强度与减排技术和能源效率之间均不存在显著的相关性。进一步，列（6）的结果表明，相对而言，Level 4 组和 Level 5 组的企业具有较低的能源密集度，且纯出口企业的能源密集度最低。该结果说明，出口强度较高的企业能源密集度较低。此外，列（7）的结果表明，出口强度越高的企业劳动生产率越低。其中，纯出口企业的劳动生产率最低，该结果与 Lu 等（2014）的发现一致。上述结果支持本章结论，即产出规模、能源密集度和劳动生产率为企业出口强度与污染排放之间的中间渠道。基于上述分析，本章基准回归的结论在替换核心变量后依旧稳健。

（2）采用其他污染物。对于不同的污染物，贸易对污染排放具有差异化的影响（Cole & Elliott, 2003；Managi et al., 2009；Gumilang et al., 2011）。因此，采用其他污染物（NO_x、烟尘和粉尘）进行稳健性检验，并报告于表 5.4 的 Panel B 至 Panel D。从列（1）的结果看，对于三种污染物，出口强度越高的企业的污染排放量越少。进一步，列（2）~列（7）的结果表明，出口强度较高的企业具有较小的产出规模以及较低的能源密集度和劳动生产率。这些结果支持本章结论，即出口强度较高的企业污染排放量较少，且主要是由于生产规模渠道和能源密集度渠道的作用。因此，在采用其他污染物的情形下本章基准回归的结论依然稳健。

（3）剔除极端值。在本章采用的企业样本中存在一些污染排放极端高及低的企业，可能会导致估计结果的偏差。为排除极端值对结果的潜在干扰，将剔除所有样本中污染排放量排在前后 1% 的极端样本。在剔除极端样本后，污染排放量的标准误差与均值的比值由 7.5863 下降至 3.3247，呈现明显的下降。采用处理后的样本进行重新估计，并报告于表 5.4 的 Panel E 中。从 Panel E 的结果来看，出口强度较高的企业的污染排放量较少，且这类企业具有较小的产出规模，较低的能源密集度和劳动生产率。出口参与度较高的企业较清洁，主要由于产出规模和能源密集度两个渠道的作用。因此，本章基准回归的结果在剔除极端值后依然稳健。

（4）剔除纯出口企业。在本章的企业样本中存在 869 个纯出口企业样本，占总样本的 8.5%。一方面，纯出口企业仅在国外市场进行销售，它们的出口强度等于 1，且不易改变。另一方面，相对于其他出口企业，纯出口企业具有不同的企业特征，如较低的生产率（Lu et al.，2014）。因此，将纯出口企业从研究样本中剔除，对结果进行重新估计，并报告于表5.4的 Panel F 中。结果表明，出口强度较高的企业具有较少的污染排放，且生产规模较小，能源密集度和劳动生产率较低。由于生产规模渠道和能源密集度渠道的影响，以至于这类企业的污染排放量较少。因此，在剔除纯出口企业后，本章基准回归的结果依然稳健。

（5）不同时期的样本。考虑到企业出口强度与环境表现的相关性可能会随时间变化，分别采用2006年和2007年的子样本对结果进行重新估计，并报告于表5.4的 Panel G 和 Panel H 中。对于2006年和2007年的样本，出口强度较高的企业的污染排放量均较低，且具有较低的产值、能源密集度和劳动生产率。此外，这类企业之所以具有较少的污染排放量，主要因为它们较小的生产规模和较低的能源密集度。因此，当采用不同时期的子样本进行估计时，本章基准回归的结果依旧稳健。

（二）出口强度变化的影响效应

上述结果揭示企业出口强度与环境表现之间的相关性，即不同出口强度的企业的自身特点。进一步，采用倍差匹配法检验企业出口强度提高和降低对其环境表现的因果效应。

基于式（5.17）和式（5.18）采用 Probit 模型估计倾向得分分别检验与出口强度提高和降低存在相关性的协变量，只有相关的变量才能用于匹配。表5.5报告倾向得分估计的结果。其中，列（1）和列（2）以企业是否提高出口强度作为因变量，列（3）和列（4）以是否降低出口强度作为因变量。列（1）和列（3）的协变量包括分解自污染排放量的企业环境表现以及式（5.6）的所有企业特征，作为比较，列（2）和列（4）为剔除与企业出口强度变化不相关的协变量的估计结果。从列（1）和列（3）的结果看，存在部分不显著的协变量。具体而言，产出规模更小、劳动生产率更高、资本密集度和利润率更低、成立时间更短的企业以及外资企业更可能提高出口强度；产出规模更小、成立时间更短的企业和非国有企业降低出口强度的可能性更大。进一步，仅保留存在相关性的协变量估计倾向得分，并报告于列（2）和列（4）中。

表5.5 倾向得分估计：提高和降低出口强度

	提高出口强度		降低出口强度	
	（1）	（2）	（3）	（4）
$\ln Output_{isp,t-1}$	-0.1666***	-0.1594***	-0.1762***	-0.1468***
	(0.0329)	(0.0316)	(0.0310)	(0.0238)
$\ln ET_{isp,t-1}$	-0.0010		-0.0087	
	(0.0366)		(0.0340)	
$\ln EL_{isp,t-1}$	-0.0268		0.0132	
	(0.0251)		(0.0245)	
$\ln LP_{isp,t-1}$	0.1256**	0.0851*	0.0734	
	(0.0563)	(0.0504)	(0.0535)	
$\ln KL_{isp,t-1}$	-0.0259		0.0207	
	(0.0391)		(0.0380)	
$\ln Subsidy_{isp,t-1}$	0.0028		-0.0063	
	(0.0114)		(0.0110)	
$\ln AWage_{isp,t-1}$	-0.1971**	-0.1965**	-0.0823	
	(0.0827)	(0.0813)	(0.0783)	
$\ln Profit_{isp,t-1}$	-0.0384*	-0.0399*	-0.0016	
	(0.0212)	(0.0210)	(0.0212)	
$Age_{isp,t-1}$	-0.0060**	-0.0054**	-0.0057**	-0.0074***
	(0.0027)	(0.0027)	(0.0027)	(0.0026)
$SOE_{isp,t-1}$	0.2251		-0.3300*	-0.3780**
	(0.1563)		(0.1857)	(0.1830)
$Foreign_{isp,t-1}$	0.1710**	0.1517**	0.0731	
	(0.0754)	(0.0742)	(0.0715)	
部门和省份固定效应	YES	YES	YES	YES
样本数量	2711	2711	2748	2748
Pseudo R²	0.07	0.07	0.07	0.07

注：小括号内数值为标准误。显著性水平：***1%、**5%和*10%。

根据倾向得分，采用最邻近匹配方法对处理组和对照组的企业样本进行匹配。在完成匹配后进行 PSM 的平衡性条件检验，即比较匹配前后两组样本的特征差异，并报告于表 5.6 中。根据 Smith 和 Todd（2005）的做法，计算匹配前后两组样本的协变量的标准偏差，如果匹配后标准偏差下降得越明显，则该匹配的效果越好。从表 5.6 的 Panel A 和 Panel B 来看，匹配后处理组和对照组之间企业特征的标准偏差出现明显的下降。该结果表明，PSM 方法有效地剔除处理组与对照组之间在企业特性上的差异。

表 5.6　处理组与对照组的企业特征比较

变量	处理	均值		标准偏差（％）	标准偏差减少幅度（％）
		处理组	对照组		
Panel A：出口强度提高					
$\ln Output_{isp,t-1}$	未匹配	11.575	12.174	− 42.7	
	匹配	11.586	11.631	− 3.2	92.4
$\ln LP_{isp,t-1}$	未匹配	5.7546	5.8484	− 10.4	
	匹配	5.7625	5.7166	5.1	51.1
$\ln AWage_{isp,t-1}$	未匹配	2.6438	2.7647	− 25	
	匹配	2.6483	2.6566	− 1.7	93.1
$\ln Profit_{isp,t-1}$	未匹配	− 3.7938	− 3.5437	− 16	
	匹配	− 3.7893	− 3.9152	8.1	49.7
$Age_{isp,t-1}$	未匹配	14.500	18.545	− 28.6	
	匹配	14.597	15.173	− 4.1	85.8
$Foreign_{isp,t-1}$	未匹配	0.3538	0.2913	13.4	
	匹配	0.3540	0.3514	0.6	95.9
Panel B：出口强度下降					
$\ln Output_{isp,t-1}$	未匹配	11.632	12.184	− 39.9	
	匹配	11.632	11.597	2.5	93.7
$Age_{isp,t-1}$	未匹配	14.007	18.478	− 33.6	
	匹配	14.007	13.793	1.6	95.2
$SOE_{isp,t-1}$	未匹配	0.0198	0.0755	− 26.4	
	匹配	0.0198	0.0352	− 7.3	72.4

基于式（5.19）和式（5.20），计算平均处理效应（ATT）检验企业

出口强度提高和降低对其环境表现的因果效应，并报告于表 5.7 中。其中，Panel A 和 Panel B 报告出口强度提高的影响效应，Panel C 和 Panel D 报告出口强度降低的效应。Panel A 和 Panel C 为采用分解自污染排放量的企业环境表现以及式（5.6）的所有企业特征作为协变量的估计结果。考虑到只有与企业改变出口强度相关的变量才能用于匹配，Panel B 和 Panel D 为剔除不相关协变量的估计结果。从 Panel A 和 Panel B 的结果来看，企业出口强度的提高对其污染排放量以及分解自排放量的环境表现均不存在显著的影响[①]。该结果说明，虽然出口强度较高的企业较清洁，但提高出口参与度或加强与国外市场的联系不能使它们进一步提高环境表现。此外，从 Panel C 和 Panel D 的结果来看，企业出口强度的下降同样不会显著地影响它们的环境表现，说明当企业降低出口参与度时，它们的环境表现不会改变。

表 5.7 出口强度变化对环境表现的影响效应

	污染排放量	排放强度	产出规模	排放技术	能源效率	能源密集度	劳动生产率
	（1）	（2）	（3）	（4）	（5）	（6）	（7）
Panel A：出口强度提高、全部协变量（样本数量：2681）							
$ATT^{Increase}$	-0.0731	-0.0884	0.0153	-0.0065	0.0819	-0.1059 *	-0.0240
	（0.0791）	（0.0819）	（0.0280）	（0.0680）	（0.0623）	（0.0615）	（0.0318）
Panel B：出口强度提高、剔除不相关协变量（样本数量：2666）							
$ATT^{Increase}$	-0.0680	-0.1019	0.0338	-0.0864	0.0155	0.0184	0.0339
	（0.0808）	（0.0834）	（0.0262）	（0.0667）	（0.0624）	（0.0618）	（0.0284）
Panel C：出口强度降低、全部协变量（样本数量：2681）							
$ATT^{Decrease}$	-0.0212	-0.0514	0.0302	0.0151	0.0665	-0.0263	0.0402
	（0.0726）	（0.0762）	（0.0251）	（0.0578）	（0.0595）	（0.0574）	（0.0293）
Panel D：出口强度降低、剔除不相关协变量（样本数量：2687）							
$ATT^{Decrease}$	-0.0648	-0.0995	0.0347	0.0414	0.1410 **	-0.1382 **	0.0028
	（0.0711）	（0.0741）	（0.0238）	（0.0590）	（0.0563）	（0.0543）	（0.0274）

注：小括号内数值为标准误。显著性水平：＊＊＊1%、＊＊5%和＊10%。

---

① 在 Panel A 中，出口强度的提高仅对能源效率产生影响，但该结果包含与企业提高出口强度不相关的协变量，所以本章以 Panel B 的结果作为基准结果。

　　上述结果表明，出口强度的提高或降低均不会对企业环境表现产生显著的影响。在本章所采用的在 2007 年改变出口强度的企业样本中，企业改变出口强度的幅度存在一定的差异。其中，一些企业的出口强度仅提高或降低较小的幅度，而其他企业的出口强度则变化较大的幅度。鉴于出口强度提高或降低不同的幅度可能会对企业的环境表现产生差异化的影响，分别检验出口强度变化较小及较大幅度的影响效应。其中，企业出口强度取值范围的变化越大，即提高或降低的 Level 越多，则它们的出口强度变化的幅度越大。如果企业提高（或降低）出口强度一个 Level，则定义该企业的出口强度提高（或降低）较小幅度；如果企业提高（或降低）出口强度 2～4 个 Level，则定义该企业的出口强度提高（或降低）较大幅度。表 5.8 报告出口强度提高和降低不同幅度时的估计结果。其中，Panel A 和 Panel B 为企业出口强度提高不同幅度的影响效应，Panel C 和 Panel D 为出口强度降低不同幅度的效应。

表 5.8　出口强度变化不同幅度

	污染排放量	排放强度	产出规模	排放技术	能源效率	能源密集度	劳动生产率
	（1）	（2）	（3）	（4）	（5）	（6）	（7）
Panel A：提高较小的幅度（一个 Level）（样本数量：2547）							
$ATT^{Increase}$	-0.2220***	-0.2742***	0.0522*	-0.1591**	0.1151*	-0.0868	0.0283
	（0.0819）	（0.0852）	（0.0286）	（0.0699）	（0.0650）	（0.0664）	（0.0320）
Panel B：提高较大的幅度（二至四个 Level）（样本数量：1309）							
$ATT^{Increase}$	0.0325	0.0855	-0.0530	0.0426	-0.0429	-0.0061	-0.0490
	（0.1559）	（0.1727）	（0.0721）	（0.1162）	（0.1658）	（0.1612）	（0.0974）
Panel C：降低较小的幅度（一个 Level）（样本数量：2607）							
$ATT^{Decrease}$	-0.0092	-0.0012	-0.0080	0.0742	0.0755	-0.0493	0.0262
	（0.0808）	（0.0835）	（0.0253）	（0.0655）	（0.0627）	（0.0627）	（0.0305）
Panel D：降低较大的幅度（二至四个 Level）（样本数量：1345）							
$ATT^{Decrease}$	-0.1483	-0.2657	0.1174	0.0843	0.3500**	-0.2571**	0.0929
	（0.1634）	（0.1820）	（0.0859）	（0.1332）	（0.1387）	（0.1240）	（0.0850）

注：小括号内数值为标准误。显著性水平：***1%、**5% 和 *10%。

从 Panel A 的结果来看，出口强度提高较小的幅度（一个 Level）有利于降低企业的污染排放量。将污染排放量分解为排放强度和产出规模，可以发现企业的出口强度提高较小幅度可以在不减少产出的情形下显著地降低排放强度。通过进一步的分解，出口强度的小幅度提高有助于提高减排技术和能源效率，但对能源密集度及劳动生产率没有显著的影响。该结果表明，较小幅度地提高出口参与度可以帮助企业从国外获得更先进的减排技术以及生产技术，并引致排放强度的下降，从而减少污染排放量。观察 Panel B 的结果可以发现出口强度提高较大的幅度（2～4 个 Level）对企业环境表现的影响不显著。因此，只有出口强度提高较小的幅度才有利于企业污染减排，而且排放减少主要源自减排技术和生产技术的共同进步。此外，从 Panel C 和 Panel D 的结果来看，出口强度降低较大或较小的幅度均对企业环境表现不存在显著的影响。

（三）异质性检验

上述结果讨论企业出口强度与环境表现的相关性，以及出口强度变化的影响效应。鉴于不同类型的企业具有不同的出口强度、环境表现和特征，进一步依据所有制类型、工业部门和省份构建子样本对结果进行异质性分析。

1. 不同所有制类型

所有制改革是中国经济发展的重要内容，包括市场化改革国有企业、发展非国有内资企业以及引进具有先进技术的外资企业。与第四章一致，本章将所有样本区分为国有企业、非国有内资企业和外资企业，并从不同所有制类型的视角考察企业出口强度与环境表现的异质性关系。基于本章的研究样本，国有企业、非国有内资企业和外资企业的平均出口强度分别为 0.1659、0.3980 和 0.6090。其中，外资企业的平均出口强度最高，出口额占销售额的比重超过 50%，其次是非国有内资企业。此外，国有企业的出口强度最低，而且由于国有企业的决策主要受政府管控，它们的出口强度不易改变。表 5.9 报告基于不同所有制类型的异质性结果，包括出口强度与环境表现的相关关系以及出口强度变化的影响效应。

表 5.9　基于所有制类型的异质性结果：出口强度与环境表现

	污染排放量	排放强度	产出规模	排放技术	能源效率	能源密集度	劳动生产率
	（1）	（2）	（3）	（4）	（5）	（6）	（7）
Panel A：国有企业、相关性分析（样本数量：631）							
$EXI_{isp,t-1}$	−0.8561*	−0.1240	−0.7322***	0.3309	0.4549	−0.3009	0.1540
	（0.4530）	（0.3918）	（0.2784）	（0.2839）	（0.3724）	（0.3511）	（0.1402）
调整后 R^2	0.55	0.40	0.64	0.14	0.43	0.53	0.65
Panel B：非国有内资企业、相关性分析（样本数量：6775）							
$EXI_{isp,t-1}$	−0.6229***	0.0612	−0.6841***	−0.0115	−0.0727	−0.0963	−0.1690***
	（0.0710）	（0.0696）	（0.0483）	（0.0389）	（0.0651）	（0.0608）	（0.0288）
调整后 R^2	0.28	0.20	0.40	0.12	0.25	0.34	0.46
Panel C：非国有内资企业、出口强度提高（样本数量：1568）							
$ATT^{Increase}$	0.0142	0.0065	0.0076	0.0907	0.0842	−0.0962	−0.0120
	（0.1107）	（0.1134）	（0.0325）	（0.0849）	（0.0795）	（0.0797）	（0.0405）
Panel D：非国有内资企业、出口强度降低（样本数量：1665）							
$ATT^{Decrease}$	−0.1107	−0.1267	0.0160	0.0200	0.1467**	−0.1356*	0.0111
	（0.0916）	（0.0964）	（0.0299）	（0.0721）	（0.0750）	（0.0733）	（0.0345）
Panel E：外资企业、相关性分析（样本数量：2864）							
$EXI_{isp,t-1}$	−0.5719***	−0.2400***	−0.3319***	−0.0385	0.2015**	−0.3887***	−0.1872***
	（0.0909）	（0.0899）	（0.0644）	（0.0502）	（0.0831）	（0.0780）	（0.0373）
调整后 R^2	0.32	0.21	0.42	0.15	0.25	0.41	0.59
Panel F：外资企业、出口强度提高（样本数量：732）							
$ATT^{Increase}$	−0.3076**	−0.4199***	0.1123**	−0.2716*	0.1483	−0.1343	0.0141
	（0.1332）	（0.1400）	（0.0531）	（0.1464）	（0.1359）	（0.1424）	（0.0592）
Panel G：外资企业、出口强度降低（样本数量：746）							
$ATT^{Decrease}$	−0.0097	−0.0373	0.0276	0.0481	0.0853	−0.0611	0.0243
	（0.1120）	（0.1195）	（0.0442）	（0.0911）	（0.0999）	（0.1008）	（0.0556）

注：Panel A、Panel B 和 Panel E 的估计结果均控制企业特征、各类固定效应以及环境规制。小括号内数值为标准误。显著性水平：***1%、**5% 和 *10%。

Panel A 为针对国有企业的估计结果。由于在本章采用的企业数据中，国有企业的样本数量较少，且它们的出口强度不易改变，所以只能对该类企业进行相关性分析①。从 Panel A 的结果来看，出口强度较高的国有企业

① 如果本章检验出口强度提高和降低对国有企业的影响，样本数量仅分别有 46 个和 14 个。

具有较少的污染排放量，且该效应大于其他所有制类型的企业以及本章基准回归的结果。然而，对于国有企业，出口参与度较高的企业之所以污染排放量较少，完全归功于它们较小的生产规模。与本章基准回归的结果相比较，出口强度较高的国有企业没有在生产中雇用相对更多的劳动力，也不存在劳动生产率的差异。可能的解释在于：国有企业主要受政府管控，缺乏灵活性（刘瑞明，2012；Li et al.，2018），不依据要素投入结构、生产技术等特征决定出口参与度。

Panel B 至 Panel D 为针对非国有内资企业的估计结果。从 Panel B 的结果来看，对于非国有内资企业，出口强度较高的企业具有较少的污染排放量，且主要由于它们较小的产出规模。此外，这类企业的劳动生产率相对较低。进一步，Panel C 和 Panel D 的结果表明，无论出口强度提高或降低均不会显著地影响非国有内资企业的污染排放。

Panel E 至 Panel G 为针对外资企业的估计结果。从 Panel E 的结果来看，出口强度较高的外资企业的污染排放量较少，且主要是因为这类企业较小的生产规模和较低的能源密集度。此外，这类企业具有较低的劳动生产率。不同于基准回归的结果，列（6）对于能源密集度的系数绝对值远大于列（7）对于劳动生产率的系数绝对值，两者的净效应使得出口强度较高的企业具有更高的能源效率，排放强度更低。可能的解释为：与国外市场关系更紧密的外资企业通常是跨国企业的子公司，而跨国企业在华投资主要为了充分利用低成本的劳动力优势（Lu et al.，2010），则相对于其他企业，出口强度较高的外资企业雇用更多的劳动力。进一步，Panel F 的结果表明，对于外资企业，提高出口参与度有助于污染排放量的减少以及排放强度的下降，且减排效应主要来源于减排技术的提高。该结果表明，当外资企业加强与出口市场的联系时，它们能从国外获取更先进的减排技术和设备。Panel G 的结果表明出口强度的降低不会对外资企业的环境表现产生显著的影响。

2. 不同工业部门

中国已进入产业转型升级的时期。长期以来，中国的劳动密集型部门具有比较优势，但这类部门的发展不利于对外贸易的长期、可持续发展（戴翔，2015），而技术密集型和资本密集型部门是产业转型的重点部门。与第四章一致，本章将所有样本区分为来自技术密集型、资本密集型和劳动密集型部门的企业①，并从不同工业部门的视角考察企业出口强度与环境表现的异质性关系。基于本章的研究样本，技术密集型、资本密集型和劳动密集型部门的企业平均出口强度分别为 0.4286、0.3491 和 0.5960。其中，劳动密集型部门的企业的出口强度最高，且超过 0.5，反映该部门产品出口的比较优势较强，其次是技术密集型部门。表 5.10 报告基于不同工业部门的异质性结果。

表 5.10 基于工业部门的异质性结果：出口强度与环境表现

	污染排放量	排放强度	产出规模	排放技术	能源效率	能源密集度	劳动生产率
	(1)	(2)	(3)	(4)	(5)	(6)	(7)
Panel A：技术密集型部门、相关性分析（样本数量：2114）							
$EXI_{isp,t-1}$	− 0.2370 *	0.2433 **	− 0.4803 ***	0.0055	− 0.2378 **	0.1214	− 0.1165 **
	(0.1240)	(0.1233)	(0.0912)	(0.0686)	(0.1109)	(0.1034)	(0.0489)
调整后 R^2	0.24	0.24	0.45	0.18	0.26	0.31	0.48
Panel B：技术密集型部门、出口强度提高（样本数量：558）							
$ATT^{Increase}$	0.1541	0.0199	0.1342 *	0.0660	0.0461	0.0781	0.1242
	(0.1624)	(0.1741)	(0.0763)	(0.1006)	(0.1550)	(0.1470)	(0.0818)
Panel C：技术密集型部门、出口强度降低（样本数量：565）							
$ATT^{Decrease}$	0.0631	− 0.0333	0.0964 *	0.0275	0.0608	− 0.0270	0.0338
	(0.1527)	(0.1574)	(0.0552)	(0.1431)	(0.1023)	(0.0952)	(0.0512)
Panel D：资本密集型部门、相关性分析（样本数量：3629）							
$EXI_{isp,t-1}$	− 0.8367 ***	− 0.0609	− 0.7759 ***	0.0056	0.0665	− 0.3631 ***	− 0.2966 ***
	(0.1173)	(0.1069)	(0.0699)	(0.0691)	(0.1000)	(0.0915)	(0.0437)
调整后 R^2	0.32	0.15	0.56	0.13	0.21	0.24	0.51

---

① 本章采用研发投入占主营业务收入的比重和资本密集度对工业部门进行分类，方法与第四章的部门分类方法一致。

	污染排放量	排放强度	产出规模	排放技术	能源效率	能源密集度	劳动生产率
	(1)	(2)	(3)	(4)	(5)	(6)	(7)
Panel E：资本密集型部门、出口强度提高（样本数量：751）							
$ATT^{Increase}$	-0.2570*	-0.2678*	0.0108	-0.3318***	-0.0640	0.0991	0.0350
	(0.1403)	(0.1414)	(0.0367)	(0.1248)	(0.0904)	(0.0899)	(0.0423)
Panel F：资本密集型部门、出口强度降低（样本数量：837）							
$ATT^{Decrease}$	-0.1644	-0.1743	0.0099	-0.0162	0.1581	-0.1640	-0.0059
	(0.1400)	(0.1458)	(0.0446)	(0.1061)	(0.1077)	(0.1020)	(0.0488)
Panel G：劳动密集型部门、相关性分析（样本数量：4527）							
$EXI_{isp,t-1}$	-0.6073***	-0.1188*	-0.4885***	-0.0167	0.1022	-0.2290***	-0.1268***
	(0.0700)	(0.0716)	(0.0526)	(0.0357)	(0.0677)	(0.0649)	(0.0303)
调整后 R^2	0.25	0.16	0.26	0.10	0.16	0.25	0.45
Panel H：劳动密集型部门、出口强度提高（样本数量：1134）							
$ATT^{Increase}$	0.0091	-0.0061	0.0152	0.0931	0.0992	-0.1855**	-0.0863**
	(0.0891)	(0.0937)	(0.0410)	(0.0660)	(0.0876)	(0.0875)	(0.0418)
Panel I：劳动密集型部门、出口强度降低（样本数量：1134）							
$ATT^{Decrease}$	-0.0504	-0.0762	0.0258	0.0716	0.1477*	-0.1216	0.0262
	(0.0989)	(0.1023)	(0.0328)	(0.0846)	(0.0818)	(0.0824)	(0.0401)

注：Panel A、Panel D 和 Panel G 的估计结果均控制企业特征、各类固定效应以及环境规制。小括号内数值为标准误。显著性水平：***1%、**5%和*10%。

Panel A 至 Panel C 为针对技术密集型部门的估计结果。从 Panel A 的结果来看，对于技术密集型部门，出口强度较高的企业的污染排放量较少，完全是由于它们较小的生产规模。不同于基准回归的结果，这类企业不具有较低的能源密集度，即这类部门中出口强度较高的企业没有在生产中雇用相对更多的劳动力。此外，这类企业的劳动生产率较低，以至于它们的能源效率较低，排放强度较高。可能的解释在于：对于中国的技术密集型部门，多数出口企业为加工贸易企业和外资企业（Lu et al.，2010；Dai et al.，2016），无论出口参与度高或低，均在生产中雇用大量的劳动力，从而在要素投入上不存在显著的差异。此外，中国技术密集型部门的竞争力普遍不强（文东伟等，2009；戴翔，2015），生产技术较落后的企业倾向于利用出口导向的税收减免政策,提高出口参与度(Dai et al.,2016)。此外,Panel B 和 Panel C 的结果表明,提高或降低出口强度对企业的环境表现均不存在显著的影响。

Panel D 至 Panel F 为针对资本密集型部门的估计结果。从 Panel D 的结果来看,对于资本密集型部门,出口强度较高的企业具有较少的污染排放量,且该效应大于其他部门以及基准回归的结果。这类企业之所以排放量较少,主要因为它们较小的产出规模以及较低的能源密集度。此外,这类企业的劳动生产率相对较低。Panel E 的结果表明,对于高污染的资本密集型部门,企业出口强度的提高可以在不影响产出规模的情况下,减少污染排放,且污染减排效应主要是由于减排技术的改善。该结果说明,对于这类高污染的部门,加强与国外市场的联系有利于企业从外部获得先进的减排技术和设备,从而降低排放强度,减少排放量。此外,根据 Panel F 的结果,出口强度的降低不会影响企业的环境表现。

Panel G 至 Panel I 为针对劳动密集型部门的估计结果。从 Panel G 的结果来看,对于劳动密集型部门,出口强度较高的企业的污染排放量较少,主要因为这类企业较小的产出规模和较低的能源密集度,且它们的劳动生产率较低。与基准回归不同,由于列(6)能源密集度的系数绝对值大于列(7)劳动生产率的系数绝对值,出口强度较高的企业具有较低的排放强度。可能的原因为:在劳动密集型部门,出口依存度较高的企业在生产中更密集地雇用具有比较优势、低成本的劳动力。Panel H 和 Panel I 的结果表明,对于劳动密集型部门,出口强度的提高和下降均不会显著地影响企业的污染排放。

3. 不同区域

中国存在突出的区域发展不平衡的问题。扩大内陆地区开放,促进区域的平衡发展,已成为当前区域经济发展的重点任务。与第四章一致,本章将所有样本区分为位于沿海和内陆省份的企业,并从不同区域的视角,考察企业出口强度与环境表现的异质性关系。基于本章的研究样本,沿海和内陆省份的企业的平均出口强度分别为 0.5357 和 0.2745。其中,沿海省份的企业的出口强度较高，且超过 0.5，反映这些地区的贸易成本较低，更适合企业开展出口贸易。表 5.11 报告基于不同区域的异质性结果。

表 5.11　基于区域的异质性结果：出口强度与环境表现

	污染排放量	排放强度	产出规模	排放技术	能源效率	能源密集度	劳动生产率
	（1）	（2）	（3）	（4）	（5）	（6）	（7）
Panel A：沿海省份、相关性分析（样本数量：6786）							
$EXI_{isp,t-1}$	- 0.6578 ***	- 0.1400 **	- 0.5178 ***	- 0.0014	0.1386 **	- 0.2956 ***	- 0.1570 ***
	（0.0603）	（0.0587）	（0.0439）	（0.0313）	（0.0559）	（0.0534）	（0.0249）
调整后 R^2	0.33	0.22	0.42	0.07	0.24	0.36	0.53
Panel B：沿海省份、出口强度提高（样本数量：1841）							
$ATT^{Increase}$	- 0.0304	- 0.0764	0.0460	- 0.0263	0.0501	- 0.0691	- 0.0191
	（0.0853）	（0.0904）	（0.0331）	（0.0674）	（0.0717）	（0.0730）	（0.0377）
Panel C：沿海省份、出口强度降低（样本数量：1921）							
$ATT^{Decrease}$	- 0.0106	- 0.1048	- 0.0007	- 0.0507	0.0541	- 0.0222	0.0318
	（0.0857）	（0.0905）	（0.0287）	（0.0734）	（0.0653）	（0.0636）	（0.0326）
Panel D：内陆省份、相关性分析（样本数量：3484）							
$EXI_{isp,t-1}$	- 0.4922 ***	0.1894	- 0.6816 ***	0.0024	- 0.1870 *	- 0.0003	- 0.1873 ***
	（0.1263）	（0.1213）	（0.0776）	（0.0749）	（0.1099）	（0.1000）	（0.0475）
调整后 R^2	0.29	0.21	0.47	0.17	0.28	0.39	0.47
Panel E：内陆省份、出口强度提高（样本数量：699）							
$ATT^{Increase}$	- 0.0382	- 0.0337	- 0.0045	0.0370	0.0706	0.0192	0.0898
	（0.1850）	（0.1859）	（0.0457）	（0.1711）	（0.1167）	（0.1122）	（0.0581）
Panel F：内陆省份、出口强度降低（样本数量：664）							
$ATT^{Decrease}$	- 0.0521	- 0.2105	0.1584 ***	0.0903	0.3008 **	- 0.1852	0.1156 *
	（0.1595）	（0.1644）	（0.0492）	（0.1399）	（0.1285）	（0.1328）	（0.0673）

注：Panel A 和 Panel D 的估计结果均控制企业特征、各类固定效应以及环境规制。小括号内数值为标准误。显著性水平：＊＊＊1%、＊＊5% 和 ＊10%。

Panel A 至 Panel C 为针对沿海省份的估计结果。从 Panel A 的结果来看，对于沿海区域，出口强度较高的企业排放较少的污染物，且该环境表现的优势大于内陆区域及基准回归的结果。出口参与度较高的企业排放量较少主要由于较小的产出规模和较低的能源密集度。此外，这类企业的劳动生产率较低。相比之下，出口强度对能源密集度的影响大于对劳动生产率的影响，所以出口强度较高的企业的能源效率较高，且排放强度较低。可能的解释在于：在沿海地区，贸易成本相对较低，有利于吸引出口参与度较高的加工贸易企业和外资企业，而这些企业在生产中雇用相对较多的劳动力。Panel B 和 Panel C 表明，出口强度的提高或降低都不会影响企业的环境表现。

Panel D 至 Panel F 为针对内陆省份的估计结果。从 Panel D 的结果来看，对于内陆区域，出口强度较高的企业的污染排放量较少，且完全归功于较小的生产规模。此外，这类企业具有较低的劳动生产率和能源效率。此外，Panel E 和 Panel F 的结果表明，提高和降低出口参与度均不会显著地影响企业的污染排放。

五、本章小结

本章在第四章发现出口企业相对更清洁的基础上，进一步讨论企业出口是否越多越好？即采用中国工业企业数据以及环境统计重点工业企业数据，实证分析企业出口强度与环境表现之间的关系。具体而言，第一，提出一种企业污染排放的分解方法，将污染排放分解为产出规模、排放技术、能源密集度和劳动生产率，揭示出口强度与污染排放的中间渠道。第二，采用计量经济学模型检验企业出口强度与污染排放的相关性，以及两者之间的中间渠道。第三，通过替换核心变量、其他污染物、剔除极端值、剔除纯出口企业和不同时期的样本检验基准回归结果的稳健性。第四，借鉴 Heckman 等（1997，1998）、De Loecker（2007）的倍差匹配法设计一个识别出口强度变化的框架，考察出口强度的提高和下降对企业环境表现的因果效应。第五，从所有制类型、工业部门和区域的视角分析企业出口强度与环境表现的异质性关系。

　　整体而言，本章的研究结论主要包括如下方面：第一，出口强度较高的企业的污染排放量较少，且主要是因为这类企业具有较小的产出规模和较低的能源密集度。此外，这类企业的劳动生产率较低。第二，本章基准回归的结果在替换核心变量、采用其他污染物、剔除极端值、剔除纯出口企业和采用不同时期的样本重新估计时依然稳健。第三，只有在企业的出口强度提高较小幅度的情形下才有助于减少它们的污染排放，且该减排效应主要得益于减排技术的升级和能源效率的提高。第四，对于不同所有制类型、工业部门以及区域，企业出口强度与环境表现的关系存在异质性。其中，对于国有企业、非国有内资企业、技术密集型部门和内陆省份，出口强度较高的企业具有较少的污染排放量，完全是由于它们较小的生产规模。此外，仅对于外资企业以及资本密集型部门，出口强度的提高有助于企业环境表现的改善。

　　本章的研究结果很好地解答本章开始时提出的问题，即企业出口是否越多越好？对于该问题的答案是否定的，虽然出口企业相对更清洁，但企业出口并非越多越好。原因在于：第一，虽然出口参与度较高的企业的污染排放较少，但这主要是因为这类企业的生产规模较小，以及在生产中投入相对较少的能源，而不是拥有较高的技术水平。第二，仅当企业出口参与度提高较小的幅度时才有助于污染减排，而当出口参与度提高的幅度较大时，对它们的环境表现没有显著的影响。这一关系对于不同所有制类型、工业部门和区域的企业均存在异质性。这些结论对辅助政府促进企业出口、实现污染减排和推动经济转型均具有重要的政策启示。

　　值得注意的是，出口强度较高的企业的污染排放量较少，而这类企业通常属于加工贸易企业。此外，加工贸易在中国出口贸易中占据非常重要的地位，且加工贸易企业本身具有一定的特殊性（Dai et al.，2016；李春顶等，2010；余淼杰，2011；戴觅等，2014），那么加工贸易企业与一般贸易企业是否在污染排放上存在差异呢？本书将在下一章节中对此进行讨论。

第六章
加工贸易与环境污染

一、引言

本书的第四章和第五章已分别对企业出口行为和出口强度与污染排放的关系进行研究，并发现与现有研究①相似的结论，即出口企业以及出口参与度更高的企业更清洁。然而，与发达国家不同，加工贸易在中国出口贸易中占据重要的地位，是中国参与全球价值链分工的主要形式（马述忠等，2017；毛其淋，2019）。加工贸易企业与一般贸易企业在各方面存在较大的差异，包括享受差别化的贸易政策，面对不相等的生产和贸易成本，具有不同的生产组织形式，以至于加工贸易企业的生产率较低，劳动密集度较高（Dai et al.，2016；李春顶等，2010；余淼杰，2011；戴觅等，2014）。鉴于加工贸易在中国出口贸易的地位以及加工贸易企业的特

---

① 例如，Galdeano - Gomez（2010）、Cui 等（2012，2016）、Batrakova 和 Davies（2012）、Holladay（2016）、Forslid 等（2018）发现出口企业相对更清洁，Richter 和 Schiersch（2017）则发现出口强度更高的企业碳排放效率更高。

殊性，在研究中国的企业行为时，区分加工贸易与一般贸易是非常重要的（Dai et al.，2016；戴觅等，2014）。一方面，加工贸易企业的生产率较低（Dai et al.，2016；戴觅等，2014），很容易产生加工贸易企业污染排放更多的直观印象；另一方面，加工贸易企业通常属于劳动密集型企业，这类企业相对更清洁。那么，加工贸易企业的污染排放更多或更清洁？

此外，随着中国人口老龄化，人口红利逐步消融（蔡昉，2010），导致劳动力成本的日渐上涨，加工贸易发展的要素成本优势逐步消失，已有很多加工贸易企业开始转型（铁瑛等，2018）。另外，中国贸易政策已经发生转变①，加工贸易企业转型已成为必然趋势（毛其淋，2019）。那么，加工贸易企业转型会造成怎样的环境影响？为此，本章研究加工贸易企业与一般贸易企业在污染排放上的差异，以及加工贸易转型对企业污染排放的影响，具有重要的理论价值和现实意义。

针对上述问题，现有文献已进行一些相关研究，但尚未给出明确的解答，有待探索。第一，现有针对企业出口与环境表现的研究没有对加工贸易与一般贸易加以区分。考虑到加工贸易在中国的重要性及其本身的特殊性，研究加工贸易企业与一般贸易企业在污染排放上的差异十分重要。第二，虽然现有文献已分析加工贸易企业与一般贸易企业的特征差异，但主要聚焦于生产率等方面（Dai et al.，2016；李春顶等，2010；余淼杰，2011；戴觅等，2014）。作为一种重要的企业特征，现有研究仍未分析两类企业在污染排放的差异。第三，虽然现有文献对加工贸易企业转型进行讨论，但主要关注加工贸易转型的原因或推动因素（马述忠等，2017；余淼杰和崔晓敏，2018；铁瑛等，2018；毛其淋，2019），少有文献检验加工贸易企业转型的影响效应，尤其未涉及这一转型对企业污染排放的影响。

---

① 2003 年 10 月，《中共中央关于完善社会主义市场经济体制若干问题的决定》指出，吸引跨国公司把更高技术水平和附加值的制造环节和研发机构转移至中国，促进加工贸易转型。2007 年 10 月，党的十七大报告提及，加快转变贸易的增长方式，提高出口产品质量，调整进出口结构，推动加工贸易转型。2016 年 1 月，国务院印发《关于促进加工贸易创新发展的若干意见》，提出引进高技术、高附加值的制造和生产服务环节，加快加工贸易转型，向全球价值链的高端环节攀升。

针对上述的现实背景以及研究现状，本章利用中国工业企业数据、海关数据以及环境统计重点工业企业数据实证研究企业从事加工贸易和一般贸易与污染排放的关系，以及加工贸易转型的影响。本章的作用在于：在第三章的理论分析以及第四章和第五章研究企业出口与污染排放的关系的基础上，进一步区分加工贸易和一般贸易，分析不同贸易方式与污染排放的关系以及加工贸易转型的影响，检验假说 3 和假说 4。具体而言，第一，采用计量经济学模型以劳动生产率和能源密集度作为中间渠道分析加工贸易企业和一般贸易企业在污染排放上的差异，并检验假说 3 和假说 4。第二，为保证结果的稳健性，进行一系列的稳健性检验。第三，考虑到企业在加工贸易参与度上的差异，讨论企业的加工贸易强度与污染排放的关系。第四，从所有制类型、所在部门和区域视角考察企业从事加工贸易和一般贸易与污染排放的异质性关系。第五，借鉴 Heckman 等（1997，1998）、De Loecker（2007）的倍差匹配法设计一个识别加工贸易转型因果效应的框架，分析加工贸易转型对企业污染排放的影响。

本章从微观企业视角为加工贸易、一般贸易与污染排放的关系提供最初的经验证据，并识别加工贸易转型的因果效应。与现有研究相比，本章的贡献在于：第一，最先揭示企业从事加工贸易与一般贸易与其污染排放的关系，发现加工贸易企业更清洁，打破由于加工贸易企业的生产率较低、污染排放较多的直观印象。第二，借鉴 Heckman 等（1997，1998）、De Loecker（2007）的倍差匹配法设计一个识别加工贸易转型因果效应的新颖框架，揭示加工贸易转型对企业污染排放的影响。第三，创新性地从劳动生产率和能源密集度两种渠道揭示加工贸易企业与一般贸易企业在污染排放上存在差异的原因。

本章剩余部分的安排如下：第二部分介绍实证模型与数据；第三部分展示和分析实证结果，并检验假说 3 和假说 4；第四部分为本章小结。

二、实证模型与数据

（一）实证模型

1. 加工贸易、一般贸易与污染排放

根据第三章的理论分析，一方面，相对于一般贸易企业，从事加工贸易的企业的劳动生产率较低，生产率较低的企业污染排放较多；另一方面，加工贸易企业属于劳动密集型企业，这类企业相对更清洁。综合而言，加工贸易企业排放更多污染物或者更清洁取决于两种渠道影响的相对大小。为实证分析企业从事加工贸易或一般贸易与其污染排放的关系，本章以劳动生产率和能源密集度作为中介，设定一组实证模型依次检验假说3和假说4。首先，通过式（6.1）比较加工贸易企业与一般贸易企业在劳动生产率上的差异，即部分地检验假说3。如下：

$$\ln LP_{ispt} = \beta_1 Process_{ispt} + X'\theta + \gamma Regulation_{sp} + \mu_s + \delta_p + \omega_t + \varepsilon_{ispt} \qquad (6.1)$$

式中，下标 i、s、p 和 t 分别代表企业个体、工业部门、省份和年份。LP_{ispt} 为企业的劳动生产率，以工业增加值与从业人员人数的比值表示。该模型以纯一般贸易企业作为基准，$Process_{ispt}$ 为企业是否从事加工贸易的虚拟变量，只要企业有从事加工贸易[①]，$Process_{ispt} = 1$；否则，$Process_{ispt} = 0$。X' 为其他控制变量，包括能源效率、产出规模、减排设备数量、平均工资、资本密集度、补贴收入、利润率、成立时间和所有制类型。$Regulation_{sp}$ 为企业所处工业部门和省份的环境规制强度。μ_s、δ_p 和 ω_t 分别为

---

① 从事加工贸易的企业包括纯加工贸易企业和既从事加工贸易又从事一般贸易的混合型出口企业。本章将这两类企业综合在一起进行分析，主要因为在本章的数据集中纯加工贸易企业的样本数量较少，如果将其单独作为一个分组，估计结果可能会存在偏差。

工业部门、省份和年份的固定效应。其中，μ_s 和 δ_p 分别控制企业所在部门和省份的特点及政策干扰；ω_t 捕捉因变量随时间变化的趋势以及宏观层面的经济变量，如第三章理论模型的总支出指数和总物价指数；μ_s、δ_p 和 ω_t 共同控制理论模型的固定成本、冰山成本和要素价格。ε_{ispt} 为随机误差项。在式（6.1）中主要关注 β_1，该系数刻画加工贸易企业与一般贸易企业在劳动生产率上的平均差异，预期符号为负。

其次，通过式（6.2）比较加工贸易企业与一般贸易企业在能源密集度上的差异，即进一步检验假说3。如下：

$$\ln EL_{ispt} = \beta_1 Process_{ispt} + X'\theta + \gamma Regulation_{sp} + \mu_s + \delta_p + \omega_t + \varepsilon_{ispt} \tag{6.2}$$

式中，EL_{ispt} 为企业的能源密集度，以能源消耗量与从业人员人数的比值表示，与第四章一致，本章采用煤炭作为投入能源。在式（6.2）中主要关注 β_1，该系数刻画加工贸易企业与一般贸易企业在能源密集度上的平均差异，预期符号为负。此外，根据第三章的理论分析，两类企业在劳动生产率的差异同样导致能源密集度的不同。在相同的生产规模下，劳动生产率较高的企业投入较少劳动力，能源密集度较高。因此，进一步在式（6.2）中控制劳动生产率，对比控制或不控制劳动生产率的情形下两类企业能源密集度的平均差异，区分劳动生产率和能源密集度两种渠道影响的相对大小。

再次，通过式（6.3）考察企业的劳动生产率和能源密集度与其污染排放之间的关系。如下：

$$\ln E_{ispt} = \beta_1 \ln LP_{ispt} + \beta_2 \ln EL_{ispt} + X'\theta + \gamma Regulation_{sp} + \mu_s + \delta_p + \omega_t + \varepsilon_{ispt}$$

$$\tag{6.3}$$

式中，E_{ispt} 为企业的污染排放，同时以污染排放量和排放强度表示[①]，且以 SO_2 作为污染物。考虑到贸易会对不同污染物产生差异化的影响（Cole & Elliott，2003；Managi et al.，2009；Gumilang et al.，2011），本章采用 NO_x、烟尘和粉尘作为污染物做稳健性检验。在式（6.3）中，主要

---

① 与第四章一致，本章的排放强度为污染排放量与产值的比值。

关注 β_1 和 β_2，这两个系数分别刻画当企业的劳动生产率和能源密集度更高时，它们污染排放（包括排放量和排放强度）的平均变化，β_1 和 β_2 的预期符号分别为负和正。

最后，通过式（6.4）比较加工贸易企业与一般贸易企业在污染排放上的差异，即检验假说4。此外，考虑到劳动生产率和能源密集度是两类企业在污染排放上存在差异的中介渠道，进一步设定式（6.5），在控制两种影响渠道的情形下，重新比较两类企业的污染排放差异。如下：

$$\ln E_{ispt} = \beta_1 Process_{ispt} + X'\theta + \gamma Regulation_{sp} + \mu_s + \delta_p + \omega_t + \varepsilon_{ispt} \tag{6.4}$$

$$\ln E_{ispt} = \beta_1 Process_{ispt} + \beta_2 \ln LP_{ispt} + \beta_3 \ln EL_{ispt} + X'\theta + \gamma Regulation_{sp} + \mu_s + \delta_p +$$
$$\omega_t + \varepsilon_{ispt} \tag{6.5}$$

在式（6.4）中，主要关注 β_1，该系数刻画加工贸易企业与一般贸易企业在污染排放上的平均差异。β_1 的符号取决于两种渠道（劳动生产率和能源密集度）对企业污染排放影响的相对大小。若劳动生产率渠道影响较大，则 β_1 为正；若能源密集度渠道影响较大，则 β_1 为负。进一步，比较式（6.4）和式（6.5）的 β_1，即对比控制或不控制影响渠道的情形下两类企业在污染排放上的差异，检验劳动生产率和能源密集度是否是两类企业在污染排放上存在差异的原因。相对于式（6.4）的 β_1，式（6.5）的 β_1 理应有所变化。

在第三章的理论分析中，假说3和假说4是建立在同一企业或能源效率相等的企业，以及相同的产出规模基础上。此外，为简化分析，在理论模型中假定企业仅投入能源和劳动力两种要素，且企业拥有相同的减排技术和设备。而在现实中，企业还在生产中投入资本要素，且具有不同的减排技术。为控制这些变量以及可能影响企业劳动生产率、能源密集度和污染排放的其他因素，在上述模型中控制如下的企业特征：

$$X'\theta = \theta_1 \ln EE_{ispt} + \theta_2 \ln RAdd_{ispt} + \theta_3 Equipment_{ispt} + \theta_4 \ln AWage_{ispt} + \theta_5 \ln KL_{ispt} +$$
$$\theta_6 \ln Subsidy_{ispt} + \theta_7 \ln Profit_{ispt} + \theta_8 Age_{ispt} + \theta_9 SOE_{ispt} + \theta_{10} Foreign_{ispt} \tag{6.6}$$

式中，EE_{ispt} 为企业的能源效率，以工业增加值与能源消耗量的比值表示。$RAdd_{ispt}$ 为相对工业增加值，以工业增加值与所在工业部门、省份和年份的平均水平的比值表示。$Equipment_{ispt}$ 为针对空气污染物的减排设备数量，控制企业的排放技术①。$AWage_{ispt}$ 为平均工资，以总工资与从业人员人数的比值表示。KL_{ispt} 为资本密集度，以固定资产净值与从业人员人数的比值表示。$Subsidy_{ispt}$ 为政府补贴强度，以补贴收入与产值的比值表示。$Profit_{ispt}$ 为利润率，以企业利润与产值的比值表示。Age_{ispt} 为企业的成立时间。SOE_{ispt} 和 $Foreign_{ispt}$ 分别为国有企业和外资企业的虚拟变量。当企业为国有企业时，$SOE_{ispt} = 1$，否则，$SOE_{ispt} = 0$；当企业为外资企业时，$Foreign_{ispt} = 1$，否则，$Foreign_{ispt} = 0$。

第三章的理论模型还假定企业面对相同的环境规制，且很多研究表明环境规制显著地影响污染减排（Henderson，1996；Chay & Greenstone，2005；Shapiro & Walker，2018）。与第四章一致，本章借鉴 Shi 和 Xu（2018）的做法，结合"十一五"规划期间各省份的主要污染物减排目标和各行业的排污强度，量化企业所在省份和行业的环境规制强度（详见第四章）。

此外，在上述模型设定中采用二元变量（从事加工贸易与否）来检验加工贸易和一般贸易与污染排放之间的关系。考虑到本章采用的样本中多数加工贸易企业为既从事加工贸易又从事一般贸易的混合型出口企业。在这些企业中，部分企业以一般贸易为主，部分企业以加工贸易为主。为充分考虑企业参与加工贸易程度的差异，采用加工贸易强度来考察企业参与加工贸易程度与污染排放的关系，相应的模型设定如下：

$$\ln Y_{ispt} = \beta_1 ProcessRatio_{ispt} + X'\theta + \gamma Regulation_{sp} + \mu_s + \delta_p + \omega_t + \varepsilon_{ispt} \quad (6.7)$$

式中，Y_{ispt} 包括企业的劳动生产率、能源密集度和污染排放。$ProcessRatio_{ispt}$ 为企业的加工贸易强度，以加工贸易出口额占总出口额的比重表示。为保证回归结果的稳健性，进一步采用低、高加工贸易强度两个虚拟变量替换加工贸易强度。如下：

---

① 与第四章一致，本章采用减排设备数量作为减排技术的代理变量。

$$\ln Y_{ispt} = \beta_1 LowRatio_{ispt} + \beta_2 HighRatio_{ispt} + X'\theta + Regulation_{sp} + \mu_s + \delta_p + \omega_t +$$
$$\varepsilon_{ispt} \tag{6.8}$$

式中，低、高加工贸易强度以加工贸易额占总出口额比重50%划分。式（6.8）以纯一般贸易企业作为基准，$LowRatio_{ispt}$ 和 $HighRatio_{ispt}$ 分别为低、高加工贸易强度企业的虚拟变量。如果企业出口以一般贸易为主，即加工贸易所占比重大于0%且低于50%时，$LowRatio_{ispt} = 1$，否则，$LowRatio_{ispt} = 0$。如果企业出口以加工贸易为主，即加工贸易占比大于50%时，$HighRatio_{ispt} = 1$，否则，$HighRatio_{ispt} = 0$。

2. 加工贸易转型对污染排放的影响

根据第三章的理论分析，从事加工贸易或一般贸易是企业的自选择行为。由于自选择效应的存在，上述实证模型仅能检验贸易方式与企业污染排放的相关关系，而非贸易方式影响污染排放。然而，加工贸易转型对企业污染排放的影响属于因果关系分析，若要识别这一因果效应，须解决自选择效应引起的内生性问题。为此，借鉴 Heckman 等（1997，1998）、De Loecker（2007）的倍差匹配法结合 PSM 和 DID 方法，设计一个识别加工贸易转型因果效应的框架检验贸易方式转型对企业污染排放的影响。

鉴于本章的数据时期为 2006～2007 年，将如下情形定义为企业发生贸易方式转型：第一，相对于 2006 年，企业 2007 年的加工贸易比重有所下降；第二，企业在 2006 年以加工贸易为主（加工贸易比重在 50% 以上），而在 2007 年转型为以一般贸易为主（加工贸易比重在 50% 以下）；第三，企业在 2006 年从事加工贸易，而在 2007 年转型为纯一般贸易企业。

具体而言，将 2007 年发生贸易方式转型的企业作为处理组，而将未转型的企业作为对照组。此外，将 2007 年企业污染排放相对于 2006 年的变化率作为结果变量。第一，存在不可观测的企业特征同时影响企业贸易方式转型和污染排放，将企业在 2006 年和 2007 年污染排放的对数进行差分，消除不可观测且不随时间变化因素的影响。之后，进一步比较处理组和对照组在污染排放上的差异。第二，同样基于 2006 年和 2007 年数据的差分缓解反向因果关系的干扰。该逻辑在于：在差分后处理变量变为企业在 2007 年是否发生加工贸易转型，结果变量变为企业污染排放的变化率。企业从事的贸易方式与环境表现之间相互影响，但污染排放的变化率是加工贸易转型的结果，不会影响企业在 2007 年改变其贸易方式。事实上，企业在 2007 年是否进行加工贸易转型受事前（2006 年）的企业特征的影响。第三，发生和未发生贸易方式转型的企业在各方面均存在较大的差异，而这些差异决定企业是否改变贸易方式以及污染排放，导致样本选择性偏差。为此，采用 PSM 方法，在未发生贸易方式转型的企业中，选择各方面特征与发生转型的企业相似的企业作为对照组，以保证两组样本具有可比性。第四，在采用 PSM 匹配样本的过程中，使用 2006 年的企业劳动生产率和能源密集度作为协变量，控制企业事前的、与污染排放相关的特征，以控制企业依据自身特征的自选择行为。

本章估算平均处理效应（ATT），识别企业发生贸易方式转型对污染排放的影响效应。如下：

$$ATT = E(\Delta \ln E_i^1 - \Delta \ln E_i^0 \mid Transform_i = 1)$$

$$= E(\Delta \ln E_i^1 \mid Transform_i = 1) - E(\Delta \ln E_i^0 \mid Transform_i = 1) \quad (6.9)$$

式中，ATT 为平均处理效应。$\Delta \ln E_i^1$ 为 2007 年发生贸易方式转型的企业污染排放的变化率，而 $\Delta \ln E_i^0$ 为 2007 年未转型企业的污染排放的变化率。$Transform_i$ 为企业贸易方式是否发生转型的虚拟变量，如果企业于 2007 年发生贸易方式转型，则 $Transform_i = 1$；否则，$Transform_i = 0$。$E(\Delta \ln E_i^1 \mid Transform_i = 1)$ 为企业发生贸易方式转型时，污染排放的平均变化率，而 $E(\Delta \ln E_i^0 \mid Transform_i = 1)$ 为贸易方式转型的企业在其未转型时污染排放的平均变化率。然而，后者是不可观测的反事实。采用 PSM 方法构建对照组 $E(\Delta \ln E_i^0 \mid Transform_i = 0)$ 作为替代。

借鉴 Heckman 等（1997，1998）、De Loecker（2007）的做法，采用 PSM 方法来构建对照组。采用 Probit 模型估计倾向得分。如下：

$$Pr(Transform_i = 1) = \Phi(\ln LP_{isp,t-1}, \ln EL_{isp,t-1}, X_{isp,t-1}, \mu_s) \quad (6.10)$$

式中，$Pr(Transform_i = 1)$ 为企业于 2007 年发生贸易方式转型的可能性。$\ln LP_{isp,t-1}$、$\ln EL_{isp,t-1}$、$X_{isp,t-1}$ 和 μ_s 为用于匹配的协变量[1]。其中，$LP_{isp,t-1}$ 和 $EL_{isp,t-1}$ 分别为滞后一期（2006 年）的企业劳动生产率和能源密集度，用于控制企业依据自身特征的自选择行为，以在事前特征相同的条件下对发生贸易方式转型的企业和未转型的企业进行比较。$X_{isp,t-1}$ 为同时影响加工贸易转型和污染排放的企业特征，包括式（6.6）的所有控制变量，并作滞后一期的处理[2]。μ_s 为部门层面的固定效应，以确保处理组和对照组的企业在同一部门进行比较。之后，本章以 $Pr(Transform_i = 1)$ 作为倾向得分，采用最邻近匹配方法对处理组和对照组的样本进行匹配。

匹配后，进一步检验企业发生加工贸易转型对其污染排放的影响。如下：

$$ATT = \frac{1}{n} \sum_{i \in (Transform_i = 1)} \left[\Delta \ln E_i^1 - \sum_{i \in (Transform_i = 0)} g(p_i, p_j) \Delta \ln E_j^0 \right] \tag{6.11}$$

式中，n 为匹配到的企业 i 的数量。$g(p_i, p_j)$ 为当使用企业 j 的 $\Delta \ln E_j^0$ 替代企业 i 的 $\Delta \ln E_i^0$ 时，所赋予 $\Delta \ln E_j^0$ 的权重。

（二）数据

本章在第四章和第五章所采用的两套企业数据库的基础上，进一步采用中国海关数据库，即本章的研究涉及三套中国企业数据库。首先，企业的基本信息以及生产和财务信息源于中国工业企业数据库；其次，企业的能源、污染和减排设备数据源于中国环境统计重点调查工业企业数据库；最后，企业从事加工贸易或一般贸易的信息源于中国海关数据库。将三个微观数据库进行匹配，合成一个涵盖 2006～2007 年企业污染排放、贸易方式、其他特征等信息的非平衡面板的数据集。

具体而言，本章企业的基础数据和环境表现数据分别源于中国工业企

---

① 与第四章和第五章的做法不同，由于本章用于分析加工贸易转型的研究样本相对较少，未在匹配的协变量中加入省份固定效应。

② 考虑到企业特征对其是否发生贸易方式转型的事前影响，即 2006 年的企业特征影响其在 2007 年是否转型，所以对用于匹配的企业特征变量作滞后一期处理。

业数据库以及环境统计重点调查工业企业数据库，采用的年份均为 2006 ~ 2007 年。对于这两个数据库的说明、处理和匹配方法与第四章和第五章相似，所以不再重复介绍。

进一步，本章企业的贸易方式信息来自中国海关总署提供的产品层面贸易数据，采用的年份同样为 2006 ~ 2007 年。该数据库记录通关企业的每一笔进出口交易信息，包括贸易方式且为月度数据。对该数据进行企业层面及年度层面的加总，得到企业是否从事加工贸易、加工贸易额等信息。进一步，将该数据库与前述的合并数据集进行匹配。由于该数据库与前述数据库采用的是两套不同的企业代码，参照 Dai 等（2016）、戴觅等（2014）的方法对数据进行合并。采用企业名称进行匹配；在此基础上采用企业所在地邮政编码加上电话号码的后七位做进一步匹配。在完成三个微观数据库的匹配后，共获得 16406 个样本。在贸易方式方面，一般贸易企业样本 10611 个，加工贸易企业样本 5795 个；在能源投入方面，8341 个企业样本在生产中消耗煤炭；在污染排放方面，排放 SO_2 的企业样本 10172 个，排放 NO_x 的样本 8757 个，排放烟尘的样本 9293 个，以及排放粉尘的样本 1931 个。

此外，为确保海关数据库与前述的企业数据库具有较好的匹配效果，且不存在样本选择性偏差，在表 6.1 中报告三个微观数据库的匹配效果，并对匹配前后的环境指标进行对比。其中，Panel A 为企业环境统计数据与工业企业数据匹配并经过数据处理（处理过程详见第四章）的数据集，Panel B 为进一步与中国海关数据库匹配的数据集。对比 Panel A 和 Panel B，匹配海关数据前的企业样本共 74542 个，匹配海关数据后得到样本 16406 个，匹配成功率约为 22%，该匹配成功率与现有文献相似（如 Dai et al.，2016；戴觅等，2014）。进一步对比匹配前后的环境指标，与匹配前的样本相比，匹配后样本的关键变量在样本数量、均值、标准误差和取值范围上的变化幅度均不大，所以三个微观数据库的匹配效果较好，不存在匹配后样本选择性偏差的问题。

除企业数据外，还收集其他数据测算特定工业部门和省份的环境规制强度。数据来源详见第四章，不再重复介绍。

（三）描述性统计

在实证分析前通过描述性统计方法比较一般贸易企业和加工贸易企业在劳动生产率、能源密集度、污染排放以及其他企业特征上的差异。表6.2展示主要变量的描述性统计。从中可以发现一般贸易企业与加工贸易企业在各方面均存在较大的差异。

表 6.1　三个企业数据库的匹配效果

变量	样本数量	均值	标准误差	最小值	最大值
Panal A：匹配海关数据前（样本数量：74542）					
$Coal_{ispt}$	47511	19721.95	140483.8	0.7143	9914990
E_SO_{2ispt}	52083	173245.5	1299961	1	98723640
E_NO_{ispt}	43649	105280.5	804479	1	49392400
E_Soot_{ispt}	46613	83846.51	482572.6	1	25350000
E_dust_{ispt}	13951	531467.2	1803121	1	56350000
$Equipment_{ispt}$	74542	2.1443	9.0227	0	1181
Panal C：匹配海关数据后（样本数量：16406）					
$Coal_{ispt}$	8341	19006.67	130113.5	0.7143	5383965
E_SO_{2ispt}	10172	176869.6	1448193	1	78130000
E_NO_{ispt}	8757	102548.9	658155.7	1	22950000
E_Soot_{ispt}	9293	74451.43	559403.3	1	25350000
E_dust_{ispt}	1931	330537.8	1495634	1	36777670
$Equipment_{ispt}$	16406	2.0873	9.2494	0	640

相对于一般贸易企业，加工贸易企业的劳动生产率更高，该结果与假说3以及现有研究的结果相反（如 Dai et al.，2016；戴觅等，2014）。然而，一方面，来自不同工业部门和区域、具有不同特征的企业不能直接比较，本章在后续部分将采用严格的实证方法进行检验；另一方面，研究样本为生态环境部重点调查的污染排放企业，并非现有研究采用中国工业企

业数据库与海关数据库合并的全样本，以至于结果有所差异。加工贸易企业的能源密集度低于一般贸易企业，该结果与假说 3 一致。相对于一般贸易企业，加工贸易企业不仅污染排放量较少，而且排放强度较低，其中，加工贸易企业的平均排放强度仅为一般贸易企业的 38.42%。

此外，加工贸易企业和一般贸易企业在其他特征上也存在很大的差异。具体而言，加工贸易企业的规模更大、平均工资和资本密集度更高[1]，且以外资企业为主，而一般贸易企业在生产中采用更多的污染减排设备，获得更多的补贴收入，成立时间更长，且国有成分更多。此外，平均而言，加工贸易企业所处的工业部门和省份的环境规制更宽松。

表 6.2　描述性统计：一般贸易企业与加工贸易企业

	一般贸易企业			加工贸易企业		
	样本数量	均值	标准误差	样本数量	均值	标准误差
E_SO_{2ispt}	6980	182591.2	1133221	3192	164358.3	1968745
EI_SO_{2ispt}	6980	0.8652	6.0431	3192	0.3324	0.9622
LP_{ispt}	10611	147.1112	269.3486	5795	175.3647	366.6867
EL_{ispt}	6170	22.9556	85.7258	2171	13.3861	39.0472
EE_{ispt}	6170	107.4128	764.7578	2171	1478.21	62549.02
$RAdd_{ispt}$	10611	1.3004	2.8266	5795	2.0476	4.4412
$Equipment_{ispt}$	10611	2.1686	9.8780	5795	1.9384	7.9696
$Profit_{ispt}$	10611	0.0583	0.0781	5795	0.0590	0.0721
$AWage_{ispt}$	10611	19.4428	14.5996	5795	24.4135	21.1054
KL_{ispt}	10611	128.0839	347.2504	5795	162.3913	349.5362

---

① 该结果与现有研究的结果相反（如 Dai et al.，2016；戴觅等，2014），同样说明本章研究样本的特殊性，即企业样本为生态环境部重点调查的污染排放企业。但这些变量并非本章所关注的重点，在后续部分中将采用实证方法控制这些变量，聚焦加工贸易企业与一般贸易企业在劳动生产率、能源密集度和污染排放上的差异。

续表

	一般贸易企业			加工贸易企业		
	样本数量	均值	标准误差	样本数量	均值	标准误差
$Subsidy_{ispt}$	10611	0.0026	0.0153	5795	0.0015	0.0125
Age_{ispt}	10611	13.8831	12.6990	5795	12.8412	9.9507
SOE_{ispt}	10611	0.0382	0.1916	5795	0.0195	0.1383
$Foreign_{ispt}$	10611	0.3018	0.4590	5795	0.7170	0.4505
$Regulation_{sp}$	10611	1.1978	1.5178	5795	0.8140	1.2437

注：E_{ispt} 为企业的污染排放量，El_{ispt} 为企业的排放强度。

三、实证结果与分析

（一）基准回归结果

1. 加工贸易、一般贸易与劳动生产率

检验加工贸易企业和一般贸易企业在劳动生产率上的差异，即部分地检验假说3。表6.3报告基于式（6.1）的估计结果。作为比较，列（1）仅在回归中加入核心变量及企业特征，列（2）在此基础上控制部门、省份和时间固定效应，列（3）进一步控制环境规制。考虑到后续部分对能源密集度和污染排放的分析，为保证样本一致性，在列（4）～列（5）和列（6）～列（7）中分别采用煤炭消耗企业以及既消耗煤炭又排放 SO_2 的企业作为样本。此外，在第三章的理论分析中，假说3成立是在同一企业或能源效率相等企业的基础上，所以本章在列（5）和列（7）中控制企业

表 6.3 加工贸易、一般贸易与劳动生产率

	所有样本			煤炭消耗企业		煤炭消耗和 SO₂ 排放企业	
	(1)	(2)	(3)	(4)	(5)	(6)	(7)
$Process_{ispt}$	-0.1881***	-0.1686***	-0.1702***	-0.1422***	-0.1530***	-0.1435***	-0.1539***
	(0.0135)	(0.0130)	(0.0130)	(0.0192)	(0.0181)	(0.0192)	(0.0182)
$\ln EE_{ispt}$					0.1591***		0.1586***
					(0.0050)		(0.0050)
$\ln RAdd_{ispt}$	0.2947***	0.3483***	0.3487***	0.3828***	0.3006***	0.3832***	0.3009***
	(0.0045)	(0.0044)	(0.0044)	(0.0062)	(0.0064)	(0.0062)	(0.0064)
$Equipment_{ispt}$	-0.0054***	-0.0068***	-0.0068***	-0.0092***	-0.0039***	-0.0094***	-0.0040***
	(0.0006)	(0.0006)	(0.0006)	(0.0009)	(0.0009)	(0.0009)	(0.0009)
$\ln AWage_{ispt}$	0.4098***	0.3708***	0.3702***	0.2969***	0.2796***	0.2967***	0.2794***
	(0.0120)	(0.0120)	(0.0120)	(0.0179)	(0.0169)	(0.0179)	(0.0170)
$\ln KL_{ispt}$	0.2943***	0.2091***	0.2095***	0.1871***	0.2303***	0.1862***	0.2292***
	(0.0052)	(0.0053)	(0.0053)	(0.0078)	(0.0075)	(0.0079)	(0.0075)
$\ln Subsidy_{ispt}$	-0.0297***	-0.0157***	-0.0156***	-0.0160***	-0.0132***	-0.0159***	-0.0134***
	(0.0021)	(0.0021)	(0.0021)	(0.0028)	(0.0026)	(0.0028)	(0.0026)

续表

	所有样本			煤炭消耗企业		煤炭消耗和 SO$_2$ 排放企业	
	(1)	(2)	(3)	(4)	(5)	(6)	(7)
ln $Profit_{ispt}$	0.0326***	0.0237***	0.0238***	0.0115**	0.0044	0.0120**	0.0052
	(0.0040)	(0.0037)	(0.0037)	(0.0051)	(0.0048)	(0.0051)	(0.0049)
Age_{ispt}	-0.0100***	-0.0119***	-0.0119***	-0.0137***	-0.0114***	-0.0137***	-0.0114***
	(0.0005)	(0.0005)	(0.0005)	(0.0007)	(0.0006)	(0.0007)	(0.0006)
SOE_{ispt}	-0.2302***	-0.2749***	-0.2750***	-0.2417***	-0.2249***	-0.2418***	-0.2228***
	(0.0360)	(0.0336)	(0.0336)	(0.0440)	(0.0415)	(0.0443)	(0.0418)
$Foreign_{ispt}$	-0.1062***	-0.0512***	-0.0502***	-0.0470**	-0.0380**	-0.0475**	-0.0382**
	(0.0136)	(0.0130)	(0.0130)	(0.0184)	(0.0174)	(0.0185)	(0.0175)
$Regulation_{sp}$			-0.0308***	-0.0154	-0.0404***	-0.0161	-0.0418***
			(0.0103)	(0.0145)	(0.0137)	(0.0147)	(0.0139)
部门、省份、年份固定效应	NO	YES	YES	YES	YES	YES	YES
样本数量	16406	16406	16406	8341	8341	8270	8270
调整后 R^2	0.50	0.59	0.59	0.55	0.60	0.55	0.60

注：小括号内数值为标准误；显著性水平：***1%，**5% 和 *10%。

能源效率，对比控制或不控制能源效率的情形下加工贸易企业和一般贸易企业在劳动生产率的差异。

从所有列的结果来看，从事加工贸易的虚拟变量的估计系数均为负，且在1%水平上显著。该结果说明，相对于一般贸易企业，加工贸易企业的劳动生产率较低，部分地证实假说3。对比列（1）～列（3），核心变量的估计系数在控制固定效应以及环境规制后出现一定的变化。因此，如果不控制这些影响因素，估计结果将存在偏差。对比列（3）、列（4）和列（6），无论是采用所有企业、煤炭消耗企业或既消耗煤炭又排放 SO_2 的企业作为样本，核心变量的估计系数均显著为负。进一步对比列（4）和列（5）［或列（6）和列（7）］，无论控制企业能源效率与否，估计系数均显著为负，说明即便在能源效率不相等的情形下，加工贸易企业的劳动生产率依然低于一般贸易企业。以列（3）、列（4）和列（6）作为基准回归的结果，用于后续部分的分析和比较。从这三列的结果来看，平均而言，加工贸易企业的劳动生产率分别低于一般贸易企业17.02%、14.22%和14.35%。

此外，同样基于列（3）、列（4）和列（6）的结果，考察影响企业劳动生产率的其他因素。其中，企业劳动生产率与产出规模、平均工资、资本密集度和利润率呈正相关，而与减排设备数量、补贴收入和成立时间呈负相关。相对于非国有内资企业，国有企业和外资企业的劳动生产率均更低。此外，对于所有样本，处于环境规制更严格的部门和省份的企业劳动生产率更低，而对于煤炭消耗企业及既消耗煤炭又排放 SO_2 的企业，环境规制的影响不显著。

2. 加工贸易、一般贸易与能源密集度

检验加工贸易企业和一般贸易企业在能源密集度上的差异，即进一步检验假说3。表6.4报告基于式（6.2）的估计结果。列（1）仅在回归中加入核心变量和企业特征，在此基础上，列（2）和列（3）依次加入部门、省份和时间固定效应以及环境规制。为保证前后样本的一致性，在列（6）～列（8）中采用排放 SO_2 的煤炭消耗企业作为样本。在第三章的理

表 6.4 加工贸易、一般贸易与能源密集度

	煤炭消耗企业					煤炭消耗和 SO$_2$ 排放企业		
	(1)	(2)	(3)	(4)	(5)	(6)	(7)	(8)
$Process_{ispt}$	-0.3716***	-0.2035***	-0.2102***	-0.1530***	-0.1653***	-0.2095***	-0.1539***	-0.1640***
	(0.0416)	(0.0381)	(0.0380)	(0.0181)	(0.0377)	(0.0382)	(0.0182)	(0.0378)
$\ln EE_{ispt}$				-0.8409***			-0.8414***	
				(0.0050)			(0.0050)	
$\ln LP_{ispt}$					0.3156***			0.3177***
					(0.0215)			(0.0216)
$\ln RAdd_{ispt}$	-0.1087***	-0.1357***	-0.1340***	0.3006***	-0.2548***	-0.1352***	0.3009***	-0.2569***
	(0.0134)	(0.0124)	(0.0123)	(0.0064)	(0.0147)	(0.0124)	(0.0064)	(0.0148)
$Equipment_{ispt}$	0.0314***	0.0249***	0.0246***	-0.0039***	0.0275***	0.0245***	-0.0040***	0.0275***
	(0.0021)	(0.0019)	(0.0019)	(0.0009)	(0.0018)	(0.0019)	(0.0009)	(0.0018)
$\ln AWage_{ispt}$	0.0704*	0.1872***	0.1885***	0.2796***	0.0948***	0.1879***	0.2794***	0.0936***
	(0.0376)	(0.0356)	(0.0355)	(0.0169)	(0.0357)	(0.0356)	(0.0170)	(0.0357)
$\ln KL_{ispt}$	0.5647***	0.4570***	0.4583***	0.2303***	0.3993***	0.4571***	0.2292***	0.3979***
	(0.0169)	(0.0156)	(0.0155)	(0.0075)	(0.0159)	(0.0156)	(0.0075)	(0.0159)

179

续表

	煤炭消耗企业					煤炭消耗和 SO_2 排放企业		
	(1)	(2)	(3)	(4)	(5)	(6)	(7)	(8)
ln $Subsidy_{ispt}$	0.0001	0.0012	0.0013	-0.0132***	0.0064	-0.0001	-0.0134***	0.0050
	(0.0061)	(0.0055)	(0.0055)	(0.0026)	(0.0055)	(0.0056)	(0.0026)	(0.0055)
ln $Profit_{ispt}$	-0.0342***	-0.0328***	-0.0328***	0.0044	-0.0365***	-0.0312***	0.0052	-0.0350***
	(0.0116)	(0.0102)	(0.0102)	(0.0048)	(0.0100)	(0.0102)	(0.0049)	(0.0101)
Age_{ispt}	-0.0057***	0.0006	0.0007	-0.0114***	0.0050***	0.0007	-0.0114***	0.0051***
	(0.0015)	(0.0013)	(0.0013)	(0.0006)	(0.0014)	(0.0013)	(0.0006)	(0.0014)
SOE_{ispt}	-0.5325***	-0.1370	-0.1361	-0.2249***	-0.0598	-0.1221	-0.2228***	-0.0453
	(0.0976)	(0.0874)	(0.0872)	(0.0415)	(0.0863)	(0.0879)	(0.0418)	(0.0869)
$Foreign_{ispt}$	-0.1241***	0.0076	0.0096	-0.0380**	0.0244	0.0108	-0.0382**	0.0258
	(0.0403)	(0.0366)	(0.0365)	(0.0174)	(0.0361)	(0.0367)	(0.0175)	(0.0362)
$Regulation_{sp}$			-0.1725***	-0.0404***	-0.1676***	-0.1782***	-0.0418***	-0.1731***
			(0.0288)	(0.0137)	(0.0284)	(0.0291)	(0.0139)	(0.0287)
部门、省份、年份固定效应	NO	YES	YES	YES	YES	YES	YES	YES
样本数量	8341	8341	8341	8341	8341	8270	8270	8270
调整后 R^2	0.18	0.39	0.39	0.86	0.41	0.39	0.86	0.40

注：小括号内数值为标准误；显著性水平：***1%、**5% 和 *10%。

论分析中，假说 3 的成立建立在同一企业或能源效率相等企业下，本章在列（4）和列（7）中控制企业能源效率，对比控制或不控制能源效率的情形下两类企业能源密集度的差异。此外，考虑到劳动生产率较高的企业的能源密集度也较高，为更好地区分劳动生产率和能源密集度两种渠道的影响，进一步在列（5）和列（8）控制企业劳动生产率。

　　从所有列的结果来看，从事加工贸易的虚拟变量的估计系数均为负，且在 1% 水平上显著。该结果说明，相对于一般贸易企业，加工贸易企业的能源密集度较低。结合前文的结果，证实假说 3 的成立。对比列（1）～列（3），在控制固定效应及环境规制后，核心变量的估计系数发生变化，说明控制这些影响因素的必要性。对比列（3）和列（6），在采用既消耗煤炭又排放 SO_2 的企业作为样本后，核心变量的系数依旧显著为负。对比列（3）和列（4）[或列（6）和列（7）]，在控制企业能源效率情形下核心变量的系数同样为负，说明无论能源效率相同与否，加工贸易企业的能源密集度均低于一般贸易企业。进一步比较列（3）和列（5）[或列（6）和列（8）]，在控制企业劳动生产率时核心变量的系数依然为负，说明即便控制劳动生产率的影响，加工贸易企业的能源密集度依旧较低。观察劳动生产率的系数发现劳动生产率较高的企业能源密集度也较高，与本书预测一致。以列（3）和列（6）作为基准回归的结果用于后续分析和比较。平均而言，加工贸易企业的能源密集度分别低于一般贸易企业 21.02% 和 20.95%。将该结果与表 6.3 的结果比较，即比较加工贸易企业与一般贸易企业在能源密集度和劳动生产率的相对差异，可以发现加工贸易企业在能源密集度和劳动生产率上均存在劣势，但在能源密集度上的差异更大。即便在表 6.4 控制劳动生产率的情形下，该结论依然成立。

　　此外，同样基于列（3）和列（6）的结果，考察影响企业能源密集度的其他因素。企业能源密集度与减排设备数量、平均工资和资本密集度成正比，与产出规模和利润率成反比，而与补贴收入和年龄的关系不显著。不同所有制类型的企业在能源密集度上不存在显著差异。此外，处于环境规制更严格的部门和省份的企业的能源密集度更低，意味着这些企业在生产中消耗相对更少的能源。

3. 劳动生产率、能源密集度与污染排放

检验企业的劳动生产率和能源密集度与其污染排放的关系。表 6.5 报告基于式（6.3）的估计结果。列（1）～列（3）的因变量为污染排放量，而列（4）～列（6）的因变量为排放强度。作为比较，列（1）和列（4）仅在回归结果中加入核心变量以及企业特征，列（2）和列（5）在此基础上控制各类固定效应，列（3）和列（6）进一步控制环境规制。

表 6.5 劳动生产率、能源密集度与污染排放

	污染排放量			排放强度		
	（1）	（2）	（3）	（4）	（5）	（6）
$\ln LP_{ispt}$	- 0.5513 ***	- 0.7787 ***	- 0.7788 ***	- 0.5299 ***	- 0.4696 ***	- 0.4696 ***
	(0.0156)	(0.0159)	(0.0159)	(0.0155)	(0.0167)	(0.0167)
$\ln EL_{ispt}$	0.7692 ***	0.8266 ***	0.8280 ***	0.8508 ***	0.8364 ***	0.8358 ***
	(0.0077)	(0.0080)	(0.0080)	(0.0076)	(0.0084)	(0.0085)
$\ln RAdd_{ispt}$	0.6516 ***	0.8036 ***	0.8034 ***	0.0284 ***	- 0.0395 ***	- 0.0394 ***
	(0.0105)	(0.0108)	(0.0108)	(0.0104)	(0.0114)	(0.0114)
$Equipment_{ispt}$	0.0158 ***	0.0073 ***	0.0074 ***	- 0.0035 **	- 0.0014	- 0.0014
	(0.0014)	(0.0014)	(0.0014)	(0.0014)	(0.0014)	(0.0014)
$\ln AWage_{ispt}$	- 0.0409	- 0.0224	- 0.0231	- 0.3062 ***	- 0.2587 ***	- 0.2584 ***
	(0.0266)	(0.0259)	(0.0259)	(0.0264)	(0.0274)	(0.0274)
$\ln KL_{ispt}$	0.0444 ***	0.0153	0.0143	- 0.2105 ***	- 0.1759 ***	- 0.1755 ***
	(0.0129)	(0.0120)	(0.0120)	(0.0128)	(0.0126)	(0.0126)
$\ln Subsidy_{ispt}$	- 0.0316 ***	- 0.0048	- 0.0048	0.0322 ***	0.0257 ***	0.0257 ***
	(0.0042)	(0.0040)	(0.0040)	(0.0042)	(0.0042)	(0.0042)
$\ln Profit_{ispt}$	- 0.0046	- 0.0026	- 0.0026	- 0.0051	- 0.0022	- 0.0022
	(0.0081)	(0.0073)	(0.0073)	(0.0080)	(0.0077)	(0.0077)
Age_{ispt}	0.0103 ***	0.0044 ***	0.0044 ***	- 0.0015	0.0027 **	0.0027 **
	(0.0010)	(0.0010)	(0.0010)	(0.0010)	(0.0010)	(0.0010)

续表

	污染排放量			排放强度		
	（1）	（2）	（3）	（4）	（5）	（6）
SOE_{ispt}	0.3826 ***	0.1395 **	0.1396 **	0.2871 ***	0.2166 ***	0.2165 ***
	（0.0681）	（0.0631）	（0.0631）	（0.0674）	（0.0666）	（0.0666）
$Foreign_{ispt}$	−0.0069	0.0002	−0.0001	0.0103	0.0201	0.0202
	（0.0271）	（0.0258）	（0.0258）	（0.0268）	（0.0273）	（0.0273）
$Regulation_{sp}$			0.0550 ***			−0.0228
			（0.0209）			（0.0220）
部门、省份、年份固定效应	NO	YES	YES	NO	YES	YES
样本数量	8270	8270	8270	8270	8270	8270
调整后 R^2	0.67	0.74	0.74	0.64	0.67	0.67

注：小括号内数值为标准误；显著性水平：＊＊＊1%、＊＊5%和＊10%。

从所有列的结果来看，无论以污染排放量或排放强度作为因变量，劳动生产率的估计系数均为负，能源密集度的估计系数均为正，且均在1%水平上显著。该结果说明，劳动生产率较高的企业的污染排放较少，而能源密集度较高的企业的污染排放较多。对比列（1）～列（3）［或列（4）～列（6）］，核心变量的系数在控制各类固定效应及环境规制后发生变化，说明控制这些影响因素的必要性。以列（3）和列（6）作为基准回归结果用于后续分析和比较。平均而言，当一家企业的劳动生产率比另一家企业高1%时，它们的污染排放量和排放强度分别低0.7788%和0.4696%；当该企业的能源密集度比另一家企业高1%时，它们的排放量和排放强度分别高0.8280%和0.8358%。对比列（3）和列（6），企业的劳动生产率对污染排放量的影响明显大于其对排放强度的影响。进一步比较劳动生产率和能源密集度在估计系数上的相对大小，可以发现能源密集度的估计系数绝对值更大（尤其是因变量为排放强度时），说明能源密集度对污染排放的影响大于劳动生产率的影响。结合前文分析的结果，即相对于一般贸易企业，加工贸易企业在能源密集度上的劣势比劳动生产率更大，本章初步推断：相对于一般贸易企业，加工贸易企业的污染排放量更少，排放强度更低。原因在于：虽然加工贸易企业的劳动生产率较低，但该类企业属于劳动密集型企业，能源密集度也较低。加工贸易企业在能源密集度的劣势比劳动生产率更大，且能源密集度对污染排放的影响也大于劳动生产率，从而在加工贸易企业和一般贸易企业与其污染排放的关系上，能源密集度渠道的影响大于劳动生产率渠道，以至于加工贸易企业更清洁。

此外，同样基于列（3）和列（6）的结果，考察影响企业污染排放量和排放强度的其他因素。企业的污染排放量与产出规模、减排设备数量和成立时间呈正向关系，而与平均工资、资本密集度、补贴收入和利润率的关系均不显著；企业的排放强度与补贴收入和成立时间呈正向关系，与产出规模、平均工资、资本密集度呈反向关系，而与减排设备数量和利润率的关系不显著。相对于非国有内资企业，国有企业的污染排放更多，而外资企业在污染排放上没有显著差异。此外，处于环境规制更严格的部门和省份的企业污染排放量更多，而排放强度没有显著差异，该结果说明高污染排放的企业所在的工业部门和省份受到更严格的环境管制。

4. 加工贸易、一般贸易与污染排放

检验加工贸易企业和一般贸易企业在污染排放上的差异，即检验假说4。由于在加工贸易企业和一般贸易企业与其污染排放的关系上，能源密集度渠道的影响大于劳动生产率渠道，推断加工贸易企业的污染排放更少。表6.6报告基于式（6.4）和式（6.5）的估计结果。其中，Panel A和Panel B的因变量分别为污染排放量和排放强度。作为比较，列（1）仅在回归中加入核心变量及企业特征，列（2）和列（3）在此基础上分别控制各类固定效应以及环境规制。为保证与前文的样本一致，在列（4）中采用既消耗煤炭又排放 SO_2 的企业作为样本。此外，考虑到本章以劳动生产率和能源密集度作为加工贸易企业与一般贸易企业的污染排放存在差异的影响渠道，进一步在列（5）～列（7）控制劳动生产率和能源密集度，检验劳

表 6.6 加工贸易、一般贸易与污染排放

	SO2 排放企业			煤炭消耗和 SO$_2$ 排放企业			
	(1)	(2)	(3)	(4)	(5)	(6)	(7)
	Panel A：污染排放量						
$Process_{ispt}$	-0.3347***	-0.2018***	-0.2068***	-0.0771*	-0.1512***	0.0832***	-0.0155
	(0.0453)	(0.0441)	(0.0441)	(0.0426)	(0.0416)	(0.0312)	(0.0275)
$\ln LP_{ispt}$					-0.5164***		-0.7794***
					(0.0238)		(0.0159)
$\ln EL_{ispt}$						0.7648***	0.8278***
						(0.0090)	(0.0080)
控制变量	YES	YES	YES	YES	YES	YES	YES
环境规制	NO	NO	YES	YES	YES	YES	YES
部门、省份、年份固定效应	NO	YES	YES	YES	YES	YES	YES
样本数量	10172	10172	10172	8270	8270	8270	8270
调整后 R^2	0.21	0.34	0.34	0.36	0.40	0.66	0.74
	Panel B：排放强度						
$Process_{ispt}$	-0.6009***	-0.3493***	-0.3573***	-0.2364***	-0.2665***	-0.0697**	-0.1298***
	(0.0476)	(0.0443)	(0.0443)	(0.0428)	(0.0428)	(0.0303)	(0.0290)
$\ln LP_{ispt}$					-0.2101***		-0.4751***
					(0.0245)		(0.0168)
$\ln EL_{ispt}$						0.7957***	0.8340***
						(0.0087)	(0.0085)
控制变量	YES	YES	YES	YES	YES	YES	YES
环境规制	NO	NO	YES	YES	YES	YES	YES
部门、省份、年份固定效应	NO	YES	YES	YES	YES	YES	YES
样本数量	10172	10172	10172	8270	8270	8270	8270
调整后 R^2	0.15	0.35	0.35	0.28	0.29	0.64	0.68

注：小括号内数值为标准误；显著性水平：***1%、**5%和*10%。

动生产率和能源密集度是否为两类企业在污染排放上存在差异的原因。

从列（1）～列（4）的结果来看，无论是 Panel A 或 Panel B，企业从事加工贸易的虚拟变量的估计系数均为负，且在 1% 水平上显著。该结果说明，相对于一般贸易企业，加工贸易企业的污染排放更少，与前文的推断一致，这是能源密集度渠道的影响大于劳动生产率渠道的结果。这一结果同时证实假说 4，即当能源密集度渠道的影响更大时，加工贸易企业更清洁。该结果也打破由于加工贸易企业的生产率较低、污染排放较多的直观印象。对比列（1）～列（3），核心变量的系数在控制固定效应及环境规制后出现变化，说明控制这些影响因素的重要性。对比列（3）和列（4），当采用既消耗煤炭又排放 SO_2 的企业作为样本时，核心变量的系数依旧显著为负。本章以列（3）和列（4）作为基准回归结果用于后续分析和比较。平均而言，相对于一般贸易企业，加工贸易企业的污染排放量少 20.68% 和 7.71%，排放强度低 35.73% 和 23.64%。相比之下，两类企业在排放强度上的差异要大于污染排放量。

此外，基于列（5）～列（7）的结果，在控制两种影响渠道情形下重新估计加工贸易企业与一般贸易企业污染排放的差异。在列（5）中单独控制劳动生产率渠道的影响，发现核心变量的系数依然为负，但绝对值提高。主要原因在于：加工贸易企业的劳动生产率较低，且劳动生产率与污染排放成反比，导致控制劳动生产率渠道后，两类企业污染排放的差异加大。在列（6）中单独控制能源密集度渠道的影响，发现因变量为污染排放量时，核心变量的系数符号由负变为正，而因变量为排放强度时，核心变量的系数绝对值大幅度下降，且显著性也有所下降。原因在于：加工贸易企业的能源密集度较低，且能源密集度与污染排放呈正相关，以至于控制能源密集度渠道后，从事加工贸易或一般贸易与污染排放量的关系发生逆转，且两类企业在排放强度上的差异明显缩小。换句话说，能源密集度较低是加工贸易企业比一般贸易企业清洁的主要原因。进一步，在列（7）中同时控制两种渠道的影响，发现因变量为污染排放量时，核心变量的估计系数不再显著，而因变量为排放强度时核心变量的系数绝对值明显下降。该结果同样验证劳动生产率和能源密集度是两类企业在污染排放上存在差异的中介渠道。

(二) 稳健性检验

为确保基准回归结果的稳健性，进行一系列的稳健性检验，包括采用其他污染物、以 PSM 方法选择样本、剔除极端值、剔除纯加工贸易企业、仅用企业名称匹配海关数据以及采用不同时期的子样本。表 6.7 报告稳健性检验的结果，所有回归结果均控制企业特征、部门、省份和时间固定效应以及环境规制。

1. 采用其他污染物

现有研究表明，如果采用不同的污染物数据进行分析，贸易对污染排放的影响存在差异性（Cole & Elliott，2003；Managi et al.，2009；Gumi-lang et al.，2011）。采用其他污染物进行稳健性检验，包括 NOx、烟尘和粉尘。在表 6.7 的 Panel A 至 Panel C 报告采用不同污染物的估计结果。从结果来看，对于三种污染物，加工贸易企业的劳动生产率和能源密集度均相对较低；劳动生产率较高的企业污染排放较少[1]，而能源密集度较高的企业排放较多；由于能源密集度渠道的影响相对较大，以至于加工贸易企业相对更清洁。通过不同污染物的比较发现加工贸易企业和一般贸易企业在粉尘排放上的差异性大于其他污染物。基于上述结果，本章的基准回归结果在采用其他污染物进行分析时依然稳健。

2. 采用 PSM 方法选择样本

本章的描述性统计表明，加工贸易企业和一般贸易企业存在较大的差异。例如，相对而言，加工贸易企业的产出规模更大、平均工资和资本密集度更高。这些差异均有可能导致回归结果的偏差。为此，采用 PSM 方法重新选择样本。具体而言，以企业是否从事加工贸易作为处理变量，式（6.6）的企业特征以及各类固定效应作为协变量，采用 Probit 模型估计倾

---

[1] 因变量为粉尘排放强度的结果除外。尽管该估计系数不显著，但考虑到粉尘的特殊性，且这一结果不影响加工贸易企业与一般贸易企业在污染排放上的差异，该结果不影响基准回归结果的稳健性。

向得分。之后采用最邻近匹配方法，按照 1∶1 的比例匹配两类企业的样本，采用匹配样本对结果进行估计。在表 6.7 的 Panel D 报告以 PSM 方法选择样本的估计结果。从结果来看，所有估计系数的符号均与基准回归的结果一致。因此，在采用 PSM 方法选择样本的情形下本章的基准回归结果依旧稳健。

3. 剔除极端值

同样基于本章的描述性统计，在劳动生产率、能源密集度、污染排放等主要变量上，标准误差与均值的比值异常大。这可能是存在极端值的样本引致的，并导致回归结果的潜在偏差。为此，将所有样本中劳动生产率、能源密集度和污染排放排在前后 5% 的极端样本进行剔除。在剔除极端样本后，主要变量的标准误差与均值的比值明显下降①。之后采用处理后的样本对结果进行重新估计，报告于表 6.7 的 Panel E。从结果来看，所有估计系数均没有显著的变化。因此，本章的基准回归结果在剔除极端值后依旧稳健。

4. 剔除纯加工贸易企业

现有研究表明，相对于其他类型的出口企业（包括纯一般贸易企业以及既从事一般贸易又从事加工贸易的混合型企业），纯加工贸易企业在各项企业特征上均存在较大的差异（Dai et al. , 2016；戴觅等，2014）。此外，这类企业所有产品出口都通过加工贸易完成，加工贸易强度等于 1 且不易改变。因此，将纯加工贸易企业从研究样本中剔除，对结果进行重新估计，报告于表 6.7 的 Panel F。从结果来看，所有估计系数的符号均没有发生变化，即剔除纯加工贸易企业后的估计结果依旧支持本章基准回归的结果。

---

① 在剔除极端样本后，对于一般贸易企业，劳动生产率的标准误差与均值的比值由 1. 8309 下降至 0. 8655；能源密集度的比值由 3. 7344 下降至 1. 5361；污染排放量的比值由 6. 2063 下降至 1. 5986；排放强度的比值由 6. 9846 下降至 2. 3472。对于加工贸易企业，劳动生产率的比值由 2. 0910 下降至 0. 9027；能源密集度的比值由 2. 9170 下降至 1. 6657；污染排放量的比值由 11. 9784 下降至 1. 7636；排放强度的比值没有显著变化（由 2. 8947 变至 2. 9007）。

表 6.7　稳健性检验：加工贸易、一般贸易与污染排放

	劳动生产率	能源密集度	污染排放量			排放强度		
	(1)	(2)	(3)	(4)	(5)	(6)	(7)	(8)
Panel A：氮氧化物								
$Process_{ispt}$	-0.1661 ***	-0.2123 ***		-0.2004 ***	-0.0147		-0.3540 ***	-0.1292 ***
	(0.0182)	(0.0404)		(0.0447)	(0.0273)		(0.0445)	(0.0286)
$\ln LP_{ispt}$			-0.7753 ***		-0.7760 ***	-0.4464 ***		-0.4727 ***
			(0.0158)		(0.0159)	(0.0166)		(0.0167)
$\ln EL_{ispt}$			0.8480 ***		0.8478 ***	0.8514 ***		0.8495 ***
			(0.0081)		(0.0081)	(0.0085)		(0.0085)
样本数量	8757	7071	7071	8757	7071	7071	8757	7071
调整后 R^2	0.59	0.39	0.77	0.36	0.77	0.71	0.37	0.71
Panel B：烟尘								
$Process_{ispt}$	-0.1607 ***	-0.2143 ***		-0.2229 ***	-0.0278		-0.3678 ***	-0.1351 ***
	(0.0178)	(0.0387)		(0.0473)	(0.0346)		(0.0478)	(0.0361)
$\ln LP_{ispt}$			-0.6857 ***		-0.6870 ***	-0.3785 ***		-0.3844 ***
			(0.0200)		(0.0201)	(0.0209)		(0.0210)
$\ln EL_{ispt}$			0.7743 ***		0.7739 ***	0.7830 ***		0.7810 ***
			(0.0103)		(0.0103)	(0.0107)		(0.0107)

	劳动生产率	能源密集度	污染排放量			排放强度		
	(1)	(2)	(3)	(4)	(5)	(6)	(7)	(8)
样本数量	9293	7758	7758	9293	7758	7758	9293	7758
调整后 R^2	0.58	0.38	0.63	0.33	0.63	0.58	0.37	0.58

Panel C: 粉尘

	(1)	(2)	(3)	(4)	(5)	(6)	(7)	(8)
$Process_{ispt}$	-0.1143***	-0.4443***		-0.3628***	-0.0859		-0.4545***	-0.1765
	(0.0390)	(0.1304)		(0.1328)	(0.1926)		(0.1328)	(0.1918)
$\ln LP_{ispt}$			-0.4024***		-0.4037***	0.0025		-0.0000
			(0.1054)		(0.1054)	(0.1050)		(0.1050)
$\ln EL_{ispt}$			0.5214***		0.5193***	0.5330***		0.5288***
			(0.0453)		(0.0455)	(0.0451)		(0.0454)
样本数量	1931	1117	1117	1931	1117	1117	1931	1117
调整后 R^2	0.62	0.51	0.48	0.45	0.48	0.49	0.51	0.49

Panel D: PSM 方法选择样本

	(1)	(2)	(3)	(4)	(5)	(6)	(7)	(8)
$Process_{ispt}$	-0.0594***	-0.1240*		-0.1654**	0.0459		-0.3938***	-0.1708***
	(0.0210)	(0.0691)		(0.0730)	(0.0513)		(0.0734)	(0.0544)
$\ln LP_{ispt}$			-0.7497***		-0.7490***	-0.3944***		-0.3970***
			(0.0223)		(0.0223)	(0.0237)		(0.0237)

190

	劳动生产率	能源密集度	污染排放量			排放强度		
	(1)	(2)	(3)	(4)	(5)	(6)	(7)	(8)
$\ln EL_{ispt}$			0.8216***		0.8218***	0.8301***		0.8293***
			(0.0115)		(0.0115)	(0.0122)		(0.0122)
样本数量	11468	4330	4309	6337	4309	4309	6337	4309
调整后 R²	0.57	0.41	0.72	0.33	0.72	0.67	0.40	0.67

Panel E：剔除极端值

	劳动生产率	能源密集度	污染排放量			排放强度		
	(1)	(2)	(3)	(4)	(5)	(6)	(7)	(8)
$Process_{ispt}$	-0.1533***	-0.1520***		-0.1504***	-0.0462*		-0.3012***	-0.1555***
	(0.0119)	(0.0329)		(0.0353)	(0.0249)		(0.0363)	(0.0265)
$\ln LP_{ispt}$			-0.7036***		-0.7063***	-0.4743***		-0.4833***
			(0.0169)		(0.0169)	(0.0180)		(0.0180)
$\ln EL_{ispt}$			0.7880***		0.7874***	0.8075***		0.8056***
			(0.0091)		(0.0091)	(0.0097)		(0.0097)
样本数量	14885	7560	6487	9025	6487	6487	9025	6487
调整后 R²	0.50	0.34	0.70	0.26	0.70	0.69	0.41	0.69

Panel F：剔除纯加工贸易企业

	劳动生产率	能源密集度	污染排放量			排放强度		
	(1)	(2)	(3)	(4)	(5)	(6)	(7)	(8)
$Process_{ispt}$	-0.1981***	-0.2781***		-0.2226***	-0.0091		-0.4056***	-0.1451***
	(0.0137)	(0.0402)		(0.0463)	(0.0291)		(0.0465)	(0.0307)

191

续表

	劳动生产率	能源密集度	污染排放量				排放强度	
	(1)	(2)	(3)	(4)	(5)	(6)	(7)	(8)
$\ln LP_{ispt}$			-0.7849*** (0.0162)		-0.7853*** (0.0163)	-0.4758*** (0.0172)		-0.4828*** (0.0172)
$\ln EL_{ispt}$			0.8317*** (0.0082)		0.8316*** (0.0082)	0.8398*** (0.0087)		0.8373*** (0.0087)
样本数量	15226	7999	7928	9579	7928	7928	9579	7928
调整后 R^2	0.59	0.39	0.74	0.34	0.74	0.68	0.35	0.68

Panel G: 仅用名称匹配海关数据

	劳动生产率	能源密集度	污染排放量				排放强度	
	(1)	(2)	(3)	(4)	(5)	(6)	(7)	(8)
$Process_{ispt}$	-0.1754*** (0.0142)	-0.2769*** (0.0406)		-0.2354*** (0.0478)	-0.0021 (0.0296)		-0.3955*** (0.0477)	-0.1239*** (0.0310)
$\ln LP_{ispt}$			-0.7777*** (0.0174)		-0.7778*** (0.0174)	-0.4755*** (0.0182)		-0.4820*** (0.0183)
$\ln EL_{ispt}$			0.8227*** (0.0089)		0.8226*** (0.0089)	0.8402*** (0.0093)		0.8376*** (0.0093)
样本数量	13447	6807	6738	8352	6738	6738	8352	6738
调整后 R^2	0.60	0.39	0.75	0.34	0.75	0.67	0.34	0.67

Panel H: 2006

	劳动生产率	能源密集度	污染排放量				排放强度	
	(1)	(2)	(3)	(4)	(5)	(6)	(7)	(8)
$Process_{ispt}$	-0.1625*** (0.0195)	-0.2840*** (0.0598)		-0.2553*** (0.0700)	-0.0351 (0.0459)		-0.3778*** (0.0703)	-0.1338*** (0.0468)

续表

	劳动生产率	能源密集度	污染排放量				排放强度	
	(1)	(2)	(3)	(4)	(5)	(6)	(7)	(8)
ln LP_{ispt}			-0.7947***		-0.7963***	-0.6520***		-0.6584***
			(0.0294)		(0.0295)	(0.0300)		(0.0301)
lnEL_{ispt}			0.8039***		0.8031***	0.8223***		0.8193***
			(0.0137)		(0.0137)	(0.0140)		(0.0140)
样本数量	6301	3241	3176	4003	3176	3176	4003	3176
调整后 R^2	0.62	0.39	0.72	0.35	0.72	0.67	0.36	0.67
Panel I: 2007								
$Process_{ispt}$	-0.1713***	-0.1787***		-0.1946***	-0.0134		-0.3457***	-0.1222***
	(0.0172)	(0.0496)		(0.0572)	(0.0343)		(0.0574)	(0.0368)
ln LP_{ispt}			-0.7802***		-0.7807***	-0.3990***		-0.4036***
			(0.0189)		(0.0189)	(0.0202)		(0.0203)
lnEL_{ispt}			0.8442***		0.8441***	0.8457***		0.8444***
			(0.0099)		(0.0099)	(0.0106)		(0.0106)
样本数量	10105	5100	5094	6169	5094	5094	6169	5094
调整后 R^2	0.58	0.39	0.75	0.33	0.75	0.69	0.35	0.69

注：所有回归结果均控制企业特征、各类固定效应以及环境规制；小括号内的数值为标准误；显著性水平：*** 1%，** 5% 和 * 10%。

5. 仅用企业名称匹配海关数据

考虑到本章采用企业名称以及所在地邮编加上电话号码后七位两种方法匹配海关数据库，而采用第二种方法匹配时匹配到的部分企业名称差异较大，担心匹配的并非同一企业。为此，仅采用企业名称匹配海关数据对结果进行重新估计，报告于表 6.7 的 Panel G。从结果来看，即便仅用企业名称匹配海关数据，本章的基准回归结果依然稳健。

6. 采用不同时期的样本

考虑到加工贸易企业与一般贸易企业在污染排放上的差异可能会随时间变化，分别采用 2006 年和 2007 年的子样本对结果进行重新估计，报告于表 6.7 的 Panel H 和 Panel I。从结果来看，无论采用 2006 年或 2007 年的样本，所有估计系数均与基准回归的结果一致。通过进一步比较，相对于 2006 年，加工贸易企业与一般贸易企业在 2007 年污染排放上的差异有所下降，这可能是能源密集度渠道的影响下降的结果。基于上述的分析分别采用不同时期的子样本进行估计时得到的结果依旧支持基准回归的结果。

（三） 加工贸易强度

在上述的结果中，采用二元变量（从事加工贸易与否）来分析企业从事加工贸易或一般贸易与其污染排放的关系，发现加工贸易企业更清洁。考虑到在本章的研究样本中，从事加工贸易的企业多数是既从事加工贸易又从事一般贸易的混合型企业，其中，一部分企业以一般贸易为主，另一部分企业以加工贸易为主。进一步采用加工贸易强度替代是否从事加工贸易作为核心变量分析加工贸易参与度与污染排放之间的关系。表 6.8 报告基于式（6.7）和式（6.8）的估计结果。在 Panel A 中采用加工贸易额与总出口额的比值来表示加工贸易强度，在 Panel B 中以低、高加工贸易强度两个虚拟变量作为核心变量。此外，考虑到纯加工贸易企业的特殊性（Dai et al.，2016；戴觅等，2014）以及这类企业的加工贸易强度等于 1，且不易改变，在列（5）～列（8）中剔除纯加工贸易企业样本对结果进行重新估计。

表6.8　加工贸易强度与污染排放

	所有企业				剔除纯加工贸易企业			
	劳动生产率	能源密集度	污染排放量	排放强度	劳动生产率	能源密集度	污染排放量	排放强度
	(1)	(2)	(3)	(4)	(5)	(6)	(7)	(8)
Panel A：加工贸易额与总出口额的比值								
$ProcessRatio_{ispt}$	-0.2125***	-0.1433***	-0.2606***	-0.4016***	-0.3082***	-0.3498***	-0.3524***	-0.6033***
	(0.0172)	(0.0546)	(0.0598)	(0.0601)	(0.0201)	(0.0653)	(0.0705)	(0.0707)
样本数量	16406	8341	10172	10172	15226	7999	9579	9579
调整后 R^2	0.59	0.39	0.34	0.35	0.59	0.39	0.34	0.35
Panel B：低、高加工贸易强度								
$LowRatio_{ispt}$	-0.1311***	-0.2638***	-0.1320**	-0.2823***	-0.1418***	-0.2709***	-0.1321**	-0.2846***
	(0.0166)	(0.0480)	(0.0561)	(0.0563)	(0.0166)	(0.0481)	(0.0561)	(0.0562)
$HighRatio_{ispt}$	-0.2040***	-0.1529***	-0.2768***	-0.4273***	-0.2645***	-0.2889***	-0.3379***	-0.5595***
	(0.0158)	(0.0492)	(0.0547)	(0.0549)	(0.0176)	(0.0561)	(0.0614)	(0.0615)
样本数量	16406	8341	10172	10172	15226	7999	9579	9579
调整后 R^2	0.59	0.39	0.34	0.35	0.59	0.39	0.34	0.35

注：所有回归结果均控制企业特征，各类固定效应及环境规制；小括号内数值为标准误。显著性水平：***1%，**5%和*10%。

从 Panel A 的结果来看，无论是否剔除纯加工贸易企业，加工贸易强度的估计系数均显著为负。该结果说明，加工贸易强度越高的企业的劳动生产率和能源密集度越低，污染排放越少。相比之下，在剔除纯加工贸易企业样本后，估计系数的绝对值明显地变大，可能原因在于这类企业的特殊性。从 Panel B 的结果来看，低、高加工贸易强度两个虚拟变量均显著为负。该结果说明，相比较一般贸易企业，无论是低加工贸易强度或高加工贸易强度的企业，它们的劳动生产率和能源密集度均较低，污染排放均较少，也说明加工贸易企业更清洁的结论不受加工贸易参与度的影响。对比两个虚拟变量估计系数的相对大小，除所有企业样本、因变量为能源密集度的结果外，高加工贸易强度的估计系数绝对值均大于低加工贸易强度的系数。该结果同样说明加工贸易参与度越高的企业越清洁。

通过进一步对比，在剔除纯加工贸易企业样本后，高加工贸易强度的估计系数的绝对值明显增大，该结果与 Panel A 的结果相似。

（四）异质性检验

上述的结果表明相对于一般贸易企业，加工贸易企业更清洁。然而，考虑到不同类型的企业具有不相等的加工贸易参与度、污染排放及特征，进一步通过不同所有制类型、工业部门和区域的企业子样本对结果进行异质性检验。

1. 不同所有制类型

所有制改革是中国经济发展的重要内容，包括市场化改革国有企业、发展非国有内资企业以及引进具有先进技术的外资企业。此外，2003 年的《中共中央关于完善社会主义市场经济体制若干问题的决定》和 2016 年的《关于促进加工贸易创新发展的若干意见》中均提出引导跨国公司把高技术、高附加值的制造和研发部门转移至中国，实现加工贸易转型升级。因此，外资企业是贸易方式转型的重点对象。基于上述背景，本部分将从不同所有制视角检验从事加工贸易或一般贸易与污染排放是否具有异质性关系。与第四章和第五章一致，将所有样本区分为国有企业、非国有内资企业和外资企业。在本章的研究样本中，在国有企业、非国有内资企业和外资企业中加工贸易企业占比分别为 21.81%、17.90% 和 56.48%，加工贸易强度分别为 12.82%、8.24% 和 38.59%，其中，存在一半以上的外资企业样本属于加工贸易企业，且加工贸易强度较高，也反映出这类企业进行贸易方式转型的必要性。

采用按所有制类型区分的企业样本对结果进行估计，报告于表 6.9 中。Panel A 至 Panel C 分别表示企业样本为国有企业、非国有内资企业和外资企业。从列（1）的结果来看，除国有企业外，其他两类企业中加工贸易企业的劳动生产率均较低。其中，对于外资企业，加工贸易企业在劳动生产率上的劣势更大，而对于国有企业，加工贸易企业在劳动生产率上没有显著差异。可能的解释在于：外资来华投资加工贸易企业主要是充分利用中国的廉价劳动力，开展较低技术含量的加工装配业务，从而劳动生产率较低（Lu et al.，2010）；而国有企业是否从事加工贸易由政府决策而定，并非企业根据劳动生产率的自选择行为，所以是否从事加工贸易与劳动生产率的关系不显著。从列（2）的结果看，对于三类企业，加工贸易企业的能源密集度均较低。其中，国有企业中加工贸易企业在能源密集度的差异尤为明显。从列（3）和列（5）的结果看，对于三类企业，劳动生产率均与污染排放成反比，而能源密集度均与污染排放成正比。从列（4）和列（6）来看，对于三类企业，加工贸易企业的污染排放量和排放强度均低于一般贸易企业。其中，国有企业中加工贸易企业与一般贸易企业在污染排放上的差异最明显。可能原因在于：国有企业中加工贸易企业在劳动生产率上不存在劣势，而在能源密集度上差异更大。此外，作为贸易方式转型的主要对象，外资企业中的加工贸易企业同样相对较清洁。

2. 不同工业部门

中国已进入产业转型升级的时期。长久以来，中国在劳动密集型部门的生产和出口上具有比较优势，但这类部门的发展不利于对外贸易的长期、可持续发展（戴翔，2015），而技术密集型和资本密集型部门是产业转型的重点部门。但作为产业转型最关键的部门，中国技术密集型部门中的多数出口企业属于加工贸易企业，是贸易方式转型的重点部门。基于上述背景，从不同工业部门的视角检验从事加工贸易或一般贸易与污染排放是否具有异质性关系。与第四章和第五章一致，本章将所有样本区分为来自技术密集型、资本密集型和劳动密集型部门的企业①。在本章的研究样本中，在技术密集型、资本密集型和劳动密集型部门中，加工贸易企业占比分别为40.48%、23.34%和39.99%，加工贸易强度分别为28.35%、13.28%和23.73%。其中，对于技术密集型和劳动密集型部门，加工贸易企业占比较高，且加工贸易强度较高，尤其是技术密集型部门，反映出该类部门是贸易方式转型的重点部门。

表6.9　加工贸易、一般贸易与污染排放：不同所有制类型

	劳动生产率	能源密集度	污染排放量		排放强度	
	（1）	（2）	（3）	（4）	（5）	（6）
Panel A：国有						
$Process_{ispt}$	− 0.0369	− 0.5624 **		− 0.7066 **		− 0.7936 ***
	（0.0730）	（0.2477）		（0.2805）		（0.2730）
$\ln LP_{ispt}$			− 0.6351 ***		− 0.4572 ***	
			（0.1291）		（0.1241）	
$\ln EL_{ispt}$			0.7435 ***		0.7313 ***	
			（0.0487）		（0.0468）	
样本数量	518	319	314	358	314	358
调整后 R^2	0.61	0.50	0.79	0.55	0.74	0.48
Panel B：非国有内资						
$Process_{ispt}$	− 0.1128 ***	− 0.2062 ***		− 0.1304 **		− 0.3061 ***
	（0.0203）	（0.0521）		（0.0624）		（0.0623）
$\ln LP_{ispt}$			− 0.7927 ***		− 0.4574 ***	
			（0.0199）		（0.0210）	

① 本章采用研发投入占主营业务收入的比重和资本密集度对工业部门进行分类，方法与第四章和第五章的部门分类方法一致。

续表

	劳动生产率	能源密集度	污染排放量		排放强度	
	（1）	（2）	（3）	（4）	（5）	（6）
Panel B：非国有内资						
$\ln EL_{ispt}$			0.8432*** (0.0101)		0.8462*** (0.0107)	
样本数量	8531	5395	5349	5850	5349	5850
调整后 R^2	0.53	0.39	0.72	0.32	0.67	0.29
Panel C：外资						
$Process_{ispt}$	−0.2035*** (0.0174)	−0.1752*** (0.0569)		−0.1715*** (0.0662)		−0.3001*** (0.0666)
$\ln LP_{ispt}$			−0.7666*** (0.0265)		−0.4864*** (0.0283)	
$\ln EL_{ispt}$			0.8308*** (0.0137)		0.8454*** (0.0147)	
样本数量	7357	2627	2607	3964	2607	3964
调整后 R^2	0.66	0.43	0.77	0.33	0.69	0.39

注：所有回归结果均控制企业特征、各类固定效应以及环境规制；小括号内的数值为标准误；显著性水平：***1%、**5%和*10%。

采用按三类工业部门区分的子样本对结果进行估计，报告于表 6.10 中。Panel A 至 Panel C 分别表示企业样本是来自技术密集型、资本密集型和劳动密集型部门的企业。从列（1）的结果来看，对于三类部门，加工贸易企业的劳动生产率均较低。其中，在劳动密集型部门中加工贸易企业在劳动生产率上的劣势最大，反映这类部门的加工贸易企业的生产技术尤为落后。从列（2）结果来看，除资本密集型部门外，其他两类部门的加工贸易企业的能源密集度均较低，其中，劳动密集型部门在能源密集度上差异更大，而资本密集型部门则不存在显著的差异。可能的解释在于：资本密集型部门的特殊性，该类部门在生产中需要消耗大量能源，对于加工贸易企业也不例外。从列（3）和列（5）来看，对于任何部门，劳动生产

表6.10 加工贸易、一般贸易与污染排放：不同工业部门

	劳动生产率	能源密集度	污染排放量		排放强度	
	（1）	（2）	（3）	（4）	（5）	（6）
Panel A：技术密集型						
$Process_{ispt}$	-0.1049***	-0.1505*		-0.2854***		-0.5629***
	（0.0244）	（0.0866）		（0.1027）		（0.1038）
$\ln LP_{ispt}$			-0.7361***		-0.4513***	
			（0.0346）		（0.0366）	
$\ln EL_{ispt}$			0.8654***		0.8676***	
			（0.0179）		（0.0189）	
样本数量	4545	1565	1543	2128	1543	2128
调整后 R^2	0.59	0.28	0.73	0.28	0.71	0.42
Panel B：资本密集型						
$Process_{ispt}$	-0.0444*	-0.0703		-0.1553*		-0.3247***
	（0.0265）	（0.0718）		（0.0840）		（0.0823）
$\ln LP_{ispt}$			-0.7861***		-0.4066***	
			（0.0292）		（0.0306）	
$\ln EL_{ispt}$			0.7910***		0.7784***	
			（0.0150）		（0.0157）	
样本数量	4734	2974	2953	3555	2953	3555
调整后 R^2	0.61	0.27	0.71	0.33	0.59	0.25
Panel C：劳动密集型						
$Process_{ispt}$	-0.2670***	-0.2391***		-0.1135*		-0.1916***
	（0.0186）	（0.0518）		（0.0589）		（0.0597）
$\ln LP_{ispt}$			-0.8310***		-0.5353***	
			（0.0225）		（0.0242）	
$\ln EL_{ispt}$			0.8487***		0.8635***	
			（0.0113）		（0.0121）	
样本数量	7127	3802	3774	4489	3774	4489
调整后 R^2	0.55	0.33	0.74	0.30	0.69	0.29

注：所有回归结果均控制企业特征、各类固定效应以及环境规制；小括号内数值为标准误；显著性水平：***1%、**5%和*10%。

率均与污染排放成反比，而能源密集度均与污染排放成正比。从列（4）和列（6）来看，对于三类部门，加工贸易企业的污染排放均少于一般贸易企业。其中，作为贸易方式转型的重点部门，技术密集型部门的加工贸易企业在环境表现上的优势最大，其次是高污染的资本密集型部门。

3. 不同区域

中国区域发展不平衡的问题尤为突出。扩大内陆地区开放、引导加工贸易向内陆转移以及促进区域间的平衡发展十分重要。2016年，国务院印发的《关于促进加工贸易创新发展的若干意见》提出加工贸易创新发展的任务，支持内陆地区承接加工贸易转移，推动区域协调发展。因此，沿海地区是加工贸易转型的重点区域。基于此背景，本部分从不同区域的视角检验从事加工贸易或一般贸易与污染排放是否具有异质性关系。与第四章和第五章一致，将所有样本区分为来自沿海省份和内陆省份的企业。在本章的研究样本中，在沿海和内陆省份中加工贸易企业占比分别为40.09%和16.81%，加工贸易强度分别为25.37%和8.88%。其中，沿海省份的加工贸易企业占比较高，且加工贸易强度较高，也反映出沿海区域是加工贸易转型的重点区域。

采用按所在区域区分的子样本对结果进行估计，报告于表6.11中。Panel A 和 Panel B 分别表示企业样本为来自沿海省份和内陆省份的企业。从列（1）的结果来看，仅在沿海省份，加工贸易企业的劳动生产率较低，而在内陆省份，加工贸易企业与一般贸易企业在劳动生产率上没有显著差异。从列（2）的结果看，同样仅在沿海省份，加工贸易企业的能源密集度较低。从中可以发现，对于内陆企业，回归结果具有一定的特殊性。可能的解释在于：内陆省份的贸易成本相对较高，并不适于企业利用低成本劳动力来发展加工贸易，从而加工贸易企业与一般贸易企业在劳动生产率以及能源密集度上没有明显差异。从列（3）和列（5）的结果看，无论是沿海或内陆地区的企业，劳动生产率均与污染排放成反比，而能源密集度均与污染排放成正比。从列（4）和列（6）来看，对于两类企业，加工贸易企业均更清洁，且在内陆地区，加工贸易企业与一般贸易企业在污染排放上的差异更明显。作为加工贸易转型的重点地区，沿海省份的加工贸易企业的污染排放也相对较少。

表6.11　加工贸易、一般贸易与污染排放：不同区域

	劳动生产率	能源密集度	污染排放量		排放强度	
	(1)	(2)	(3)	(4)	(5)	(6)
Panel A：沿海						
$Process_{ispt}$	-0.1907*** (0.0136)	-0.2202*** (0.0418)		-0.1936*** (0.0470)		-0.3172*** (0.0474)
$\ln LP_{ispt}$			-0.8034*** (0.0165)		-0.4546*** (0.0182)	
$\ln EL_{ispt}$			0.8457*** (0.0081)		0.8470*** (0.0090)	
样本数量	13045	6033	6023	7749	6023	7749
调整后 R^2	0.62	0.40	0.80	0.35	0.72	0.37
Panel B：内陆						
$Process_{ispt}$	-0.0278 (0.0375)	-0.1146 (0.0893)		-0.2820** (0.1175)		-0.4802*** (0.1165)
$\ln LP_{ispt}$			-0.7653*** (0.0359)		-0.4964*** (0.0365)	
$\ln EL_{ispt}$			0.8058*** (0.0192)		0.8127*** (0.0195)	
样本数量	3361	2308	2247	2423	2247	2423
调整后 R^2	0.54	0.38	0.65	0.29	0.60	0.29

注：所有回归结果均控制企业特征、各类固定效应及环境规制；小括号内数值为标准误；显著性水平：***1%、**5%和*10%。

（五）加工贸易转型对污染排放的影响

上述内容已讨论企业从事加工贸易和一般贸易与其污染排放之间的关系，发现加工贸易企业更清洁。然而，随着劳动力成本的上涨以及贸易政

策的转变，加工贸易企业转型已成为必然趋势。考虑到从事加工贸易的企业更清洁，加工贸易转型是否会加剧企业污染排放？本部分进一步借鉴Heckman 等（1997，1998）、De Loecker（2007）的倍差匹配法研究加工贸易转型对企业污染排放的影响。

采用 Probit 模型估计倾向得分。在匹配之前检验与企业发生贸易方式转型存在相关性的协变量，只有相关的变量才能用作匹配变量。表6.12报告倾向得分估计的结果。列（1）和列（2）以加工贸易强度下降作为企业发生加工贸易转型，列（3）和列（4）以加工贸易为主的企业转型为一般贸易为主的企业作为加工贸易转型，列（5）和列（6）以从事加工贸易的企业转型为纯一般贸易企业作为加工贸易转型。考虑到纯加工贸易企业的特殊性（Dai et al.，2016；戴觅等，2014），在列（2）、列（4）和列（6）中剔除这类企业的样本。结果显示，大多数的估计系数均不显著，即并不是所有协变量都影响企业的贸易方式转型。以列（1）、列（3）和列（5）为例，资本密集度较低以及利润率较高的企业更可能降低加工贸易强度；能源密集度较高、资本密集度较低、补贴收入较少以及利润率较高的企业更可能转型为以一般贸易为主的企业；劳动生产率较高、产出规模较小以及资本密集度较低的企业更可能转型为纯一般贸易企业，而外资企业则反之。由于只有与加工贸易转型存在相关性的变量才能用于匹配，剔除所有估计系数不显著的变量，重新估计倾向得分。需要注意的是，由于采用滞后一期的劳动生产率和能源密集度来控制企业的自选择行为，且企业的劳动生产率和能源密集度显著影响污染排放，所以无论这两个变量的估计系数是否显著，本章均在倾向得分估计时将它们保留，用作匹配变量。

根据倾向得分，采用最邻近匹配方法对处理组和对照组的样本进行匹配。在完成匹配后，对比匹配前后两组企业的特征差异，即 PSM 的平衡性条件检验。根据 Smith 和 Todd（2005）的做法，计算匹配前后两组样本的匹配变量的标准偏差。匹配后该标准偏差变得越小，则匹配的效果越好。平衡性条件检验的结果显示，对于不同定义下的加工贸易转型，两组样本之间基本所有匹配变量的标准偏差均出现明显下降[1]，表明 PSM 方法有效地降低了处理组与对照组之间的企业特性的差异。

表 6.12　倾向得分估计：加工贸易转型

	加工贸易强度下降		加工贸易为主转型为一般贸易为主		加工贸易转型为纯一般贸易	
	所有企业	剔除纯加工贸易企业	所有企业	剔除纯加工贸易企业	所有企业	剔除纯加工贸易企业
	（1）	（2）	（3）	（4）	（5）	（6）
$\ln LP_{isp,t-1}$	0.0295	0.1023	0.1692	0.1763	0.2807**	0.2452*
	（0.0882）	（0.0978）	（0.1526）	（0.1705）	（0.1197）	（0.1290）
$\ln EL_{isp,t-1}$	−0.0250	−0.0003	0.2371***	0.3162***	0.0720	0.0627
	（0.0459）	（0.0505）	（0.0893）	（0.1097）	（0.0633）	（0.0689）
$\ln RAdd_{isp,t-1}$	−0.0012	−0.0944	−0.1011	−0.0839	−0.1707**	−0.1950**
	（0.0544）	（0.0620）	（0.1023）	（0.1279）	（0.0739）	（0.0815）
$Equipment_{isp,t-1}$	0.0003	−0.0066	−0.0051	−0.0198	0.0103	−0.0064
	（0.0090）	（0.0112）	（0.0112）	（0.0205）	（0.0089）	（0.0171）
$\ln AWage_{isp,t-1}$	0.1191	0.1047	−0.2731	−0.5314	−0.1106	−0.1042
	（0.1295）	（0.1447）	（0.2668）	（0.3383）	（0.1709）	（0.1883）
$\ln KL_{isp,t-1}$	−0.1449**	−0.1756**	−0.3862***	−0.4197***	−0.1850**	−0.1635*
	（0.0696）	（0.0788）	（0.1303）	（0.1624）	（0.0893）	（0.0984）
$\ln Subsidy_{isp,t-1}$	−0.0034	−0.0025	−0.0914*	−0.1094**	0.0263	0.0375
	（0.0198）	（0.0216）	（0.0469）	（0.0534）	（0.0264）	（0.0279）
$\ln Profit_{isp,t-1}$	0.0822**	0.0773*	0.1468*	0.1777*	0.0731	0.0579
	（0.0390）	（0.0456）	（0.0780）	（0.0983）	（0.0563）	（0.0630）
$Age_{isp,t-1}$	−0.0020	0.0026	−0.0086	−0.0054	−0.0044	−0.0012
	（0.0053）	（0.0059）	（0.0113）	（0.0137）	（0.0072）	（0.0075）

---

[1]　以加工贸易强度下降作为企业发生贸易方式转型为例，匹配后，处理组与对照组的企业在劳动生产率、能源密集度、资本密集度及利润率上的标准偏差下降幅度分别为 29.8%、20.9%、53.7% 和 93.8%，均下降明显。

续表

	加工贸易强度下降		加工贸易为主转型为一般贸易为主		加工贸易转型为纯一般贸易	
	所有企业	剔除纯加工贸易企业	所有企业	剔除纯加工贸易企业	所有企业	剔除纯加工贸易企业
	（1）	（2）	（3）	（4）	（5）	（6）
$SOE_{isp,t-1}$	0.4320	0.4523	0.2925	-0.1660	0.3848	0.3961
	（0.5374）	（0.5684）	（0.7492）	（0.8040）	（0.5656）	（0.6184）
$Foreign_{isp,t-1}$	-0.1265	0.0239	-0.3953	-0.1908	-0.4512***	-0.3672**
	（0.1227）	（0.1368）	（0.2449）	（0.2855）	（0.1636）	（0.1751）
部门固定效应	YES	YES	YES	YES	YES	YES
样本数量	579	475	287	202	572	469
Pseudo R^2	0.05	0.05	0.19	0.21	0.11	0.10

注：小括号内数值为标准误；显著性水平：***1%、**5%和*10%。

通过估算平均处理效应（ATT），检验加工贸易转型对企业污染排放的影响。表6.13报告基于式（6.11）的估计结果。Panel A至Panel C分别以加工贸易强度下降、加工贸易为主转型为一般贸易为主以及从事加工贸易转型为纯一般贸易作为贸易方式转型。考虑到纯加工贸易企业的特殊性（Dai et al.，2016；戴觅等，2014），在列（3）和列（4）中剔除这类企业样本。

表6.13　贸易方式转型对污染排放的影响

	所有企业样本		剔除纯加工贸易企业	
	污染排放量	排放强度	污染排放量	排放强度
	（1）	（2）	（3）	（4）
Panel A：加工贸易强度下降				
ATT	0.1126	0.1197	-0.1067	-0.1064
	（0.1070）	（0.1116）	（0.1170）	（0.1237）
样本数量	570	570	463	463

续表

	所有企业样本		剔除纯加工贸易企业	
	污染排放量	排放强度	污染排放量	排放强度
	（1）	（2）	（3）	（4）
Panel B：加工贸易为主转型为一般贸易为主				
ATT	−0.2018	−0.2253	−0.4677**	−0.4243**
	(0.1854)	(0.2090)	(0.1943)	(0.2043)
样本数量	253	253	158	158
Panel C：加工贸易转型为纯一般贸易				
ATT	0.0144	0.0047	−0.5188**	−0.4902*
	(0.2050)	(0.2222)	(0.2438)	(0.2572)
样本数量	496	496	416	416

注：小括号内数值为标准误；显著性水平：＊＊＊1%、＊＊5%和＊10%。

从 Panel A 的结果来看，无论是否剔除纯加工贸易企业，所有估计结果均不显著。该结果说明，虽然加工贸易企业相对较清洁，但企业的加工贸易强度下降不会加剧污染排放。可能的解释在于：企业不会因为加工贸易参与度的下降改变其生产行为。从 Panel B 的结果来看，对于包括纯加工贸易企业在内的所有样本，估计结果均不显著；而对于剔除纯加工贸易企业的样本，估计系数为负，且在 5% 水平上显著。该结果说明，对于非纯加工贸易企业，当以加工贸易为主的企业转型为以一般贸易为主的企业时，污染排放将减少。可能的原因在于：从事一般贸易需要支付较高的额外成本，所以企业在贸易方式转型过程中支付高额成本，这类企业更有可能改变生产技术和设备，减少污染排放。无论估计系数不显著或显著为负均表明企业由加工贸易为主转型为一般贸易为主时，至少不会加剧污染排放。从 Panel C 的结果来看，对于剔除纯加工贸易企业后的样本，估计系数为负，且在至少 10% 水平上显著，而对于其他样本，估计结果均不显著。该结果说明，对于非纯加工贸易企业，当从事加工贸易的企业转型为纯一般贸易企业时，污染排放将减少。可能的原因同样在于：从事一般贸易的额外成本，向纯一般贸易转型的企业需支付高额成本，更可能更新生产技术和设备。同样，从事加工贸易的企业转型为纯一般贸易企业时，至少不会加剧污染排放。综合以上的结果，虽然从事加工贸易的企业更清洁，但加工贸易转型至少不会加剧企业污染排放，且在特定的情形下贸易方式转型还会进一步减少污染排放。

考虑到外资企业、技术密集型部门以及沿海省份是贸易方式转型的重点对象，进一步采用这三类重点企业子样本，对加工贸易转型的影响效应进行估计，报告于表6.14中。从表6.14的结果来看，所有的估计结果均不显著或为负，说明对于这三类贸易方式转型的重点企业，加工贸易转型不会加剧它们的污染排放①。

表6.14 贸易方式转型的重点企业

	外资企业		技术密集型部门		沿海省份	
	污染排放量	排放强度	污染排放量	排放强度	污染排放量	排放强度
	(1)	(2)	(3)	(4)	(5)	(6)
Panel A：加工贸易强度下降						
ATT	−0.2278	−0.1958	−0.4409	−0.4798*	0.0676	0.0883
	(0.1633)	(0.1752)	(0.2772)	(0.2904)	(0.1408)	(0.1478)
样本数量	336	336	79	79	508	508
Panel B：加工贸易强度下降（剔除纯加工贸易企业）						
ATT	−0.1872	−0.1966	−0.2187	−0.2235	0.0960	0.0911
	(0.1550)	(0.1700)	(0.5115)	(0.5209)	(0.1381)	(0.1468)
样本数量	254	254	60	60	412	412
Panel C：加工贸易为主转型为一般贸易为主						
ATT	−0.1210	−0.2164	−0.9648	−0.9919	−0.2197	−0.2186
	(0.3434)	(0.3842)	(0.8799)	(0.8324)	(0.2793)	(0.3054)

① 需要注意的是，对于技术密集型部门，由于样本量较少，估计结果会存在一定的偏差。但在所有贸易方式转型的情形下，估计结果均不显著或为负。因此，在整体上，本章仍相信对于技术密集型部门的企业，加工贸易转型不会加剧污染排放。

	外资企业		技术密集型部门		沿海省份	
	污染排放量	排放强度	污染排放量	排放强度	污染排放量	排放强度
	（1）	（2）	（3）	（4）	（5）	（6）
样本数量	154	154	25	25	215	215
Panel D：加工贸易为主转型为一般贸易为主（剔除纯加工贸易企业）						
ATT	－0.5858*	－0.4556	－0.7149*	－0.7858*	－0.2234	－0.1422
	（0.3100）	（0.3256）	（0.4291）	（0.4492）	（0.2578）	（0.2791）
样本数量	67	67	19	19	132	132
Panel E：加工贸易转型为纯一般贸易						
ATT	－0.1176	－0.0288	0.3741	0.2599	－0.1488	－0.1366
	（0.2175）	（0.2441）	（0.4134）	（0.4881）	（0.1827）	（0.1955）
样本数量	206	206	35	35	462	462
Panel F：加工贸易转型为纯一般贸易（剔除纯加工贸易企业）						
ATT	－0.1796	－0.1605	－0.1321	－0.2861	－0.0705	－0.0663
	（0.2427）	（0.2630）	（0.8212）	（0.7861）	（0.1791）	（0.1965）
样本数量	164	164	32	32	381	381

注：小括号内数值为标准误；显著性水平：＊＊＊1%、＊＊5%和＊10%。

四、本章小结

本章在第三章的理论分析、第四章和第五章发现出口企业以及出口强度更高的企业相对更清洁的基础上，采用中国工业企业数据、海关数据以及环境统计重点工业企业数据实证分析加工贸易企业和一般贸易企业在污染排放上的差异以及加工贸易转型的影响。具体而言，第一，采用计量经济学模型以劳动生产率和能源密集度作为中间渠道考察企业从事加工贸易或一般贸易与其污染排放的关系，检验假说 3 和假说 4。第二，通过其他污染物、PSM 方法选择样本、剔除极端值、剔除纯加工贸易企业、仅用企业名称匹配海关数据以及不同时期的样本进行稳健性检验。第三，考虑到企业在加工贸易参与度上存在的差异，讨论企业的加工贸易强度与污染排放的关系。第四，从所有制类型、工业部门和区域的视角检验企业从事加工贸易和一般贸易与污染排放的异质性关系。第五，借鉴 Heckman 等（1997，1998）、De Loecker（2007）的倍差匹配法识别加工贸易转型对企业污染排放的影响。

总体来说，本章的研究结论主要为以下方面：第一，相对于一般贸易企业，加工贸易企业的劳动生产率和能源密集度均较低，而劳动生产率较低的企业污染排放较多，能源密集度较低的企业较清洁。由于能源密集度渠道的影响大于劳动生产率渠道，以至于加工贸易企业相对更清洁。这些结果同时证实假说 3 和假说 4。第二，上述的结果在采用其他污染物、以PSM 方法选择样本、剔除极端值、剔除纯加工贸易企业、仅用企业名称匹配海关数据以及采用不同时期的样本重新估计时均十分稳健。第三，加工贸易参与度更高的企业，污染排放更少。第四，对于不同所有制类型、工业部门以及区域，从事加工贸易和一般贸易与企业污染排放的关系存在异质性。其中，对于加工贸易转型的重点对象（外资企业、技术密集型部门以及沿海省份），加工贸易企业均更清洁；对于国有企业、技术密集型部门以及内陆省份，两类企业在污染排放上的差异相对更大。第五，虽然加工贸易企业更清洁，但加工贸易转型至少不会加剧企业的污染排放，且在特定的情形下该转型还会减少排放。

本章的研究结果打破由于加工贸易企业的生产率较低、污染排放较多的直观印象，且生产率和能源密集度是加工贸易企业与一般贸易企业在污染排放上存在差异的原因。这一关系对于不同所有制类型、工业部门和区域的企业均存在异质性。此外，加工贸易转型已成为必然趋势（铁瑛等，2018；毛其淋，2019）。虽然加工贸易企业更清洁，但贸易方式转型至少不会加剧企业的污染排放，所以当前中国经济发展的两大重点任务（即污染防治攻坚战与加工贸易转型）可以相互兼容。这些结论均为中国如何发展加工贸易、加工贸易转型、加强污染防治和推动经济转型提供重要的政策启示。

本书在第四章至第六章已分析出口贸易（包括出口行为、出口强度和出口贸易方式）与企业污染排放的关系。此外，企业所处的贸易环境会同时影响企业出口和污染排放。不可否认，中国出口贸易（尤其是加工贸易）的快速发展得益于加入 WTO 后、近十几年自由贸易的环境（毛其淋和盛斌，2013，2014），那么贸易壁垒减少如何影响企业的污染排放？将在下一章对此进行考察。

第七章
贸易壁垒与环境污染

一、引言

本书的第四章至第六章已对企业出口与污染排放的关系进行研究，分别发现出口企业、出口强度较高的企业以及加工贸易企业相对更清洁。不可忽略的是，中国出口贸易之所以能快速发展，得益于加入 WTO 后的自由贸易环境（毛其淋和盛斌，2013，2014）。然而，近年来，世界范围内出现逆全球化的趋势，贸易保护主义开始重新抬头，贸易壁垒逐步增多（佟家栋等，2017；Bekkers，2019；Robinson & Thierfelder，2019）。在唐纳德·特朗普当选美国总统后，美国开始强调贸易保护和贸易公平，采用《1974 年贸易法》的"301 条款"，对中国所谓的"不公平贸易"展开调查，最终对大范围的、原产自中国的产品加征关税。之后，此举引发中美两国之间的贸易战，双方的贸易冲突不断升级。此外，为促进对外贸易平衡发展以及维护全球自由贸易，中国在维持出口平稳增长的同时，强调进一步扩大进口开放。观察近年的国际大事件，世界贸易的格局已发生巨大的变化，中国企业所处的贸易环境随之改变，具体表现为贸易自由化程度的改变。现有研究表明，贸易壁垒显著地影响企业行为（Amiti & Konings，2007；毛其淋和盛斌，2013；Cherniwchan，2017）。那么，贸易壁垒减少（包括进口自由化和出口自由化）如何影响企业出口和出口企业的污染排放[①]？本章对此进行研究，具有重要的理论价值和现实意义。

由于微观环境数据的限制，现有针对贸易壁垒对微观企业环境表现影响的文献较少，有待进一步补充。现有文献的不足之处在于：第一，对贸易壁垒环境效应的研究主要集中在宏观层面，仅有 Cherniwchan（2017）、Gutierrez 和 Teshima（2018）采用微观数据进行分析。但这两个研究同样存在一些不足之处。其中，Cherniwchan（2017）采用发达国家（美国）数据发现贸易自由化有利于污染减排，但该结论对于发展中国家是否成立有待考察。Gutierrez 和 Teshima（2018）虽然采用发展中国家（墨西哥）数据进行分析，但该研究的环境数据仅包括企业的能源效率和减排投资，以及基于卫星图像的地区环境质量，而非企业实际的污染排放。第二，在研究贸易壁垒对宏观层面的环境污染的影响方面，有较为成熟的三效应理论用于机制分析（Grossman & Krueger，1991，1995；Copeland & Taylor，1994，1995；Antweiler et al.，2001），但相关研究对贸易壁垒影响微观企业污染排放的中间机制探索不足。第三，并未考虑企业之间存在的异质性，考察贸易壁垒对不同类型企业的污染排放的差异化影响。

针对当前"逆全球化"、贸易保护重新抬头的背景以及现有文献存在不足，本章综合利用中国工业企业数据、污染排放系数[②]以及部门层面和地区层面的贸易成本实证研究贸易壁垒对企业出口和出口企业污染排放的

---

① 之所以选择出口企业的污染排放作为研究对象，而不是所有企业，原因在于：根据第三章的理论分析，一方面，贸易自由化可以促进原内销企业进入出口市场，但第四章的实证结果表明，企业开始出口不会影响它们的环境表现；另一方面，贸易自由化还可以扩大原出口企业的出口规模，通过规模效应、要素结构效应和技术效应间接影响出口企业的污染排放。因此，本章以出口企业作为样本，实证考察贸易自由化对出口企业污染排放的影响。

② 本书仅获得 2006 年和 2007 年的中国企业环境统计数据，但对于中国最具有里程碑意义的贸易自由化事件为 2001 年加入 WTO。由于可获数据的限制，本章采用工业部门层面的污染排放系数以及工业企业数据折算企业层面的污染排放作为替代。该方法已应用于现有研究中（He et al.，2019；He & Lin，2019）。

影响。本章的作用在于：在第三章理论分析以及第四章至第六章研究企业出口与污染排放的关系的基础上，进一步实证分析所处的贸易环境（贸易壁垒减少）对企业出口和污染排放的影响，并检验假说5和假说6，同时为第八章分析贸易失衡的影响效应奠定基础。具体而言，本章以贸易自由化表示贸易壁垒的减少。第一，采用 Cherniwchan（2017）的方法，从行业和区域两个层面构建反映贸易自由化的指标，即关税变化和标准化 HRI 指数。第二，采用 Heckman 二步法（Heckman，1979），在考虑样本选择性偏差以及贸易自由化对企业出口的影响的同时，分析贸易自由化（包括进口自由化和出口自由化）对出口企业污染排放的影响，并检验假说5。第三，为保证结果的稳健性，进行一系列的稳健性检验。第四，将 Grossman 和 Krueger（1991）提出的贸易影响环境污染的三种效应（包括规模效应、结构效应和技术效应）应用于微观层面分析，采用中介效应模型（Sobel，1982；Baron & Kenny，1986）探讨贸易自由化影响出口企业污染排放的中间机制，检验假说6。第五，基于所有制类型、所处部门和区域视角探索贸易自由化对不同类型的企业出口和出口企业污染排放的异质性影响。

与现有的相关研究相比，本章的贡献在于：第一，最先采用污染排放系数测算企业层面的污染排放，揭示贸易壁垒减少（包括进口自由化和出口自由化）对中国出口企业的污染排放的影响，丰富并拓展贸易壁垒与企业环境表现的相关文献。第二，最先将 Grossman 和 Krueger（1991）的三效应理论应用于微观层面分析，从产出规模、要素结构和生产技术三个视角揭示贸易壁垒影响企业污染排放的中介渠道。第三，从所有制类型、工业部门及区域视角揭示贸易壁垒对不同类型企业出口和污染排放的异质性影响。

本章剩余部分的安排如下：第二部分讨论贸易自由化的测度方法；第三部分介绍实证模型与数据；第四部分展示和分析实证结果，并检验假说5和假说6；第五部分为本章小结。

二、贸易自由化测度

本部分对贸易自由化进行测度，反映贸易壁垒减少的幅度。贸易自由化的程度不仅取决于行业层面的贸易成本（关税水平），而且取决于地理因素的影响（Anderson & Wincoop，2004；Cherniwchan，2017）。借鉴 Cherniwchan（2017）的方法，本部分结合关税削减与地理贸易成本对贸易自由化的程度进行测度。具体而言，关税削减反映部门层面和时间层面的贸易自由化，地理贸易成本反映省份层面的贸易自由化。因此，对于任意企业，它们面临贸易自由化的影响综合取决于部门、省份和时间三个维度。

（一）关税削减

关税水平是与部门层面的贸易自由化联系最紧密的指标。中国最具有里程碑意义的贸易自由化事件为2001年加入WTO。早在1995年7月，中国正式递交加入WTO的申请，在多年的谈判后，中国于2001年12月正式加入WTO，成为WTO的成员国之一。在WTO多边贸易自由化的框架下，中国与其他国家之间的关税水平逐步下降。图7.1展示1998~2007年中国与其他国家之间的加权平均关税率[①]，从中可以发现无论是中国对国外产品的进口关税，还是国外对中国产品的关税，均呈现逐步下降的趋势。其中，中国的进口关税下降更明显，尤其在2002年（即中国加入WTO的第二年），进口关税出现显著的下降。然而，对于不同的制造业部门，关税下降的幅度具有较大的差异性。部分制造业部门的关税水平下降

[①] 数据来源：联合国贸易和发展会议和世界银行共同开发的WITS数据库，详见 https：//wits. worldbank. org/。本章所有关税率均指加权平均关税率。

的幅度较大，而其他部门的关税水平下降的幅度较小。同样，对于不同年份，关税率的变化幅度也是不相等的。因此，本章采用关税削减的程度来测度部门层面和时间层面的贸易自由化。

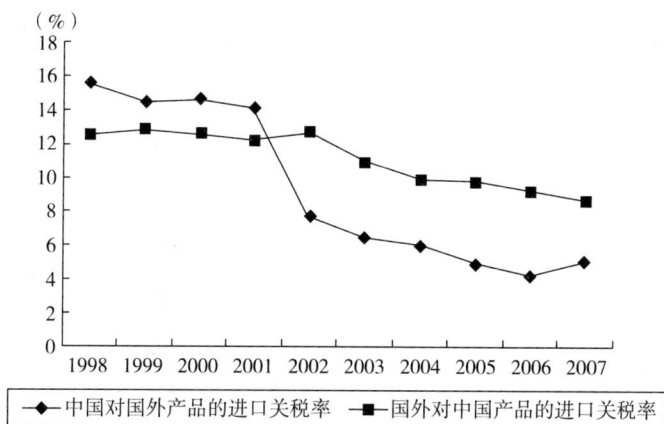

图 7.1 1998～2007 年中国与其他国家之间的加权平均关税率

资料来源：WITS 数据库，https：//wits. worldbank. org/。

通过特定年份与基期（2001 年）关税率的变化程度①计算中国与其他国家之间的关税削减程度。选取 2001 年作为基期，主要是因为中国在 2001 年加入 WTO，加入 WTO 后，中国与其他国家的关税率出现明显的下降。因此，通过比较其他年份与 2001 年的关税水平，可以恰当地反映关税水平的变化。中国对国外产品的关税削减以及国外对中国产品的关税削减分别如下：

$$\Delta T_{st}^{import} = T_{s,2001}^{import} - T_{st}^{import} \tag{7.1}$$

$$\Delta T_{st}^{export} = T_{s,2001}^{export} - T_{st}^{export} \tag{7.2}$$

式中，ΔT_{st}^{import} 为中国在 t 时期对 s 部门的国外产品的关税削减，ΔT_{st}^{export}

---

① 之所以采用特定年份与 2001 年的关税变化来测算部门层面和时间层面的贸易自由化，而不是直接采用特定年份的关税水平，主要是因为关税水平与贸易自由化程度存在负向的相关性，而在后续的分析中，采用标准化 HRI 指数来反映省份层面的贸易自由化，该指数与贸易自由化程度呈正相关。为更好地结合两个指标，综合测度企业所处部门和地区的贸易自由化水平，本章计算关税削减程度，该指数与贸易自由化程度呈正相关。

为国外在 t 时期对 s 部门的中国产品的关税削减。$T^{import}_{s,2001}$ 和 T^{import}_{st} 分别为中国在 2001 年和特定年份对国外产品的进口关税率。$T^{export}_{s,2001}$ 和 T^{export}_{st} 分别为国外在 2001 年和特定年份对中国产品的进口关税率。在后续分析中，采用上述的关税削减程度来反映特定部门和年份的贸易自由化，关税削减与贸易自由化程度呈正向关系。

（二）地理贸易成本

关税水平仅能反映部门层面和时间层面的贸易自由化，但贸易自由化的程度还反映在区域层面。Anderson 和 Wincoop（2004）研究表明，贸易政策仅在贸易成本占比 5%，而其他贸易壁垒的影响要大于关税水平。Cherniwchan（2017）也指出，地理因素造成的壁垒阻碍贸易自由化的发展。由于中国拥有广阔的地域，省份之间的地理贸易成本存在较大的差异。因此，在部分省份，企业面对较低的贸易成本，而在其他省份，企业则面对较高的贸易成本。众所周知，在沿海地区，经济较发达，贸易自由化的程度相对较高。在这些区域（如广州、上海），即便面对较高的外部关税，企业依然可以将产品出口至国外。相反，在内陆地区，经济发展较落后，贸易成本较高。例如，在西藏、青海等省份，即使不存在国外的关税壁垒，企业也很难大量地出口产品。因此，本章采用地理贸易成本来反映省份层面的贸易自由化。

为量化地理贸易成本，借鉴 Head 和 Ries（2001）提出的方法构建 Head – Ries 指数（HRI 指数）[1]。该指数的测算公式如下：

$$HRI_p = \sqrt{\frac{EX^{p-world} \times EX^{world-p}}{EX^{p-China} \times EX^{world-world}}} \tag{7.3}$$

---

[1] Head 和 Ries（2001）最先提出该指数，用于测算地理贸易成本，由两位作者姓氏的首字母命名（即 HRI 指数）。该指数极大程度地捕捉特定区域的地理因素引致的贸易成本，在现有文献中被广泛地用于测算地理贸易成本（如 Novy，2013；Cherniwchan，2017；He et al.，2019；He et al.，2020）。其中，He 等（2019）和 He 等（2020）采用该数据测算中国 31 个省份的地理贸易成本。此外，该指数还有一个优势在于：测算的数据来源较容易获取，仅采用一些可观测的数据（如贸易额、GDP）就可以计算 HRI 指数。

式中，HRI_p为 p 省份的 HRI 指数。$EX^{p-world}$为从 p 省份出口至国外的总额；$EX^{world-p}$为国外出口至 p 省份的总额，即该省份的进口规模；$EX^{p-China}$为 p 省份的生产总值在国内消费的部分，相当于该省份产品的内销额，通过 GDP 减出口额进行计算；$EX^{world-world}$为国外生产总值在国外消费的部分，本章不需要对其进行计算，而是采用如下的式（7.4）将其消除。

需要说明的是，本章采用 2001 年的省份层面的进出口额和 GDP，对各个省份的 HRI 指数进行计算。之所以采用 2001 年的数据，原因在于：Cherniwchan（2017）表明，关税水平的变动会影响一个地区的进出口总额，而 HRI 指数又是由地区的贸易数据计算而来，所以 HRI 指数与本章另一个核心变量（即关税削减）相互内生。在 Cherniwchan（2017）对 NAF-TA 引致的贸易自由化的研究中，他采用 NAFTA 生效、关税大幅下降的前一年数据计算 HRI 指数，以排除关税水平变化对 HRI 指数的影响，使得 HRI 指数能够最大限度地捕捉地理因素引致的贸易成本。因此，效仿 Cherniwchan（2017）的做法，本章采用 2001 年的数据计算中国各个省份的贸易成本，以排除中国在 2001 年加入 WTO 对 HRI 指数测算产生的干扰①，使得 HRI 指数可以更大程度地反映中国各个省份的地理贸易成本。

此外，Cherniwchan（2017）指出，HRI 指数不仅捕捉各个地区独有的贸易成本，还捕捉各个地区共有的贸易成本，如国家层面的贸易政策。为分离各个省份独有的那部分地理贸易成本，借鉴 Cherniwchan（2017）、He 等（2019）的做法，通过各个省份的 HRI 指数与中国各省平均 HRI 指数的比值计算标准化 HRI 指数。如下：

$$NHRI_p = \frac{HRI_p}{\frac{1}{p}\sum HRI_p} \tag{7.4}$$

式中，$NHRI_p$为 p 省份的标准化 HRI 指数。该指数与省份层面的贸易成本呈负相关，而与省份层面的贸易自由化程度呈正相关。因此，如果一

① 2001 年 12 月，中国加入 WTO，并于次年（即 2002 年）开始显著地降低关税。从图 7.1 也可以看出，从 2002 年开始，中国对外关税出现大幅度的下降。

个省份具有较低的贸易成本（或较高的贸易自由化程度），则该省份将更多地关注国外市场，出口和进口更多产品，具有较高的标准化 HRI 指数。相反，如果一个省份的贸易成本较高（或贸易自由化程度较低），则该省份更关注于国内市场，标准化 HRI 指数较低。

中国各个省份的标准化 HRI 指数如表7.1所示。从中可以发现，一般而言，沿海省份具有较高的标准化 HRI 指数，说明这些省份的贸易自由化程度较高。内陆省份（尤其是西部地区）则具有较低的标准化 HRI 指数。但地理位置并不是影响省份层面的贸易自由化程度的唯一因素。例如，作为一个内陆省份，北京具有较高的标准化 HRI 指数，而作为一个沿海省份，广西的标准化 HRI 指数较低。该结果说明，地理贸易成本还受到其他因素的影响，如地区的经济发展水平、交通和通信基础设施等。

表 7.1　2001 年中国各个省份的标准化 HRI 指数

NHRI 指数	省份
>2	广东、上海、北京、江苏
1~2	天津、浙江、福建、山东、辽宁
0.2~1	海南、河北、吉林、安徽
0.1~0.2	黑龙江、湖北、陕西、内蒙古、四川、新疆、重庆、云南、湖南、山西、河南、广西、江西、宁夏
<0.1	甘肃、贵州、青海、西藏

三、实证模型与数据

（一）实证模型

1. 贸易壁垒对出口企业污染排放的影响

为考察贸易壁垒减少（包括进口自由化和出口自由化）对出口企业污

染排放的影响，以及检验假说 5 和假说 6，借鉴 Cherniwchan（2017）、He 等（2019）、He 等（2020）的做法，结合关税削减和地理贸易成本构建反映企业所处特定工业部门、省份和年份的贸易自由化程度的指标，并将该指标作为实证模型的核心变量。考虑到本章的研究对象为出口企业，而非所有企业，可能会存在样本选择性偏差的问题，采用 Heckman 二步法（Heckman，1979）对贸易自由化的微观环境效应进行考察，该方法可以同时检验贸易壁垒减少对企业出口的影响（即假说 5）。本章的实证模型由如下两个方程组成，即式（7.5）和式（7.6）。首先，在 Heckman 二步法的第一阶段，通过 Probit 模型（即式（7.5）），检验贸易自由化对企业出口行为的影响，并检验假说 5[①]。如下：

$$P(EXB_{ispt} = 1) = \beta_1 \Delta T_{st}^{import} \times NHRI_p + \beta_2 \Delta T_{st}^{export} \times NHRI_p + X'\theta + \mu_s + \delta_p +$$
$$\omega_t + \varepsilon_{ispt} \qquad (7.5)$$

式中，下标 i、s、p 和 t 分别代表企业个体、制造业部门、省份和年份。$P(EXB_{ispt} = 1)$ 为企业 i 在 t 时期出口的可能性。EXB_{ispt} 为企业是否出口的虚拟变量，当企业出口时，$EXB_{ispt} = 1$，当企业不出口时，$EXB_{ispt} = 0$。ΔT_{st}^{import} 和 ΔT_{st}^{export} 分别为中国对国外产品以及国外对中国产品的进口关税削减，反映部门层面和时间层面的贸易自由化程度，如前文定义。$NHRI_p$ 为标准化 HRI 指数，反映省份层面的贸易自由化程度，如前文定义。采用交互项 $\Delta T_{st}^{import} \times NHRI_p$ 和 $\Delta T_{st}^{export} \times NHRI_p$ 分别表示特定部门、省份和时期的进口自由化程度以及出口自由化程度。X' 为其他控制变量，包括企业的产出规模、资本密集度、全要素生产率、补贴收入、平均工资、利润率、成立时间和所有制类型。μ_s、δ_p 和 ω_t 分别为部门、省份和年份的固定效应。其中，μ_s 和 δ_p 捕捉企业所在部门和省份的特点以及政策干扰；ω_t 控制企业行为随时间变化的趋势以及宏观层面的经济变量，如第三章理论模型的总支出指数和总物价指数；μ_s、δ_p 和 ω_t 共同控制理论模型的固定成本和要素价格，

---

① 该实证模型的解释变量中没有包括交互项的变量的单独项，主要是因为本章通过部门、省份和年份的固定效应控制这些单独项（即关税削减和地理贸易成本）。

以及实证模型中交互项的变量的单独项（即关税削减和地理贸易成本）。ε_{ispt} 为随机误差项。式（7.5）主要关注 β_1 和 β_2。β_1 和 β_2 分别刻画当进口自由化以及出口自由化的程度提高时，企业出口可能性的平均变化，两个系数的预期符号均为正。

其次，在 Heckman 二步法的第二阶段，通过式（7.6）检验贸易自由化对出口企业污染排放的影响。鉴于本章的企业样本包含大量的非出口企业，而出口企业仅在总样本中占较小的比重[①]，如果直接对结果进行估计，可能会存在样本选择性偏差的问题。Heckman（1979）提出一种两阶段方法，以修正上述的样本选择性偏差的问题。具体而言，采用 Probit 模型估计贸易自由化对企业出口的影响，从中得到逆米尔斯比率。然后，将该逆米尔斯比率作为控制变量纳入如下实证模型，从而检验贸易自由化对出口企业污染排放的影响。

$$\ln E_{ispt} = \beta_1 \Delta T_{st}^{import} \times NHRI_p + \beta_2 \Delta T_{st}^{export} \times NHRI_p + Z'\theta + \beta_3 IMR_{ispt} + \mu_s + \delta_p +$$
$$\omega_t + \varepsilon_{ispt} \tag{7.6}$$

式中，E_{ispt} 为企业的污染排放量。与第四章至第六章不同，由于本书仅获得 2006 年和 2007 年中国生态环境部提供的微观环境统计数据，而中国关税削减最显著的时期为加入 WTO（2001 年）之后的几年。由于微观环境数据可获性的限制，通过部门层面的污染排放系数与企业产值的乘积折算企业的污染排放作为替代，该方法已应用于现有研究中（He et al.，2019；He & Lin，2019）。根据 He 等（2019）、He 和 Lin（2019）的研究，污染排放系数为特定部门和年份的污染排放量与产值的比值。考虑到中国工业企业数据库中的企业样本均为大规模企业（年产值在 500 万元以上），而这类企业具有相似的技术水平，假定处在相同部门的企业具有相同的污染排放系数。此外，由于技术的不断进步，不同时期、同一部门的企业具有不相等的排放系数。在该假定中，企业的污染排放量取决于所处的部门

---

① 在本章的企业样本中，出口企业样本 380108 个，非出口企业样本 990860 个，出口企业仅占总样本的 27.7%。

和时期以及产值。本章在基准回归的结果中以 SO_2 作为污染物，并考虑到贸易对不同污染物的差异化影响（Cole & Elliott，2003；Managi et al.，2009；Gumilang et al.，2011），采用其他污染物［如 COD（化学需氧量）和粉尘］做稳健性检验①。Z' 为其他的控制变量。根据 Heckman（1979）的做法，在 Heckman 二步法的两个阶段中，控制变量不能完全相同。因此，与第一阶段的控制变量相比，第二阶段的控制变量不包括资本密集度和全要素生产率，并增加企业的中间产品投入②。此外，IMR_{ispt} 为逆米尔斯比率，由第一阶段的 Probit 模型计算得到。如果该比率的估计系数（即 β_3）显著不为 0，则该实证模型存在样本选择性偏差的问题。式（7.6）主要关注 β_1 和 β_2。β_1 和 β_2 分别刻画当进口自由化以及出口自由化的程度提高时，企业污染排放量的平均变化。这两个系数的预期符号均为不确定的，取决于前文所介绍的三种效应（即贸易自由化引致的规模效应、要素结构效应和技术效应）的相对大小。

为控制可能影响企业出口和污染排放的其他因素，本章在上述两个阶段的实证模型中控制如下的企业特征：

$$X'\theta = \theta_1 \ln RAdd_{ispt} + \theta_2 \ln KL_{ispt} + \theta_3 TFP_{ispt} + \theta_4 \ln Subsidy_{ispt} + \theta_5 \ln AWage_{ispt} +$$
$$\theta_6 \ln Profit_{ispt} + \theta_7 Age_{ispt} + \theta_8 SOE_{ispt} + \theta_9 Foreign_{ispt} \tag{7.7}$$

$$Z'\theta = \theta_1 \ln RAdd_{ispt} + \theta_2 \ln Intermediate_{ispt} + \theta_3 \ln Subsidy_{ispt} + \theta_4 \ln AWage_{ispt} + \theta_5$$
$$\ln Profit_{ispt} + \theta_6 Age_{ispt} + \theta_7 SOE_{ispt} + \theta_8 Foreign_{ispt} \tag{7.8}$$

式中，X' 和 Z' 分别为 Heckman 二步法的两个阶段的控制变量。对于第一阶段，$RAdd_{ispt}$ 为相对工业增加值，通过企业的工业增加值与所在行业、省份和年份的平均值的比值计算得到。KL_{ispt} 为资本密集度，通过固定资产净值与从业人员人数的比值计算得到。TFP_{ispt} 为全要素生产率，采用 LP 法（Levinsohn & Petrin，2003）对该指数进行测算。$Subsidy_{ispt}$ 为政府补贴强

---

① 与第四章至第六章不同，考虑到不同污染物的排放系数的可获得性，本章没有采用 NOx 和烟尘进行稳健性检验，而采用 COD 作为替代。

② 资本密集度和全要素生产率为后续机制检验中采用的中介变量；企业可以通过增加中间投入来扩大生产规模，影响污染排放量，所以添加中间产品投入作为控制变量。

度，通过补贴收入与产值的比值计算得到。$AWage_{ispt}$ 为平均工资，通过总工资与从业人员人数的比值计算得到。$Profit_{ispt}$ 为利润率，通过企业利润与产值的比值计算得到。Age_{ispt} 为企业的成立时间。SOE_{ispt} 和 $Foreign_{ispt}$ 分别为国有企业和外资企业的虚拟变量。如果企业为国有企业，$SOE_{ispt} = 1$，否则，$SOE_{ispt} = 0$；如果企业为外资企业，$Foreign_{ispt} = 1$，否则，$Foreign_{ispt} = 0$。此外，Heckman（1979）表明，Heckman 二步法的两个阶段中控制变量不能完全相同。本章第二阶段中的控制变量不包括资本密集度和全要素生产率，原因在于：在后续的机制检验中，采用这两个变量作为中介变量，以检验贸易自由化引致的要素投入和生产技术变化，进而影响污染排放量的变化（即要素结构效应和技术效应）。在第一阶段基础上，第二阶段还增加企业的中间产品投入（即 $Intermediate_{ispt}$）作为控制变量。

2. 机制检验

为解释贸易壁垒影响出口企业污染排放的中间机制，采用 He 等（2019）的思路，将 Grossman 和 Krueger（1991）的三效应理论应用于微观层面，提出三种潜在的影响渠道，包括规模效应、要素结构效应和技术效应。为此，采用 Sobel（1982）、Baron 和 Kenny（1986）的中介效应模型对这三种潜在渠道进行检验。进一步结合贸易壁垒减少对出口企业污染排放的影响和机制检验的结果，检验假说6。根据假说6，贸易壁垒减少（包括进口自由化和出口自由化）对出口企业污染排放的影响，取决于规模效应、要素结构效应和技术效应的相对大小。

具体而言，根据第三章的理论分析，贸易壁垒减少（包括进口自由化和出口自由化）引致企业生产规模、要素密集度和生产技术的变化，从而影响企业的污染排放量。本章以企业的工业增加值、资本密集度和全要素生产率作为中介变量①，构建中介效应模型的方程组。该方程组由式（7.6）

---

① 按照前文的分析，能源密集度和能源效率与企业污染排放的关系更紧密，采用这两个指标可能更能够反映贸易自由化引致的要素结构效应和技术效应，但本章并没有使用第四章至第六章所采用的微观环境统计数据，没有企业能源消耗的信息。因此，采用资本密集度和全要素生产率作为替代。实际上，资本密集度更高的企业通常消耗更多的能源；全要素生产率更高的企业能源效率也更高。

以及式（7.9）至式（7.12）组成。其中，式（7.9）至式（7.11）分别检验贸易自由化（包括进口自由化和出口自由化）对企业生产规模、要素密集度和生产技术的影响；式（7.12）检验在控制三种中间渠道的情形下，贸易自由化对企业污染排放的影响。

$$\ln Add_{ispt} = \beta_1 \Delta T_{st}^{import} \times NHRI_p + \beta_2 \Delta T_{st}^{export} \times NHRI_p + Z'\theta + \beta_3 IMR_{ispt} + \mu_s +$$
$$\delta_p + \omega_t + \varepsilon_{ispt} \tag{7.9}$$

$$\ln KL_{ispt} = \beta_1 \Delta T_{st}^{import} \times NHRI_p + \beta_2 \Delta T_{st}^{export} \times NHRI_p + Z'\theta + \beta_3 IMR_{ispt} + \mu_s +$$
$$\delta_p + \omega_t + \varepsilon_{ispt} \tag{7.10}$$

$$TFP_{ispt} = \beta_1 \Delta T_{st}^{import} \times NHRI_p + \beta_2 \Delta T_{st}^{export} \times NHRI_p + Z'\theta + \beta_3 IMR_{ispt} + \mu_s +$$
$$\delta_p + \omega_t + \varepsilon_{ispt} \tag{7.11}$$

$$\ln E_{ispt} = \beta_1 \Delta T_{st}^{import} \times NHRI_p + \beta_2 \Delta T_{st}^{export} \times NHRI_p + \beta_3 \ln Add_{ispt} + \beta_4 \ln KL_{ispt} +$$
$$\beta_5 TFP_{ispt} + Z'\theta + \beta_6 IMR_{ispt} + \mu_s + \delta_p + \omega_t + \varepsilon_{ispt} \tag{7.12}$$

式中，Add_{ispt}、KL_{ispt} 和 TFP_{ispt} 分别为企业的工业增加值、资本密集度和全要素生产率。式（7.9）至式（7.11）主要关注 β_1 和 β_2。在这三个公式中，β_1 和 β_2 分别刻画当进口自由化以及出口自由化的程度提高时，企业生产规模、资本密集度和生产率的平均变化。根据前文分析，式（7.9）的 β_2 以及式（7.11）的 β_1 和 β_2 的预期符号均为正，而其他系数的预期符号均为不确定的。此外，式（7.12）主要关注 $\beta_1 \sim \beta_5$。其中，β_1 和 β_2 分别刻画在控制三种中间渠道的情形下，当进口自由化以及出口自由化的程度提高时，企业污染排放量的平均变化，预期符号与式（7.6）的 β_1 和 β_2 相比，理应有所变化；β_3、β_4 和 β_5 分别刻画当企业的工业增加值、资本密集度和生产率更高时，它们污染排放量的平均变化，β_3 和 β_5 预期符号分别为正和负，而 β_4 的预期符号为不确定的。

进一步结合式（7.9）至式（7.12）的主要变量的估计系数，分析贸易自由化（包括进口自由化和出口自由化）所引致的三种效应。其中，式（7.9）的 β_1 和 β_2 与式（7.12）的 β_3 的乘积分别相当于进口自由化和出口自由化引致的规模效应；式（7.10）的 β_1 和 β_2 与式（7.12）的 β_4 的乘积分别相当于进口自由化和出口自由化引致的要素结构效应；式（7.11）的

β_1和β_2与式（7.12）的β_5的乘积分别相当于进口自由化和出口自由化引致的技术效应。

（二）数据

与第四章至第六章不同，本章的研究只采用一套中国企业层面的数据库，即中国工业企业数据库。此外，所采用的数据集还包括部门层面的污染排放系数和关税率，以及省份层面的地理贸易成本。将这些数据与企业数据进行匹配，形成一个涵盖1998～2007年企业污染排放量、其他特征、贸易自由化程度等信息的非平衡面板的数据集。本章将在如下部分提供更详细的数据来源、说明和处理方法。

本章的企业的基础信息以及出口、生产和财务信息均源于中国工业企业数据库。与第四章至第六章不同，由于采用的企业数据需包含中国加入WTO（2001年）前后的时间段，企业数据年份为1998～2007年。考虑到部门层面的污染排放系数的可获得性，仅选取来自26个制造业部门的企业作为样本①。对于该数据库的处理，与第四章存在很多相似之处，所以在数据处理上的重复细节不再介绍。与第四章至第六章不同，采用1998年的价格指数对变量值进行平减。此外，在此基础上，由于2004年的中国工业企业数据库缺乏企业出口的信息，将该年份的数据进行剔除。在完成上述的数据处理后，共获得1139919个企业样本，其中，306654个企业样本为出口企业。

除企业数据外，还收集其他数据用于测算污染排放系数以及贸易自由化程度。首先，测算部门层面的排放系数需要各个制造业部门的污染排放量和产值的数据，两者分别源于《中国环境统计年鉴》和《中国统计年鉴》。共测算1998～2007年26个制造业部门和3种污染物（SO_2、COD和粉尘）的污染排放系数。其次，特定部门和年份的关税削减通过联合国贸易和发展会议和世界银行共同开发的WITS数据库提供关税数据计算得到。

---

① 与第四章至第六章相比，本章的企业样本不包括所有非制造业部门以及部分制造业的企业。

最后，测算 2003 年省份层面的标准化 HRI 指数需要各个省份的进出口和 GDP 数据，均源于《中国统计年鉴》。将污染排放系数、关税削减和地理贸易成本的数据与企业数据进行匹配，形成一个涵盖 1998～2007 年企业污染排放量、其他特征、贸易自由化程度等信息的数据集，该数据的描述性统计如表 7.2 所示[①]。

表 7.2 描述性统计：贸易自由化与污染排放

变量	样本数量	均值	标准误差	最小值	最大值
E_SO_{2ispt}	306654	59608.47	569485.6	20.500	59986208
E_COD_{ispt}	306654	35506.68	396661.9	22.100	46108364
E_Dust_{ispt}	306654	55354.36	701834.9	0.0500	85500384
ΔT_{st}^{import}	306654	0.0427	0.0430	−0.0427	0.2063
ΔT_{st}^{export}	306654	0.0082	0.0183	−0.0834	0.0305
$NHRI_p$	306654	3.7750	4.1711	0.0174	11.434
Add_{ispt}	306654	44609.42	323271.6	0.8539	32908118
KL_{ispt}	306654	67.4504	170.0461	0.0010	12022.01
TFP_{ispt}	306654	7.2033	1.1324	−2.2143	13.7087
$RAdd_{ispt}$	306654	1.8846	6.5352	$3.14E-05$	643.1797
$Intermediate_{ispt}$	306654	118863.4	854800	0.7211	124756616
$Subsidy_{ispt}$	306654	0.0018	0.0220	$6.30E-09$	8.6023
$AWage_{ispt}$	306654	14.8662	18.0713	0.0006	6214.154
$Profit_{ispt}$	306654	0.0513	0.0729	$1.05E-07$	8.6375
Age_{ispt}	306654	10.5833	9.5162	1	59
SOE_{ispt}	306654	0.0413	0.1990	0	1
$Foreign_{ispt}$	306654	0.4572	0.4982	0	1

进一步地考虑到 2001 年加入 WTO 为中国最具有里程碑意义的贸易自由化事件，在此之后，中国与其他国家之间的关税水平逐步下降，所以在

---

① 由于本章主要关注出口企业的污染排放，所以表 7.2 展示的是出口企业的描述性统计。

实证分析前通过分组的描述性统计比较中国加入 WTO（2001 年）前后的出口企业在污染排放、面临的贸易自由化程度以及其他主要特征上的差异。表 7.3 为区分中国加入 WTO（2001 年）前后主要变量的描述性统计的结果。从该表可以看出，在加入 WTO 前后，出口企业在各方面特征以及面临的贸易自由化程度上均发生较大的变化。平均而言，首先，在中国加入 WTO（2001 年）后，出口企业在三种污染物的排放量上均出现明显的下降。但是，由于来自不同制造业部门、具有不同特征的企业不能进行直接比较，所以该结果不能说明贸易自由化引致出口企业的污染减排，本章在后续部分将采用严格的实证方法进行检验。其次，在加入 WTO 后，关税削减程度明显提高，说明出口企业面临关税水平明显降低；标准化HRI 指数略有提高，意味着在中国加入 WTO 后，更多的出口企业聚集到HRI 指数更高（或贸易自由化程度更高）的省份。最后，在加入 WTO 后，出口企业的生产规模、资本密集度和全要素生产率均有所提高，同样会间接影响污染排放量。

表 7.3　区分时间段的描述性统计

	加入 WTO 前（1998 – 2001）			加入 WTO 后（2002 – 2007）		
	样本数量	均值	标准误差	样本数量	均值	标准误差
E_SO_{2ispt}	86785	83746.47	638381.8	219869	50080.9	539581.2
E_COD_{ispt}	86785	53023.45	425613.4	219869	28592.6	384416.5
E_Dust_{ispt}	86785	98731.97	1085656	219869	38232.68	469827.4
ΔT_{st}^{import}	86785	− 0.0070	0.0273	219869	0.0624	0.0302
ΔT_{st}^{export}	86785	− 0.0002	0.0076	219869	0.0115	0.0201
$NHRI_{p}$	86785	3.7531	4.1393	219869	3.7836	4.1836
Add_{ispt}	86785	33488.61	214206.9	219869	48998.95	357176.1
KL_{ispt}	86785	62.9152	135.8346	219869	69.2405	181.7553
TFP_{ispt}	86785	7.0437	1.0769	219869	7.2663	1.1475

四、实证结果与分析

（一）基准回归结果

表7.4报告基于式（7.5）和式（7.6）的估计结果，即检验贸易壁垒对企业出口以及出口企业污染排放的影响。列（1）和列（2）的因变量为企业是否出口的虚拟变量，即 Heckman 二步法的第一阶段；列（3）～列（5）的因变量为污染排放量，即 Heckman 二步法的第二阶段。作为对比，列（1）和列（3）为没有控制企业特征的回归结果；列（5）在列（4）的基础上加入逆米尔斯比率作为控制变量，以修正该实证模型可能存在的样本选择性偏差问题。

1. 贸易壁垒与企业出口

通过 Heckman 二步法的第一阶段分析贸易自由化对企业出口行为的影响，即检验假说5，报告于表7.4的列（1）和列（2）中。从这两列的结果来看，进口自由化和出口自由化的估计系数均为正，且在1%水平上显著。该结果表明，贸易壁垒减少（包括进口自由化和出口自由化）促进企业进入出口市场，证实假说5。可能的原因在于：进口自由化降低中间产品进口的成本，使企业可以获得更多来自国外的高质量的中间产品，促进企业出口；出口自由化降低国外市场的准入条件，对企业出口的促进作用更直接。相反地，在当前逆全球化的背景下，潜在的贸易成本提高也将导致企业出口的减少。这一结果与现有基于中国企业数据的研究结论相似（如毛其淋和盛斌，2013，2014），但现有研究主要采用关税水平直接反映贸易自由化的程度，没有考虑各个省份在地理贸易成本上的差异，而Cherniwchan（2017）表明由于地理贸易成本的存在，贸易自由化会对不同区域的企业造成差异化的影响，所以在实证模型中同时考虑地理贸易成本是十分重要的。对比列（1）和列（2）的结果，在控制企业特征后核心变量的估计系数略有变化，但变化的幅度不大，说明企业所面临的贸易自由化程度具有一定的外生性，企业层面的遗漏变量对回归结果的影响不大。此外，通过进一步对比可以发现进口自由化对企业出口行为的影响大于出口自由化。采用列（2）作为基准回归的结果用于后续的分析和比较。

表 7.4　贸易壁垒、企业出口与污染排放

	企业出口		出口企业污染排放		
	不控制 企业特征		不控制 企业特征		修正样本 选择性偏差
	（1）	（2）	（3）	（4）	（5）
$\Delta T_{st}^{import} \times NHRI_p$	0.1186 ***	0.1113 ***	0.0537 ***	0.0714 ***	0.0999 ***
	(0.0085)	(0.0093)	(0.0135)	(0.0031)	(0.0031)
$\Delta T_{st}^{export} \times NHRI_p$	0.1128 ***	0.0902 ***	0.1249 ***	0.1720 ***	0.1977 ***
	(0.0207)	(0.0223)	(0.0296)	(0.0068)	(0.0068)
$\ln RAdd_{ispt}$		0.5129 ***		0.2798 ***	0.3339 ***
		(0.0039)		(0.0008)	(0.0011)
$\ln KL_{ispt}$		− 0.1211 ***			
		(0.0013)			
TFP_{ispt}		− 0.3424 ***			
		(0.0046)			
$\ln Intermediate_{ispt}$				0.7045 ***	0.6949 ***
				(0.0008)	(0.0008)
$\ln Subsidy_{ispt}$		0.0117 ***		− 0.0058 ***	− 0.0029 ***
		(0.0007)		(0.0003)	(0.0003)
$\ln AWage_{ispt}$		0.1207 ***		0.0193 ***	0.0277 ***
		(0.0029)		(0.0011)	(0.0011)
$\ln Profit_{ispt}$		− 0.0270 ***		− 0.0038 ***	− 0.0112 ***
		(0.0009)		(0.0003)	(0.0004)

续表

	企业出口		出口企业污染排放		
	不控制 企业特征		不控制 企业特征		修正样本 选择性偏差
	（1）	（2）	（3）	（4）	（5）
Age_{ispt}		0.0103***		0.0005***	0.0031***
		（0.0002）		（0.0001）	（0.0001）
SOE_{ispt}		0.0386***		0.0427***	0.0595***
		（0.0073）		（0.0031）	（0.0031）
$Foreign_{ispt}$		1.0599***		0.0236***	0.2382***
		（0.0036）		（0.0012）	（0.0033）
IMR_{ispt}					0.3314***
					（0.0047）
部门、省份、 年份固定效应	YES	YES	YES	YES	YES
样本数量	1139919	1139919	306654	306654	306654
Pseudo R^2	0.12	0.25			
调整后 R^2			0.62	0.98	0.98

注：列（1）和列（2）的因变量为企业是否出口的虚拟变量，列（3）~列（5）的因变量为污染排放量；列（1）和列（3）分别表示不控制企业特征的估计结果；列（5）在列（4）的基础上加入逆米尔斯比率作为控制变量。小括号内数值为标准误。显著性水平：***1%、**5%和*10%。

此外，基于列（2），考察影响企业出口行为的其他因素。其中，企业出口的可能性与产出规模、补贴收入、平均工资和成立时间成正比，而与资本密集度、全要素生产率和利润率成反比。值得注意的是，资本密集度和全要素生产率较低的企业更有可能出口产品，该结果说明中国在劳动力要素上的比较优势，以及出口—生产率悖论的存在（如 Lu，2010；Lu et al.，2010；Dai et al.，2016；李春顶，2010）。此外，相对于非国有内资企业，国有企业和外资企业（尤其是外资企业）进入出口市场的可能性更大，反映促进非国有内资企业出口的必要性。

2. 贸易壁垒与出口企业污染排放

在 Heckman 二步法的第二阶段分析贸易自由化对出口企业污染排放量的影响，报告于表 7.4 的列（3）~列（5）中。从这三列的结果来看，进口自由化和出口自由化的估计系数均为正，且在 1% 水平上显著。该结果说明，无论是进口自由化或是出口自由化均加剧出口企业的污染排放。这一结果与 Cherniwchan（2017）的结论相反[①]，但 Cherniwchan（2017）采用的是发达国家（美国）的企业数据进行分析，而本章采用发展中国家（中国）的数据。该结果同样不同于 Gutierrez 和 Teshima（2018）采用发展中国家（墨西哥）数据得到的结论[②]，但 Gutierrez 和 Teshima（2018）仅对进口关税下降引致的竞争效应进行分析，且采用的卫星图像数据所反映的地区空气质量。对比列（3）和列（4）的结果，在控制企业特征后核心变量的估计系数出现变化，说明控制这些企业特征的重要性。比较列（4）和列（5）的结果，在采用 Heckman 二步法修正样本选择性偏差后核心变量的系数有所提高。该结果说明，虽然样本选择性偏差的问题不会影响核心变量的系数符号，但导致对贸易自由化环境效应的低估。另外，列（5）中逆米尔斯比率的估计系数不为 0，且在 1% 水平上显著，同样说明样本选择性偏差的存在。因此，在本章的后续分析中，所有以污染排放量作为因变量的估计结果均采用 Heckman 二步法进行估计。此外，通过进一步对比可以发现出口自由化对出口企业污染排放的影响远大于进口自由化。采用列（5）作为基准回归的结果用于后续的分析和比较。

此外，基于列（5）考察影响出口企业污染排放的其他因素。其中，企业污染排放量与产出规模、中间投入、平均工资和成立时间成正比，而与补贴收入和利润率成反比。相对于非国有内资企业，国有企业和外资企

---

① Cherniwchan（2017）的研究结论为：中间产品进口自由化和出口自由化有助于美国制造业企业的污染减排。

② Gutierrez 和 Teshima（2018）的研究结论为：进口自由化引致的竞争效应改善企业周边的空气质量，其中，企业周边的空气质量采用卫星图像数据测算，实质为地区层面的空气质量。

业的污染排放量更大。此外，对比第五章采用中国工业企业的实际污染排放量所估计的结果（表5.2）①，可以发现主要的企业特征与污染排放量的关系基本相同，说明采用污染排放系数折算的环境数据同样能够较准确地反映企业的污染排放。

（二）稳健性检验

通过上述结果，发现贸易壁垒减少（包括进口自由化和出口自由化）有助于促进企业进入出口市场，但会加剧出口企业的污染排放。其中，贸易自由化对中国企业出口的促进作用在现有文献中已被充分证明（如 He et al.，2020；毛其淋和盛斌，2013，2014），不再对此进行稳健性检验。但仅有少量文献讨论贸易壁垒对企业污染排放的影响（Cherniwchan，2017；Gutierrez & Teshima，2018），且发现与 Cherniwchan（2017）、Gutierrez 和 Teshima（2018）相反的结论。为保证该结果的稳健性，进一步从七个方面进行稳健性检验，包括采用其他污染物、替换核心变量、剔除极端值、剔除纯出口企业、使用平衡面板数据、控制其他固定效应以及采用不同时期的子样本。表 7.5 和表 7.6 报告稳健性检验的结果，其中，表7.5 为前五种稳健性检验的结果，表 7.6 为后两种稳健性检验的结果。

1. 其他污染物

考虑到贸易对不同污染物的差异化影响（Cole & Elliott，2003；Managi et al.，2009；Gumilang et al.，2011），采用其他污染物（COD 和粉尘）进行稳健性检验，报告于表7.5 的列（1）和列（2）。与第四章至第六章不同，鉴于不同污染物的排放系数的可获得性，没有采用 NOx 和烟尘做稳健性检验，而采用 COD 作为替代，COD 为废水中最主要的污染物之一。从列（1）和列（2）的结果来看，对于 COD 和粉尘，进口自由化和出口自由化均加剧出口企业的污染排放，与采用 SO_2 作为污染物的估计结果一

---

① 之所以与第五章的回归结果进行对比，主要是因为第五章的研究对象也是出口企业，而第四章的样本包含非出口企业，第六章的企业出口数据源于中国海关数据库。

致。因此，在采用其他污染物的情形下，本章基准回归的结论依然稳健。另外，相比之下，贸易自由化对粉尘排放量的影响最大，其次是COD。

2. 替换核心变量

以往的研究中主要采用关税水平来单独反映贸易自由化程度（如毛其淋和盛斌，2013；田巍和余淼杰，2013；余淼杰和智琨，2016），所以本章同样仅采用关税削减的程度作为核心变量进行稳健性检验。换句话说，该做法剔除区域间贸易成本的差异，或令各省份的标准化HRI指数等于全国的平均水平（即$NHRI_p = 1$）。表7.5的列（3）报告将核心变量替换为关税削减的回归结果。从该列的结果来看，中国对国外产品以及国外对中国产品的进口关税削减均加剧企业的污染排放。基于上述分析，本章基准回归的结论在仅采用关税削减作为核心变量时依旧稳健。此外，进一步与本章基准回归的结果对比发现当仅采用关税削减反映贸易自由化程度时（或剔除区域贸易成本的差异），核心变量的估计系数明显地提高。鉴于中国各省份间存在较大的贸易成本差异，该结果说明在实证模型中加入地理贸易成本的重要性。如果不考虑这些地理差异，估计结果将会高估贸易自由化的影响。该结果同时说明，对于贸易自由化程度较高的地区，关税削减对企业污染排放的不利影响相对较小。

3. 剔除极端值

从描述性统计（见表7.2）可以发现，在所有的出口企业样本中存在污染排放量极端高和低的企业，会导致估计结果的偏差。为排除极端值的潜在影响，将污染排放量排在前后5%的样本作为极端样本进行剔除。对于剔除极端值后的样本，污染排放量的标准误差与均值的比值由9.5538下降至1.9163，出现显著的下降。之后，采用上述的样本对结果进行重新估计，报告于表7.5的列（4）中。从列（4）的结果来看，贸易自由化（包括进口自由化和出口自由化）导致出口企业污染排放的提高。因此，本章基准回归的结果在剔除极端值后依旧稳健。

4. 剔除纯出口企业

相对于其他出口企业，纯出口企业仅关注出口市场，且不易改变出口强度。另外，这类企业通常具有较小的生产规模、较低的资本密集度和生产率（Lu et al.，2014），而这些企业特征均为影响污染排放量的关键因素。考虑到纯出口企业的特殊性，以及本章的研究样本中纯出口企业所占比重较大①，将这类企业从样本中剔除，对结果进行重新估计，报告于表7.5的列（5）中。结果表明，进口自由化和出口自由化均导致出口企业污染排放的提高。在剔除纯出口企业后，本章基准回归的结果依然稳健。此外，相比较基准回归的结果，在剔除纯出口企业后，贸易自由化的影响效应变大，说明纯出口企业对贸易自由化程度变化的反应程度较小。

表7.5　稳健性检验：贸易壁垒、企业出口与污染排放（1）

	COD	粉尘	关税削减	剔除极端值	剔除纯出口企业	平衡面板
	（1）	（2）	（3）	（4）	（5）	（6）
$\Delta T_{st}^{import} \times NHRI_p$	0.1403 ***	0.2426 ***		0.0957 ***	0.1350 ***	0.0993 ***
	(0.0037)	(0.0117)		(0.0032)	(0.0039)	(0.0073)
$\Delta T_{st}^{export} \times NHRI_p$	0.2084 ***	0.2781 ***		0.1964 ***	0.2662 ***	0.1345 ***
	(0.0080)	(0.0253)		(0.0068)	(0.0090)	(0.0160)
ΔT_{st}^{import}			1.9882 ***			
			(0.0355)			
ΔT_{st}^{export}			1.6034 ***			
			(0.0418)			
企业特征	YES	YES	YES	YES	YES	YES
部门、省份、年份固定效应	YES	YES	YES	YES	YES	YES
样本数量	306654	306654	306654	275990	226526	40812
调整后 R^2	0.97	0.87	0.98	0.97	0.98	0.98

注：所有结果均采用 Heckman 二步法进行估计。小括号内数值为标准误。显著性水平：***1%、**5%和*10%。

———————

① 在本章的出口企业样本中，纯出口企业样本共80128个，占总样本的26.1%。

5. 平衡面板数据

考虑到贸易自由化会引致企业进入和退出出口市场（Baggs，2005；毛其淋和盛斌，2013），由此引致的资源配置效应可能会影响企业污染排放。换句话说，本章基准回归的结果不仅捕捉贸易自由化对出口企业污染排放的影响，还可能包含企业间资源再分配对污染排放的影响，进而产生潜在的估计偏差。对此，Cherniwchan（2017）采用平衡面板的企业数据，剔除企业进入和退出的潜在效应，发现贸易自由化不会通过企业进入和退出市场影响污染排放。He 和 Lin（2019）同样采用该方法检验贸易失衡是否会通过企业进入和退出出口市场，影响排放量。为此，借鉴上述的方法，采用平衡面板数据，即 1998～2007 年均存在出口市场的企业样本对结果进行重新估计，报告于表 7.5 的列（6）中。从该列的结果来看，进口自由化和出口自由化均加剧出口企业的污染排放。因此，在采用平衡面板数据剔除企业进入和退出出口市场的潜在效应的情形下，本章基准回归的结果依旧稳健。

6. 控制其他固定效应

本章的基准回归采用部门、省份和年份的固定效应来控制核心变量（即关税削减和标准化 HRI 指数的交互项）的单独项。考虑到关税削减同时反映在部门和时间两个层面，以及不同年份针对行业层面的政策冲击，单独的部门固定效应无法控制上述影响因素。为此，在基准回归的基础上进一步控制部门×时间的固定效应，对结果进行重新估计，报告于表 7.6 的列（1）中。从结果来看，进口自由化和出口自由化均使得出口企业的污染排放量增加。此外，鉴于不同年份针对省份层面的政策冲击，如在"十一五"期间（2006 年开始），国务院颁布针对各个省份的主要污染物排放总量控制计划，形成不同省份差异化的环境规制。为控制这些特定省份和时间的影响因素，在表 7.6 的列（1）的基础上进一步控制省份×时间的固定效应，重新估计结果，报告于表 7.6 的列（2）中。结果表明，进口自由化和出口自由化均增加企业排放。基于上述分析，本章基准回归的结论在控制其他固定效应时依旧稳健。

7. 不同时期的样本

考虑到贸易壁垒对出口企业污染排放的影响可能会随时间变化，采用不同时期的子样本对结果进行重新估计。第一，考虑到中国于2001年加入WTO，之后关税削减的程度远大于之前的幅度。因此，采用中国加入WTO后时间段（2002~2007年）的企业样本对结果进行估计，报告于表7.6的列（3）中。从结果来看，进口自由化和出口自由化均加剧出口企业的污染排放。相比较基准回归的结果，在采用加入WTO后时间段的样本估计时，贸易自由化对企业污染排放的影响变大。可能的原因在于：该时间段的关税削减幅度更大，且企业出口面临的不确定性变小，对出口企业产生更大的影响。第二，以中国加入WTO（2001年）作为时间分割线，在本章采用的样本时期中，有4年为加入WTO之前时间段（1998~2001年）的企业样本，6年为之后时间段（2002~2007年）的样本。鉴于研究时期的不对称性，进一步采用1998~2005年以及1998~2006年的企业样本对结果进行估计，报告于表7.6的列（4）和列（5）中。从结果来看，进口自由化和出口自由化均增加出口企业的排放量。因此，在采用不同时期的样本进行估计时，本章基准回归的结果依旧稳健。

表7.6 稳健性检验：贸易壁垒、企业出口与污染排放（2）

	其他固定效应	其他固定效应	2002~2007年	1998~2005年	1998~2006年
	（1）	（2）	（3）	（4）	（5）
$\Delta T_{st}^{import} \times NHRI_p$	0.0336***	0.0857***	0.1411***	0.1063***	0.0848***
	(0.0018)	(0.0026)	(0.0052)	(0.0031)	(0.0032)
$\Delta T_{st}^{export} \times NHRI_p$	0.0341***	0.0521***	0.3265***	0.1271***	0.1614***
	(0.0044)	(0.0056)	(0.0072)	(0.0064)	(0.0070)
企业特征	YES	YES	YES	YES	YES
部门、省份、年份固定效应	NO	NO	YES	YES	YES
部门×年份、省份固定效应	YES	NO	NO	NO	NO

续表

	其他固定效应	其他固定效应	2002~2007 年	1998~2005 年	1998~2006 年
	（1）	（2）	（3）	（4）	（5）
部门×年份、省份×年份固定效应	NO	YES	NO	NO	NO
样本数量	306654	306651	219869	197534	249787
调整后 R²	0.99	0.99	0.98	0.98	0.98

注：所有结果均采用 Heckman 二步法进行估计。小括号内数值为标准误。显著性水平：＊＊＊1%、＊＊5% 和＊10%。

（三）机制检验

上述结果表明，贸易壁垒减少（包括进口自由化和出口自由化）显著地加剧中国出口企业的污染排放。根据第三章的理论分析，一方面，贸易自由化可以促进企业进入出口市场，影响污染排放，但第四章的实证结果已经否定这一渠道；另一方面，贸易自由化还可以影响出口企业特征，间接影响它们的污染排放。为此，借鉴 He 等（2019）的思路，将 Grossman 和 Krueger（1991）的三效应理论应用于微观层面，通过 Sobel（1982）、Baron 和 Kenny（1986）的中介效应模型检验贸易自由化影响污染排放的中间机制，包括规模效应、要素结构效应和技术效应，报告于表7.7中。其中，列（1）为贸易自由化对出口企业污染排放的影响，即表7.4的列（5）所报告的结果；列（2）~列（4）分别为贸易自由化对企业生产规模、资本密集度和全要素生产率的影响，即基于式（7.9）至式（7.11）的估计结果；列（5）为在控制三种中间渠道的情形下贸易自由化对企业污染排放的影响，即基于式（7.12）的估计结果。

结合表7.7的列（2）和列（5）的估计系数检验贸易自由化引致的规模效应。其中，列（2）报告贸易自由化对出口企业的生产规模的影响。从结果来看，核心变量的估计系数均为正，且在1%水平上显著，说明进口自由化和出口自由化均有助于扩大出口企业的生产规模。对此的解释为：进口自由化使更多的来自国外的中间产品以较低的价格进入国内市场，企业可以较低的成本获得这些高质量的中间品，扩大生产规模；出口自由化降低出口市场的进入门槛，使企业的出口规模得到扩大，扩大生产。进一步，通过列（5）的估计系数可以发现企业的生产规模与污染排放量成正比，即生产规模较大的企业排放量较多。结合上述的结果，进口自由化和出口自由化均扩大出口企业的生产规模，而规模较大的企业污染排放较多，贸易自由化（包括进口自由化和出口自由化）引致的规模效应将加剧出口企业的污染排放。

表7.7　机制检验：贸易壁垒对污染排放的影响

	污染排放量	生产规模	资本密集度	全要素生产率	污染排放量
	（1）	（2）	（3）	（4）	（5）
$\Delta T_{st}^{import} \times NHRI_p$	0.0999 ***	0.1547 ***	0.2024 ***	0.1216 ***	0.0648 ***
	（0.0031）	（0.0025）	（0.0099）	（0.0030）	（0.0031）
$\Delta T_{st}^{export} \times NHRI_p$	0.1977 ***	0.1742 ***	0.1862 ***	0.1216 ***	0.1563 ***
	（0.0068）	（0.0055）	（0.0215）	（0.0066）	（0.0066）
$\ln Add_{ispt}$					0.3101 ***
					（0.0032）
$\ln KL_{ispt}$					− 0.0096 ***
					（0.0008）
TFP_{ispt}					− 0.0894 ***
					（0.0033）
企业特征	YES	YES	YES	YES	YES
部门、省份、年份固定效应	YES	YES	YES	YES	YES
样本数量	306654	306654	306654	306654	306654
调整后 R^2	0.98	0.97	0.52	0.94	0.98

注：所有结果均采用 Heckman 二步法进行估计。小括号内数值为标准误。显著性水平：＊＊＊ 1%、＊＊5% 和＊10%。

　　结合列（3）和列（5）的估计系数检验贸易自由化引致的要素结构效应。其中，列（3）报告贸易自由化对出口企业的资本密集度的影响。核心变量的系数均为正，且在1%水平上显著，说明进口自由化和出口自由化均提高出口企业的资本密集度。换句话说，贸易自由化使得出口企业调整它们的要素投入结构，相对于劳动力，企业在生产中将更密集地使用资本要素。进一步，通过列（5）的估计系数可以发现企业的资本密集度与污染排放量成反比。该结果说明，资本密集度较高的企业通常拥有更先进的减排技术和设备，污染排放较少。结合上述的结果，进口自由化和出口自由化均提高出口企业的资本密集度，而资本密集度较高的企业污染排放较少，贸易自由化（包括进口自由化和出口自由化）引致的要素结构效应将减少出口企业的污染排放。

　　结合列（4）和列（5）的估计系数检验贸易自由化引致的技术效应。其中，列（4）报告贸易自由化对出口企业的全要素生产率的影响，发现核心变量的系数均为正，且在1%水平上显著，说明进口自由化和出口自由化均提高出口企业的生产率。该结果与本书推断一致，可能的解释在于：进口自由化加剧国内市场竞争，引致进口产品的技术溢出，带来更多国外高质量的中间产品，这三个方面均有助于企业提高生产率；出口自由化使得企业扩大出口规模，获得更多的利润，增加创新和研发投入，改善生产技术。进一步，通过列（5）的估计系数可以发现企业的生产率与污染排放量成反比，该结果与 Bloom 等（2010）、Shapiro 和 Walker（2016）的发现一致。结合上述的结果，进口自由化和出口自由化均提高出口企业的全要素生产率，而生产率较高的企业污染排放较少，贸易自由化（包括进口自由化和出口自由化）引致的技术效应将减少出口企业的污染排放。

　　综上所述，贸易壁垒减少通过三种中间渠道（包括规模效应、要素结构效应和技术效应）影响出口企业的污染排放。具体而言，进口自由化和出口自由化均使得出口企业扩大生产规模，提高资本密集度和全要素生产率，生产规模较大的企业污染排放较多，资本密集度和生产率较高的企业排放较少。因此，贸易自由化引致的规模效应加剧企业污染排放，要素结构效应和技术效应减少排放。对列（2）~列（5）的估计系数做比较，进口自由化引致的规模效应（0.1547×0.3101）大于要素结构效应（0.2024×0.0096）和技术效应（0.1216×0.0894）之和，进口自由化的净效应加剧出口企业的污染排放。出口自由化引致的规模效应（0.1742×0.3101）也大于要素结构效应（0.1862×0.0096）和技术效应（0.1216×0.0894）之和，出口自由化的净效应同样使得企业增加排放。进一步比较列（1）和列（5）的估计系数可以发现在控制三种中间渠道的影响后，进口自由化和出口自由化对污染排放的影响有所下降，同样说明上述三种渠道的净效应加剧企业排放。因此，贸易自由化（包括进口自由化和出口自由化）通过生产规模、要素投入结构和生产技术三种渠道的净效应，加剧出口企业的污染排放，且起到主要作用的是规模效应。上述结果证实假说6，即贸易壁垒减少（包括进口自由化和出口自由化）对出口企业污染排放的影响取决于规模效应、要素结构效应和技术效应的相对大小。

（四）异质性检验

上述结果分析贸易壁垒对企业出口和出口企业污染排放的影响，以及影响污染排放的中间机制。考虑到不同类型的企业具有不同的污染排放量和特征，且面临不同的贸易自由化程度，本部分进一步依据所有制类型、制造业部门和省份区分子样本检验贸易壁垒对不同类型企业的异质性影响。

1. 不同所有制类型

所有制改革是中国经济发展的重要内容，包括市场化改革国有企业、大力发展非国有内资企业以及积极引进具有先进技术的外资企业。此外，贸易自由化会对不同所有制类型的企业造成异质性的影响，从而影响所有制改革（He et al.，2020）。为此，与第四章至第六章一致，本章将所有样本区分为国有企业、非国有内资企业和外资企业，并从不同所有制类型的视角考察贸易自由化对企业出口和出口企业污染排放的异质性影响。基于本章的研究样本，平均而言，国有企业、非国有内资企业和外资企业所面临的中国对国外产品的关税削减分别为 2.40%、4.57% 和 4.63%，面临的国外对中国产品的关税削减分别为 0.32%、1.00% 和 0.92%，标准化 HRI 指数分别为 1.7309、2.2738 和 4.4837。其中，非国有内资企业和外资企业面对的关税削减幅度更大；外资企业所处地区的平均标准化 HRI 指数远高于其他类型的企业，说明外商更倾向于在贸易自由化程度较高的区域进行投资。表 7.8 报告贸易自由化对不同所有制类型的企业的异质性影响，其中，列（1）、列（3）和列（5）的因变量为企业是否出口的虚拟变量，列（2）、列（4）和列（6）的因变量为出口企业的污染排放量。

表 7.8　基于所有制类型的异质性结果：贸易壁垒、企业出口与污染排放

	国有企业		非国有内资企业		外资企业	
	企业出口	污染排放量	企业出口	污染排放量	企业出口	污染排放量
	（1）	（2）	（3）	（4）	（5）	（6）
$\Delta T_{st}^{import} \times NHRI_p$	0.1087 **	0.0576 ***	0.1609 ***	0.1286 ***	0.0177	0.0650 ***
	（0.0427）	（0.0137）	（0.0129）	（0.0054）	（0.0150）	（0.0042）
$\Delta T_{st}^{export} \times NHRI_p$	− 0.0844	0.1578 ***	0.0738 **	0.2169 ***	0.1019 ***	0.1748 ***
	（0.1471）	（0.0420）	（0.0306）	（0.0113）	（0.0344）	（0.0089）
企业特征	YES	YES	YES	YES	YES	YES
部门、省份、年份固定效应	YES	YES	YES	YES	YES	YES
样本数量	60189	12664	847837	153417	228765	140193
Pseudo R²	0.23		0.17		0.11	
调整后 R²		0.99		0.98		0.98

注：所有结果均采用 Heckman 二步法进行估计。小括号内数值为标准误。显著性水平：*** 1%、** 5% 和 * 10%。

表 7.8 的列（1）和列（2）报告贸易自由化对国有企业的影响。从列（1）的结果来看，进口自由化促进国有企业进入出口市场，而出口自由化的影响则不显著。与本章的基准回归结果不同，出口自由化不能促进国有企业出口。可能的原因在于：国有企业的出口决策主要受到政府管控，不

易被外部的贸易环境影响。进一步，从列（2）的结果来看，进口自由化和出口自由化均加剧国有的出口企业的污染排放。相比较其他所有制类型以及基准回归的结果，贸易自由化对国有企业排放的影响较小，同样说明这类企业不容易受外部环境变化的影响。

列（3）和列（4）报告贸易自由化对非国有内资企业的影响。从列（3）的结果来看，进口自由化和出口自由化均促进非国有内资企业进入出口市场，且进口自由化对这类企业出口的影响要大于其他类型企业。该结果说明，这类企业更依赖国外高质量的中间产品，以促进企业出口。进一步，从列（4）的结果来看，进口自由化和出口自由化均导致非国有内资的出口企业污染排放的增加。相比其他类型的企业以及基准回归的结果，无论是进口自由化或出口自由化，均对这类企业污染排放的影响较大。该结果表明，非国有内资企业更容易因为贸易自由化而扩大生产，产生更多的排放。鉴于在所有制改革中，非国有内资企业是中国未来经济发展的重点支持对象，所以基于环境视角贸易自由化对所有制改革产生不利的影响。

列（5）和列（6）报告贸易自由化对外资企业的影响。从列（5）的结果来看，出口自由化促进外资企业出口，而进口自由化的影响则不显著。与本章的基准回归结果不同，进口自由化不能促进外资企业出口。可能的原因在于：外资企业多数为加工贸易企业，本身与国外企业保持紧密的中间产品供应关系，且受益于进口关税豁免，所以不容易受到进口自由化的影响。进一步，从列（6）的结果来看，进口自由化和出口自由化均会增加外资的出口企业的污染排放。

2. 不同制造业部门

中国已进入产业转型升级的时期。长久以来，中国在劳动密集型部门的生产和出口上拥有比较优势，但这类部门的发展不利于对外贸易的长期、可持续发展（戴翔，2015），而技术密集型和资本密集型部门是制造业转型的重点部门。此外，贸易自由化会对不同制造业部门的企业产生异质性的影响，从而影响产业转型升级（He et al.，2020）。为此，与第四章至第六章一致，本章将所有样本区分为来自技术密集型、资本密集型和劳动密集型部门的企业[①]，从不同制造业部门的视角考察贸易自由化对企业出口和出口企业污染排放的异质性影响。基于研究样本，来自技术密集型、资本密集型和劳动密集型部门的企业所面临的中国对国外产品的关税削减分别为 5.41%、3.43% 和 4.43%，国外对中国产品的关税削减分别为 1.10%、0.95% 和 0.8%，标准化 HRI 指数分别为 2.7117、2.0820 和 3.1289。其中，技术密集型部门的企业面对更大幅度的关税削减；劳动密集型部门的企业所在地区的平均标准化 HRI 指数最高，其次是技术密集型部门，说明这些企业更多位于地理贸易成本较低的区域。表 7.9 报告贸易自由化对不同制造业部门的企业的异质性影响，其中，列（1）、列（3）和列（5）的因变量为企业是否出口的虚拟变量，列（2）、列（4）和列（6）的因变量为出口企业的污染排放量。

表 7.9　基于制造业部门的异质性结果：贸易壁垒、企业出口与污染排放

	技术密集型部门		资本密集型部门		劳动密集型部门	
	企业出口	污染排放量	企业出口	污染排放量	企业出口	污染排放量
	（1）	（2）	（3）	（4）	（5）	（6）
$\Delta T_{st}^{import} \times NHRI_p$	0.2780***	0.0184*	0.1763***	0.1002***	−0.0159	0.0733***
	(0.0317)	(0.0110)	(0.0233)	(0.0067)	(0.0124)	(0.0036)
$\Delta T_{st}^{export} \times NHRI_p$	−0.2531**	0.5596***	−0.1546**	−0.0361*	0.1135***	0.0931***
	(0.1027)	(0.0352)	(0.0780)	(0.0207)	(0.0258)	(0.0068)
企业特征	YES	YES	YES	YES	YES	YES
部门、省份、年份固定效应	YES	YES	YES	YES	YES	YES
样本数量	376706	103992	326207	48164	436887	154498
Pseudo R²	0.24		0.19		0.25	
调整后 R²		0.97		0.98		0.97

注：所有结果均采用 Heckman 二步法进行估计。小括号内数值为标准误。显著性水平：***1%、**5% 和 *10%。

[①]　本章采用研发投入占主营业务收入的比重和资本密集度对制造业部门进行分类，方法与第四章至第六章的分类方法一致。

　　表7.9的列（1）和列（2）报告贸易自由化对来自技术密集型部门的企业的影响。从列（1）的结果来看，对于技术密集型部门，进口自由化有助于促进企业出口，且该促进作用大于其他部门以及本章基准回归的结果，说明该部门的企业出口更依赖于国外的中间产品进口。然而，与基准回归的结果不同，出口自由化反而降低企业出口的可能性。可能的原因在于：在本章的样本时期，中国技术密集型部门的企业在出口市场上竞争力不强，国外关税的削减并没有促进这类企业进入出口市场。进一步，从列（2）的结果来看，进口自由化和出口自由化均加剧出口企业的污染排放。其中，出口自由化带来的不利影响要远大于其他部门和基准回归的结果。考虑到技术密集型部门是中国产业转型和升级最关键的部门，所以基于环境视角出口自由化将对产业转型升级产生不利的影响。

　　列（3）和列（4）报告贸易自由化对来自资本密集型部门的企业的影响。从列（3）的结果来看，对于资本密集型部门，进口自由化能够促进企业进入出口市场，而出口自由化则存在相反的影响。与基准回归的结果不同，出口自由化降低企业出口的可能性，可能的原因与技术密集型部门相似，同样在于这类部门的企业在国际市场的竞争力较弱。进一步，从列（4）的结果来看，进口自由化加剧出口企业的污染排放，且该不利的影响大于其他部门。该结果说明，对于污染密集度相对较高的资本密集型部门，进口自由化使企业能够更多地获得国外中间产品，以至于生产规模的扩张，加剧污染排放。与基准回归的结果不同，出口自由化有助于减少出口企业的污染排放。可能的原因在于：对于这类高污染部门，加强与出口市场的联系有利于企业获得国外先进的减排技术和设备，改善生产技术，减少排放。鉴于资本密集型部门是污染排放的重要来源，所以出口自由化在一定程度上有助于高污染企业的污染减排。

　　列（5）和列（6）报告贸易自由化对来自劳动密集型部门的企业的影响。从列（5）的结果来看，对于劳动密集型部门，出口自由化促进企业进入出口市场。对于三种类型的部门，出口自由化仅能够促进劳动密集型部门的企业出口。可能的原因在于：中国在劳动密集型产品出口上具有比较优势，出口市场进入门槛的下降有助于这类部门的企业出口，对于不具有比较优势的部门没有促进作用。然而，与基准回归的结果不同，进口自由化不能促进企业出口。可能的原因与外资企业相似，即劳动密集型部门的企业多数为加工贸易企业，不容易受到进口自由化的影响。进一步，从列（6）的结果来看，进口自由化和出口自由化均导致出口企业污染排放的增加。

3. 不同区域

中国存在突出的区域发展不平衡的问题。扩大内陆地区开放、促进区域间的平衡发展成为当前区域经济发展的重点任务。此外，贸易自由化会对不同地区的企业产生异质性的影响，进而影响区域平衡发展（He et al.，2020）。为此，与第四章至第六章一致，本章将所有样本区分为沿海和内陆省份的企业，从不同区域的视角考察贸易自由化对企业出口和出口企业污染排放的异质性影响。基于研究样本，沿海省份和内陆省份的企业所面临的中国对国外产品的关税削减分别为 4.53% 和 4.27%，国外对中国产品的关税削减分别为 0.97% 和 0.89%，标准化 HRI 指数分别为 3.4064 和0.4382。其中，沿海省份的企业的平均标准化 HRI 指数远高于内陆省份的企业，说明沿海地区的贸易成本较低，贸易自由化程度较高。表 7.10 报告贸易自由化对不同区域的企业的异质性影响，其中，列（1）和列（3）的因变量为企业是否出口的虚拟变量，列（2）和列（4）的因变量为出口企业的污染排放量。

表 7.10 的列（1）和列（2）报告贸易自由化对沿海省份的企业的影响。从列（1）的结果来看，进口自由化和出口自由化均促进沿海企业进入出口市场。与内陆地区相比，贸易自由化对沿海地区的企业出口的影响较小。可能的原因在于：沿海省份本身的贸易自由化程度较高，且出口企业所占比重较大，所以贸易自由化程度提高对企业出口的潜在影响较小。进一步，从列（2）的结果来看，进口自由化和出口自由化均加剧沿海地区的出口企业的污染排放，且该影响小于对内陆地区企业的影响。

列（3）和列（4）报告贸易自由化对内陆省份的企业的影响。从列

（3）的结果来看，进口自由化和出口自由化均促进内陆企业的出口，且该影响远大于对沿海地区的影响。该结果表明，扩大内陆地区的贸易开放程度对企业出口具有极大的促进作用。进一步，从列（4）的结果来看，进口自由化和出口自由化均导致内陆地区的出口企业污染排放的增加，且该影响同样远大于对沿海地区的影响。考虑到扩大内陆地区的贸易开放和促进区域的平衡发展为中国区域经济发展的重点任务，虽然贸易自由化有利于内陆企业的出口，但基于环境视角，贸易自由化对区域平衡发展产生不利的影响。

表 7.10　基于区域的异质性结果：贸易壁垒、企业出口与污染排放

	沿海省份		内陆省份	
	企业出口	污染排放量	企业出口	污染排放量
	（1）	（2）	（3）	（4）
$\Delta T_{st}^{import} \times NHRI_p$	0.1444 ***	0.1013 ***	0.2231 ***	0.3062 ***
	（0.0098）	（0.0032）	（0.0777）	（0.0322）
$\Delta T_{st}^{export} \times NHRI_p$	0.1622 ***	0.1984 ***	0.6043 ***	0.6108 ***
	（0.0229）	（0.0069）	（0.2294）	（0.0828）
企业特征	YES	YES	YES	YES
部门、省份、年份固定效应	YES	YES	YES	YES
样本数量	865303	275636	274616	31018
Pseudo R^2	0.23		0.19	
调整后 R^2		0.98		0.98

注：所有结果均采用 Heckman 二步法进行估计。小括号内数值为标准误。显著性水平：***1%、**5% 和 *10%。

五、本章小结

本章在第三章的理论分析以及第四章至第六章分析企业出口与污染排放的关系的基础上，综合使用中国工业企业数据、污染排放系数以及贸易成本信息实证分析贸易壁垒对企业出口和出口企业污染排放的影响。具体而言，本章以贸易自由化表示贸易壁垒减少的程度。第一，采用 Cherniwchan（2017）的方法测算关税削减和标准化 HRI 指数，从部门和区域两个层面构建贸易自由化的指标。第二，采用 Heckman 二步法（Heckman，1979）修正样本选择性偏差，考察贸易自由化（包括进口自由化和出口自由化）对企业出口和出口企业污染排放的影响，检验假说5。第三，通过其他污染物、替换核心变量、剔除极端值、剔除纯出口企业、平衡面板数据、其他固定效应以及不同时期的样本进行稳健性检验。第四，将 Grossman 和 Krueger（1991）的三效应理论应用于微观层面分析，采用中介效应模型（Sobel，1982；Baron & Kenny，1986）检验贸易自由化影响出口企业污染排放的中间机制，检验假说6。第五，从所有制类型、部门和区域的视角检验贸易自由化对企业出口和出口企业污染排放的异质性影响。

整体而言，本章的研究结论主要包括以下方面：第一，贸易壁垒减少（包括进口自由化和出口自由化）促进企业进入出口市场，且证实假说5。相比之下，进口自由化对企业出口的促进作用更大。第二，贸易壁垒减少（包括进口自由化和出口自由化）加剧出口企业的污染排放，且出口自由化对环境的不利影响更大。第三，本章基准回归的结果在采用其他污染物、替换核心变量、剔除极端值、剔除纯出口企业、使用平衡面板数据、控制其他固定效应以及采用不同时期的样本重新估计时依旧稳健。第四，贸易壁垒通过规模效应、要素结构效应和技术效应影响出口企业的污染排放。具体而言，进口自由化和出口自由化引致的规模效应均加剧企业的污染排放，要素结构效应和技术效应减少排放，规模效应大于要素结构效应和技术效应之和，净效应加剧企业污染排放。上述结果同时证实假说 6。第五，对于不同所有制类型、制造业部门以及区域，贸易壁垒对企业出口和出口企业污染排放的影响存在异质性。比较特殊的是，对于外资企业和劳动密集型部门，进口自由化不能促进企业进入出口市场；对于国有企业以及技术密集型和资本密集型部门，出口自由化对企业出口没有促进作用；对于资本密集型部门，出口自由化有助于出口企业的污染减排。

基于中国制造业企业数据，本章发现与现有研究（Cherniwchan，2017；Gutierrez & Teshima，2018）相反的结论，即贸易壁垒减少（包括进口自由化和出口自由化）均不利于企业的污染减排，并揭示相关的影响机制，其中，规模效应是贸易自由化加剧环境污染的主要原因。此外，对于不同所有制类型、制造业部门和区域，贸易壁垒对企业环境表现的影响存在异质性，进而影响中国的所有制结构改革、产业转型升级以及区域平衡发展。这些结论均为进一步扩大对外开放、促进企业出口、实现污染减排和推动经济转型提供重要的政策启示。

此外，贸易壁垒减少还会加剧贸易失衡的程度（Santos‐Paulino & Thirlwall，2004）。实际上，贸易失衡也是中国成为国际贸易摩擦（尤其是中国贸易冲突）的主要对象的关键因素。长期以来（尤其是 2001 年加入 WTO 后），中国的对外贸易一直保持巨大的顺差，在贸易失衡的背后，贸易顺差是否会影响出口企业的污染排放？能否让中国同等地"获益"？将在下一章节对此问题进行分析，以揭示贸易失衡背后的微观环境利益。

第八章

贸易失衡与环境污染

一、引言

本书第七章的研究结果表明，贸易壁垒减少会加剧出口企业的污染排放。此外，贸易壁垒减少还会影响贸易失衡的程度（Santos – Paulino & Thirlwall，2004），对企业排放产生潜在的效应。实际上，分析近年来"逆全球化"、贸易保护主义重新抬头、中美贸易冲突的原因，贸易失衡是主要的导火索之一。长期以来，全球贸易失衡的问题非常突出，贸易顺差主要源于以中国为代表的部分发展中国家，而逆差主要源于以美国为代表的发达国家。尤其在加入 WTO 后，与发达国家（尤其是美国）之间的贸易顺差让中国成为国际贸易摩擦的主要对象（李昕和徐滇庆，2013；戴翔和张二震，2013）。为促进对外贸易的平衡发展，中国开始主动地扩大进口开放的力度。为此，本章从微观企业的视角对如下问题进行研究：在贸易失衡背后，贸易顺差是否加剧环境污染？能否让中国同等地"获益"？即分析贸易失衡对出口企业污染排放的影响具有重要的理论价值和现实意义。

虽然现有文献已对贸易失衡的成因以及影响效应进行探讨，但仍旧存在如下的不足：第一，虽然现有文献已探讨贸易失衡的环境效应，但均基于宏观视角采用投入产出分析法和贸易隐含碳排放进行分析（Lin & Sun，2010；张文城和彭水军，2014），没有揭示贸易失衡对微观企业污染排放的影响。第二，虽然现有文献已从微观企业的视角研究国际贸易与污染排放的关系，但主要聚焦企业出口与污染排放的关系（Cui et al.，2012，2016；Holladay，2016；Richter & Schiersch，2017），以及贸易自由化对企业污染排放的影响（Cherniwchan，2017；Gutierrez & Teshima，2018）。作为一种企业所处的贸易环境，现有文献仍没有考察贸易失衡对企业污染排放的影响，乃至对不同类型企业的异质性影响。第三，虽然现有文献通过三效应理论（Grossman & Krueger，1991，1995；Copeland & Taylor，1994，1995；Antweiler et al.，2001）讨论贸易影响环境污染的中间机制，但主要关注出口扩张和贸易自由化的影响，而非贸易失衡的环境效应。

针对中国长期存在的贸易失衡以及现有文献存在不足，本章综合利用中国工业企业数据、污染排放系数①以及制造业部门和省份的进出口数据实证研究贸易失衡对出口企业污染排放的影响。本章的作用在于：在第七章发现贸易壁垒减少加剧企业的污染排放的基础上进一步分析贸易失衡对出口企业污染排放的影响，揭示贸易顺差能否使中国获得同等的环境利益。具体而言，第一，采用 He 和 Lin（2019）的方法测算特定制造业部门和省份的贸易失衡程度（包括贸易顺差和逆差的程度），初步讨论贸易失衡对企业污染排放的潜在影响。第二，采用 Heckman 二步法（Heckman，1979）修正样本选择性偏差，分析贸易失衡（包括贸易顺差和逆差）对出口企业污染排放的影响。第三，为保证结果的稳健性进行一系列的稳健性检验。第四，采用企业进入与退出出口市场、三效应理论（Grossman & Krueger，1991；Antweiler et al.，2001）以及中介效应模型（Sobel，1982；

---

① 与第七章相同，本章采用 1998~2007 年的数据考察贸易失衡对出口企业污染排放的影响。由于中国微观环境数据的年份仅为 2006 年和 2007 年，同样采用污染排放系数，折算企业的污染排放量。

Baron & Kenny，1986）探讨贸易失衡影响污染排放的中间机制。第五，基于所有制类型、所处部门和区域的视角探索贸易失衡对不同类型的出口企业污染排放的异质性影响。

与现有的文献相比较，本章的贡献在于：第一，为贸易失衡（包括贸易顺差和贸易逆差）对企业层面污染排放的影响提供最初的经验证据，揭示贸易失衡背后的微观环境利益，尤其在当前"逆全球化"、中美贸易摩擦的背景下具有重要的现实意义。第二，最先借鉴 Grossman 和 Krueger（1991）的三效应理论，从生产规模、要素投入结构和生产技术的视角揭示贸易失衡影响出口企业污染排放的中介渠道。第三，从所有制类型、制造业部门以及区域的视角揭示贸易失衡对不同类型企业存在的异质性影响。

本章的剩余部分安排如下：第二部分识别贸易失衡对出口企业污染排放的影响，包括贸易失衡的测度方法以及相关机制的讨论；第三部分介绍实证模型与数据；第四部分展示和分析实证结果；第五部分为本章小结。

二、贸易失衡对出口企业污染排放的影响

为识别贸易失衡对出口企业污染排放的影响，首先采用 He 和 Lin（2019）的方法对企业所处的贸易失衡程度进行测度。其次，与第七章一致，同样借鉴 Grossman 和 Krueger（1991）的三效应理论讨论贸易失衡对企业污染排放的潜在影响。

（一）贸易失衡测度

贸易失衡为出口与进口之间的差额，当出口额大于进口额时，表示存在贸易顺差；反之，则表示存在贸易逆差。本部分从制造业部门和省份两

个角度综合测算贸易失衡的程度，进一步对贸易顺差和逆差进行区分。对于任意企业，贸易失衡程度的变化将引起它们所处的贸易环境的改变。

1. 部门层面的贸易失衡

贸易失衡通常存在于特定的制造业部门，企业行为会受到部门层面的贸易失衡程度的影响。中国由于不同部门存在差异化的竞争力，以及产业链分工模式和差别化的贸易政策，以至于不同的制造业部门具有不相等的贸易失衡程度。例如，中国在劳动密集型部门的产品生产和出口上拥有比较优势，所以这类部门通常存在较大的贸易顺差。为此，本章通过特定部门和年份的出口额与进口额的比值，测算各个制造业部门的贸易失衡程度。具体测算方法如下：

$$TI_{st} = \frac{EX_{st}}{IM_{st}} \tag{8.1}$$

式中，TI_{st} 为在 t 时期 s 部门的贸易失衡程度。在后续的分析中，采用该指标反映部门层面的贸易失衡。EX_{st} 和 IM_{st} 分别为相应部门的出口总额和进口总额。当 $TI_{st} = 1$ 时，表示 s 部门处在贸易平衡的状态，即 $EX_{st} = IM_{st}$；当 $TI_{st} > 1$ 时，表示 s 部门存在贸易顺差，此时的 TI_{st} 与贸易顺差的程度成正比；当 $0 < TI_{st} < 1$ 时，表示 s 部门存在贸易逆差，此时的 TI_{st} 与贸易逆差的程度成反比。

通过上述的计算得到按照 GB/T 4754—2002 的 2 位行业码分类的中国各个制造业部门的贸易失衡程度。表 8.1 报告 1998～2007 年各个部门的平均贸易失衡程度。从中看出，共 17 个部门存在贸易顺差，8 个部门存在贸易逆差。劳动密集型部门[①]（如 C18、C14、C34 和 C19）通常为贸易顺差部门，其中，C18（纺织服装、鞋、帽制造业）的平均贸易失衡程度高达 37.7254，为中国贸易顺差程度最大的部门。资本密集型部门（如 C22、C25 和 C33）的逆差程度相对较高，其中，C22（造纸及纸制品业）为贸易逆差程度最大的部门，该部门的平均失衡程度为 0.3012。此外，技术密

[①] 本章采用研发投入占主营业务收入的比重和资本密集度对制造业部门进行分类，方法与第四章至第七章的分类方法一致。

集型部门的贸易失衡程度相对较轻，如机电部门（C35、C36、C39 和 C40）的平均贸易失衡程度约为 1.0221。需要说明的是，要素密集度并非决定贸易失衡程度的唯一因素。例如，按照要素密集度，C15（饮料制造业）为资本密集型部门，但存在较大的贸易顺差；作为劳动密集型部门，C30（塑料制品业）的贸易逆差程度较大。进一步，图 8.1 展示技术密集型、资本密集型和劳动密集型部门中按照 GB/T 4754—2002 的 2 位行业码细分部门的贸易失衡程度的变化趋势。

表 8.1　1998～2007 年中国各制造业部门的平均贸易失衡程度

平均 TI$_{st}$	省份
>5	C18、C14
2～5	C34、C15、C19、C31、C16
1～2	C23、C17、C37、C28、C32、C20、C35、C36、C39、C40
0.5～1	C29、C27、C41、C26
<0.1	C33、C30、C25、C22

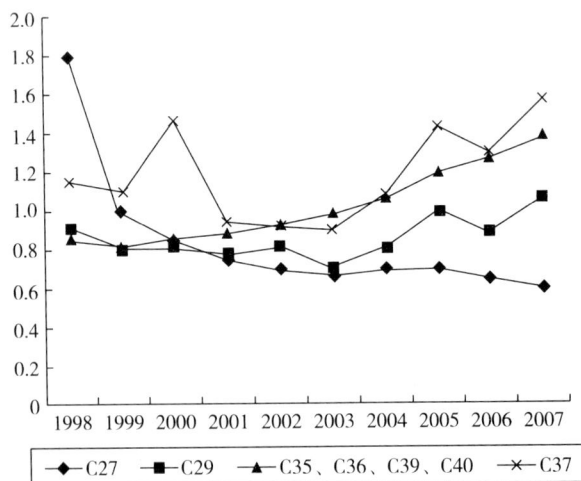

（a）技术密集型部门

图 8.1　1998～2007 年中国各制造业部门的贸易失衡程度

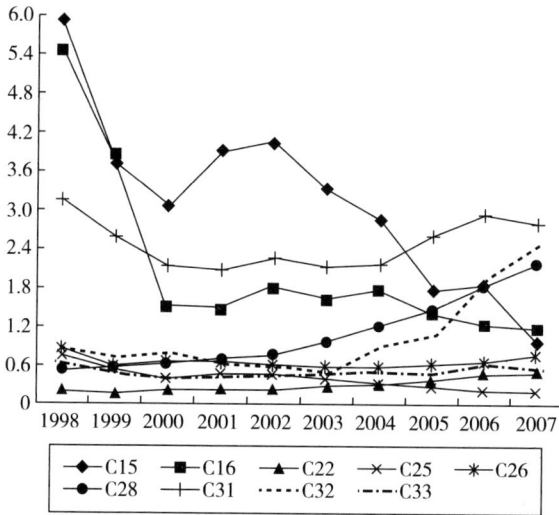

（b）资本密集型部门

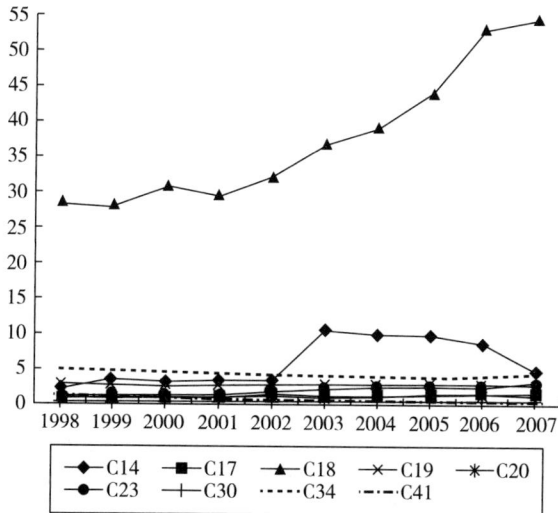

（c）劳动密集型部门

图 8.1　1998～2007 年中国各制造业部门的贸易失衡程度（续图）

资料来源：通过历年《中国统计年鉴》数据计算。

2. 省份层面的贸易失衡

贸易失衡不仅存在于特定的制造业部门，而且存在于特定的省份，而企业行为也可能会受到省份层面的贸易失衡程度的影响。中国由于地区之间在各个方面（如产业结构）存在较大的差异，以至于不同的省份的贸易失衡程度不相等。相对于内陆省份，沿海省份的经济发达，交通便利，且该地区的企业面对较低的贸易成本，更容易受到贸易自由化的影响。然而，贸易自由化同时导致出口和进口的增加，但相对增加的幅度是不确定的，所以两类地区的相对贸易失衡程度也是不确定的。类似地，本章通过特定省份和年份的出口额与进口额的比值，测算各个省份的贸易失衡程度。具体测算方法如下：

$$TI_{pt} = \frac{EX_{pt}}{IM_{pt}} \tag{8.2}$$

式中，TI_{pt} 为 t 时期 p 省份的贸易失衡程度。在后续的分析中采用该指标反映省份层面的贸易失衡。EX_{pt} 和 IM_{pt} 分别为相应省份的出口总额和进口总额。相似地，$TI_{st} = 1$、$TI_{st} > 1$ 和 $0 < TI_{st} < 1$ 分别表示 p 省份处于贸易平衡、顺差和逆差的状态。

通过上述的计算得到中国各个省份的贸易失衡程度。表 8.2 报告 1998~2007 年各个省份的平均贸易失衡程度。从中可以看出，有 24 个省份存在贸易顺差，7 个省份存在贸易逆差。地理位置与贸易失衡程度之间不存在显著的相关性。例如，作为沿海省份，浙江的平均贸易失衡程度为

表 8.2　1998~2007 年中国各省份的平均贸易失衡程度

平均 TI_{pt}	省份
>2	西藏、山西、宁夏、浙江
1~2	青海、河北、福建、河南、广西、江西、湖南、贵州、陕西、山东、安徽、黑龙江、广东、甘肃、重庆、云南、江苏、新疆、辽宁、四川
<1	天津、湖北、上海、内蒙古、吉林、海南、北京

2.0258，而天津、上海和海南的平均失衡程度均小于 1。进一步，图 8.2
展示沿海和内陆地区的各个省份的贸易失衡程度的变化趋势。与图 8.1 相

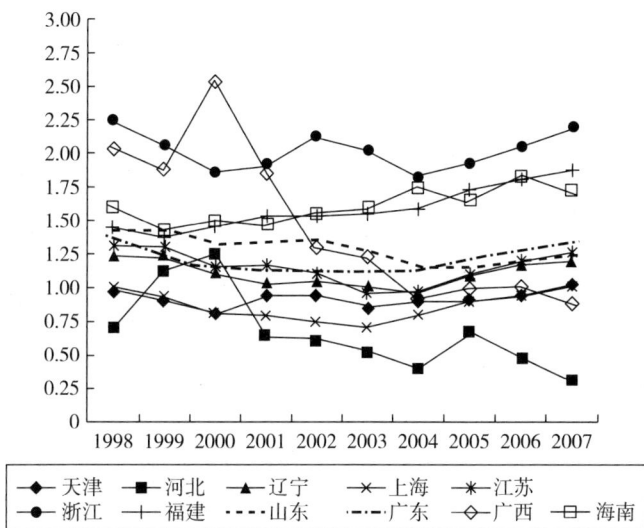

（a）沿海省份

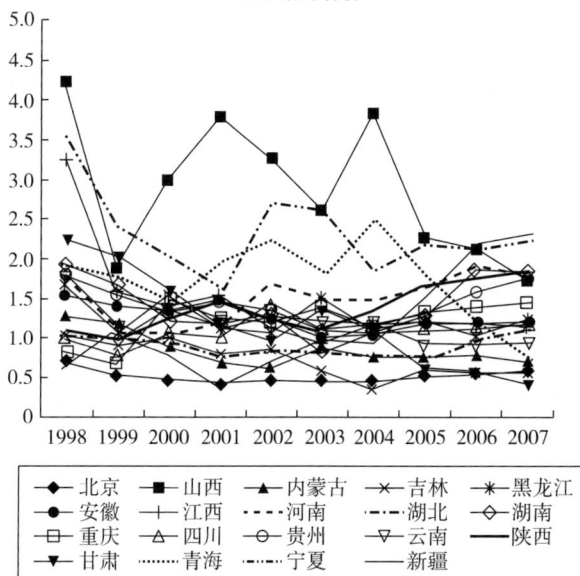

（b）内陆省份

图 8.2　1998～2007 年中国各省份的贸易失衡程度

资料来源：通过历年《中国统计年鉴》数据计算。

比可以发现省份层面的贸易失衡程度小于部门层面的失衡程度。

3. 特定部门和省份的贸易失衡

企业行为不仅会受到部门层面贸易失衡的影响，还受到省份层面贸易失衡的影响。因此，采用 He 和 Lin（2019）的方法结合部门层面和省份层面的贸易失衡程度，综合测度特定部门和省份的贸易失衡。具体的测算方法如下：

$$TI_{spt} = \sqrt{TI_{st} \times TI_{pt}} = \sqrt{\frac{EX_{st}}{IM_{st}} \times \frac{EX_{pt}}{IM_{pt}}} \qquad (8.3)$$

式中，TI_{spt} 为 t 时期的特定部门和省份的贸易失衡程度。该指标构建的逻辑在于：企业同时受到所处部门和省份的贸易失衡的影响，综合影响的程度取决于两者的相对大小。例如，如果一家企业来自贸易逆差程度较小的制造业部门，但位于贸易顺差程度较大的省份，那么该企业受到省份层面贸易失衡的影响将更大。在后续的分析中，采用该指标反映特定部门和省份的贸易失衡。$TI_{spt} = 1$、$TI_{spt} > 1$ 和 $0 < TI_{spt} < 1$ 分别表示企业处于贸易平衡、顺差和逆差的贸易环境。

4. 贸易顺差与贸易逆差

考虑到贸易失衡可以区分为贸易顺差和逆差两者可能会对企业产生不相等的影响，进一步将式（8.3）测算的贸易失衡程度分解为贸易顺差和逆差。当出口额与进口额的比值大于 1 时，表示存在贸易顺差。因此，采用 He 和 Lin（2019）的方法计算贸易顺差程度，具体的方法如下：

$$TS_{spt} = \begin{cases} TI_{spt} - 1, & TI_{spt} > 1 \\ 0, & TI_{spt} \leqslant 1 \end{cases} \qquad (8.4)$$

式中，TS_{spt} 为特定部门和省份的贸易顺差程度。在后续的分析中采用该指标反映企业处于贸易顺差的外部环境。当 $TI_{spt} > 1$ 时，贸易顺差的程度相当于出口额超过进口额的程度。此时，该指标与贸易顺差的程度成正比。当 $TI_{spt} \leqslant 1$ 时，贸易顺差程度恒为 0。

相反地，当出口额与进口额小于 1 时，表示存在贸易逆差。同样采用 He 和 Lin（2019）的方法计算贸易逆差程度，方法如下：

$$TD_{spt} = \begin{cases} 1/TI_{spt} - 1, & TI_{spt} < 1 \\ 0, & TI_{spt} \geqslant 1 \end{cases} \tag{8.5}$$

式中，TD_{spt} 为特定部门和省份的贸易逆差程度。在后续分析中使用该指标反映企业处于贸易逆差的环境。当 $TI_{spt} < 1$ 时，贸易逆差的程度相当于进口额超过出口额的程度。此时，该指标与贸易逆差的程度成正比。当 $TI_{spt} \geqslant 1$ 时，贸易逆差的程度恒为 0。

（二）贸易失衡对企业污染排放的影响机制

贸易失衡是诸多复杂的影响因素的综合结果，包括产业的竞争力、国际分工的模式、差别化的贸易政策等。He 和 Lin（2019）表明，面对不相等的贸易失衡程度，企业会有不同的行为和反应，以至于在生产过程中产生不同的污染排放。为识别贸易失衡影响出口企业污染排放的中间机制，采用 He 和 Lin（2019）的方法从两类潜在的渠道进行讨论。第一类渠道为贸易失衡可能引致企业进入与退出出口市场，进而产生资源再分配效应，影响企业排放；第二类渠道与第七章分析贸易壁垒的影响机制相似，将 Grossman 和 Krueger（1991）的三效应理论应用于微观层面分析，即贸易失衡通过规模效应、要素结构效应和技术效应影响企业排放。

1. 企业进入与退出出口市场的资源再分配效应

出口企业污染排放的变化可能是企业进入与退出出口市场的资源再分配效应的结果（He & Lin，2019）。根据异质性企业贸易理论（Melitz，2003），贸易环境的变化会引致企业进入与退出出口市场，其中，生产率较高的企业更可能进入出口市场，扩大生产和出口规模，而生产率较低的企业退出出口市场乃至行业。企业进入与退出市场将引起资源再分配效应，资源将更多地流向生产率较高的出口企业，以至于行业的整体生产率以及企业平均生产率得到提高。根据 Bloom 等（2010）、Shapiro 和 Walker（2018）的研究，生产率较高的企业排放强度较低。结合上述的分析，贸易环境的变化可能使得生产率较高、排放强度较低的企业进入出口市场，而生产率较低、排放强度较高的企业则退出市场。此外，Levinson（2009，

2015）表明，美国制造业的污染减排得益于企业进入与退出市场引致的生产技术转变。Cherniwchan（2017）同样通过企业进入与退出市场，分析贸易自由化影响企业排放强度的潜在机制，但该研究发现企业进入与退出市场不是主要的影响渠道。鉴于贸易失衡是国际分工模式、贸易政策等因素的综合结果，而这些因素又会引致企业进入或退出出口市场，所以提出如下推断：贸易失衡可能会通过企业进入与退出出口市场的再分配效应，进而影响污染排放。其中，贸易顺差意味着本国在出口市场上拥有较强的竞争力，将会吸引更多的企业进入出口市场；相反地，贸易逆差意味着较激烈的市场竞争，使得企业退出市场。

2. 三种潜在效应

出口企业污染排放的变化还可能是企业生产规模、要素投入结构和生产技术改变的结果（He & Lin，2019）。Grossman 和 Krueger（1991）认为，贸易通过三种效应（包括规模效应、结构效应和技术效应）影响环境污染。与第七章的做法相似，将 Grossman 和 Krueger（1991）的三效应理论应用于微观层面分析贸易失衡如何通过规模效应、要素结构效应和技术效应影响出口企业的污染排放。

Grossman 和 Krueger（1991）认为，贸易可以扩大经济活动的规模，影响环境质量。贸易失衡程度的变化同样可以改变企业的生产规模，进而影响污染排放，即规模效应（He & Lin，2019）。具体而言，贸易顺差表示本国在国外市场上具有较强的竞争力，扩大出口规模有利可图，以至于企业扩大生产规模，排放更多的污染物。相反地，贸易逆差表示市场竞争较为激烈，使得企业减少市场份额和生产规模。因此，本章推断：贸易顺差引致的规模效应将加剧出口企业的污染排放，而贸易逆差引致的规模效应则减少排放。

Grossman 和 Krueger（1991）表明，贸易可以改变经济活动的结构，影响环境质量。Antweiler 等（2001）采用要素密集度来检验贸易引致的结构效应。贸易失衡程度的变化同样会影响企业的要素投入结构（资本密集度），进而影响污染排放，即要素结构效应（He & Lin，2019）。具体而言，贸易顺差可能会引致企业扩大生产和出口规模，在这一过程中使企业投入更多的本国具有比较优势的生产要素。中国在劳动力要素上具有较强的比较优势，所以企业更有可能降低资本密集度。相反地，贸易逆差可能会减少企业的生产，减少要素投入，尤其是比较优势的要素投入（劳动力）。此外，资本密集度与污染排放的关系是不确定的。一方面，资本密集型企业通常排放相对更多的污染物；另一方面，资本密集度较高的企业也拥有较先进的技术水平和较低的排放强度。因此，贸易顺差和逆差引致的要素结构效应均为不确定的，该影响取决于资本密集度与污染排放的关系。

根据 Grossman 和 Krueger（1991）的观点，贸易可以改变生产技术，影响环境质量。贸易失衡程度的变化同样会影响企业的生产技术，进而影响污染排放，即技术效应（He & Lin，2019）。具体而言，贸易顺差可能会使企业扩大生产和出口，而更大的生产和出口规模有助于企业获得更多的利润，增加研发和创新投入，提高生产率。Bloom 等（2010）、Shapiro 和 Walker（2016）均发现，生产率较高企业的排放强度较低。从该角度来看，贸易顺差有利于通过提高生产技术，实现污染减排。但贸易顺差同样可能使企业缺乏技术升级的动力，加剧排放。此外，贸易逆差对生产技术的影响同样是复杂、不确定的。一方面，贸易逆差可能缩小企业的生产规模，减少研发和创新投入，降低生产率。另一方面，贸易逆差意味着存在激烈的市场竞争，激励企业进行技术升级。因此，贸易顺差和逆差所引致技术效应均为不确定的，该影响取决于贸易失衡对企业生产技术的影响。

综上所述，贸易顺差和逆差对出口企业污染排放的影响均为不确定的，取决于规模效应、要素结构效应和技术效应的相对大小。

三、实证模型与数据

（一）实证模型

1. 贸易失衡的影响

为考察贸易失衡对出口企业污染排放的影响，借鉴 He 和 Lin（2019）的方法，构建反映特定部门和省份的贸易失衡程度的指标，并将该指标作为实证模型的核心变量。与第七章的情形一致，鉴于本章的研究对象为出口企业，而且出口企业仅占所有企业样本较小的比重①，如果直接采用出口企业的样本进行估计，可能会存在样本选择性偏差的问题。为此，采用 Heckman 二步法（Heckman，1979）作为实证模型，即式（8.6）和式（8.7），以修正样本的选择性偏差。其中，式（8.6）为 Heckman 二步法的第一阶段，通过 Probit 模型检验贸易失衡对企业出口可能性的影响，并计算逆米尔斯比率；式（8.7）为第二阶段，检验贸易失衡对出口企业污染排放的影响。

$$P(EXB_{ispt} = 1) = \beta_1 TI_{spt} + X'\theta + \mu_s + \delta_p + \omega_t + \varepsilon_{ispt} \tag{8.6}$$

$$\ln E_{ispt} = \beta_1 TI_{spt} + Z'\theta + \beta_2 IMR_{ispt} + \mu_s + \delta_p + \omega_t + \varepsilon_{ispt} \tag{8.7}$$

式中，下标 i、s、p 和 t 分别代表企业个体、制造业部门、省份和年份。$P(EXB_{ispt} = 1)$ 为企业出口的可能性。EXB_{ispt} 为企业是否出口的虚拟变量，当企业参与出口贸易时，$EXB_{ispt} = 1$，否则，$EXB_{ispt} = 0$。E_{ispt} 为企业的污染排放量。与第七章的做法相似，由于仅获得 2006 年和 2007 年的中国

---

① 在本章所采用的企业样本中，出口企业样本 372796 个，总样本 1353112 个，出口企业仅占 27.5%。

微观环境数据，而数据时期为 1998～2007 年，所以本章通过污染排放系数与企业产值的乘积折算企业污染排放量，具体的方法说明详见第七章，不再重复介绍。本章在基准回归中以 SO_2 作为污染物，考虑到贸易对不同污染物产生差异化影响（Cole & Elliott, 2003；Managi et al., 2009；Gumilang et al., 2011），进一步采用 COD 进行稳健性检验。TI_{spt} 为特定部门和省份的贸易失衡程度，如式（8.3）的定义。X' 和 Z' 为其他控制变量。与第七章的控制变量选择相同，X' 包括企业的产出规模、资本密集度、全要素生产率、补贴收入、平均工资、利润率、成立时间和所有制类型；由于 Heckman 二步法的两个阶段的控制变量不能完全相同，Z' 与 X' 相比，增加中间产品投入作为控制变量，但不包括资本密集度和全要素生产率。IMR_{ispt} 为逆米尔斯比率，由式（8.6）计算得到。如果该比率的估计系数显著不为 0，则该模型存在样本选择性偏差问题。μ_s 和 δ_p 为部门和省份的固定效应，分别控制部门和省份层面的特征以及政策干扰。ω_t 为时间固定效应，控制企业行为随时间变化的趋势以及宏观层面的影响因素。ε_{ispt} 为随机误差项。式（8.6）和式（8.7）均关注核心变量的估计系数，即 β_1。这两个系数分别刻画当贸易失衡的程度提高时，企业出口可能性以及出口企业污染排放的平均变化。考虑到 TI_{spt} 越大，表示本国在出口市场上的竞争力越强，有助于吸引企业进入出口市场，则式（8.6）的 β_1 预期符号为正。此外，根据前文影响机制分析，贸易失衡对出口企业污染排放的影响是复杂、不确定的，所以式（8.7）的 β_1 预期符号取决于各种影响因素（包括企业进入与退出出口市场的资源再分配效应以及规模、要素结构和技术三种效应）的综合结果。

为控制可能影响企业出口和污染排放的其他因素，本章在上述的实证模型中控制如下的企业特征：

$$X'\theta = \theta_1 \ln RAdd_{ispt} + \theta_2 \ln KL_{ispt} + \theta_3 TFP_{ispt} + \theta_4 \ln Subsidy_{ispt} + \theta_5 \ln AWage_{ispt} +$$
$$\theta_6 \ln Profit_{ispt} + \theta_7 Age_{ispt} + \theta_8 SOE_{ispt} + \theta_9 Foreign_{ispt} \qquad (8.8)$$

$$Z'\theta = \theta_1 \ln RAdd_{ispt} + \theta_2 \ln Intermediate_{ispt} + \theta_3 \ln Subsidy_{ispt} + \theta_4 \ln AWage_{ispt} + \theta_5$$
$$\ln Profit_{ispt} + \theta_6 Age_{ispt} + \theta_7 SOE_{ispt} + \theta_8 Foreign_{ispt} \qquad (8.9)$$

式中，X′和Z′分别为式（8.6）和式（8.7）［即 Heckman 二步法的两个阶段］的控制变量。本章实证模型采用的控制变量与第七章完全相同，不再重复介绍。

2. 贸易顺差和逆差的影响

考虑到贸易失衡可以区分为贸易顺差和逆差，以及两者可能会对污染排放产生非对称的影响，进一步借鉴 He 和 Lin（2019）的做法，采用反映贸易顺差程度和逆差程度的指标作为核心变量考察贸易顺差和逆差对出口企业污染排放的影响。本部分采用 Heckman 二步法（Heckman，1979）进行实证分析，其中，式（8.10）检验贸易顺差和逆差对企业出口的影响，式（8.11）检验贸易顺差和逆差的微观环境效应。

$$P(EXB_{ispt} = 1) = \beta_1 TS_{spt} + \beta_2 TD_{spt} + X'\theta + \mu_s + \delta_p + \omega_t + \varepsilon_{ispt} \qquad (8.10)$$

$$\ln E_{ispt} = \beta_1 TS_{spt} + \beta_2 TD_{spt} + Z'\theta + \beta_3 IMR_{ispt} + \mu_s + \delta_p + \omega_t + \varepsilon_{ispt} \qquad (8.11)$$

式中，TD_{spt} 和 TD_{spt} 分别为贸易顺差和逆差的程度，如式（8.4）和式（8.5）的定义。式（8.10）和式（8.11）主要关注 β_1 和 β_2。其中，式（8.10）和式（8.11）中的 β_1 分别刻画当贸易顺差的程度提高时，企业出口可能性以及出口企业污染排放的平均变化；上述两个公式的 β_2 分别刻画当贸易逆差的程度提高时，出口可能性和污染排放的平均变化。鉴于贸易顺差意味着本国在出口市场上拥有较强的竞争力，有利于吸引企业进入出口市场，所以式（8.10）的 β_1 预期符号为正；相反地，贸易逆差意味着较激烈的市场竞争，会迫使企业退出市场，所以式（8.10）的 β_2 预期符号为负。此外，根据前文的影响机制分析，贸易顺差与逆差对出口企业污染排放的影响取决于多种影响效应的综合结果，则式（8.11）的 β_1 和 β_2 的预期符号均为不确定的。

3. 机制检验

为解释贸易失衡影响出口企业污染排放的机制，前文采用 He 和 Lin（2019）的思路提出两类潜在影响渠道。第一，检验贸易失衡是否通过影响企业进入与退出出口市场，产生资源再分配效应，影响出口企业的污染排放。Cherniwchan（2017）、He 和 Lin（2019）采用平衡面板数据（即一直存续的企业）排除企业进入与退出市场的资源再分配效应，检验贸易自由化（或贸易失衡）是否通过这一渠道影响企业的污染排放。借鉴 Cherni-wchan（2017）的做法，本章采用平衡面板数据（即在研究时期内一直存在于出口市场的企业样本）对基准回归的结果进行重新估计。相比所有出口企业样本的回归结果，如果基于存续企业样本的回归结果出现显著的变化，则贸易失衡将通过企业进入与退出出口市场的资源再分配效应，影响污染排放。否则，贸易失衡不会通过该渠道影响企业排放。

第二，检验贸易失衡是否通过影响企业的生产规模、要素结构和生产技术，间接影响出口企业的污染排放。He 和 Lin（2019）将 Grossman 和 Krueger（1991）的三效应理论应用于微观层面分析，采用中介效应模型（Sobel，1982；Baron & Kenny，1986）对三种潜在影响渠道进行检验。基于 He 和 Lin（2019）的研究方法，且与第七章的做法一致，本章采用企业的工业增加值、资本密集度和全要素生产率作为中介变量，分别反映企业的生产规模、要素结构和生产技术，构建中介效应模型的方程组。该方程组由式（8.11）以及式（8.12）至式（8.15）组成。其中，式（8.12）至式（8.14）分别检验贸易顺差和逆差对企业产出规模、资本密集度和生产率的影响；式（8.15）检验在控制三种潜在渠道的情况下贸易顺差和逆差对企业污染排放的影响。

$$\ln Add_{ispt} = \beta_1 TS_{spt} + \beta_2 TD_{spt} + Z'\theta + \beta_3 IMR_{ispt} + \mu_s + \delta_p + \omega_t + \varepsilon_{ispt} \quad (8.12)$$

$$\ln KL_{ispt} = \beta_1 TS_{spt} + \beta_2 TD_{spt} + Z'\theta + \beta_3 IMR_{ispt} + \mu_s + \delta_p + \omega_t + \varepsilon_{ispt} \quad (8.13)$$

$$TFP_{ispt} = \beta_1 TS_{spt} + \beta_2 TD_{spt} + Z'\theta + \beta_3 IMR_{ispt} + \mu_s + \delta_p + \omega_t + \varepsilon_{ispt} \quad (8.14)$$

$$\ln E_{ispt} = \beta_1 TS_{spt} + \beta_2 TD_{spt} + \beta_3 \ln Add_{ispt} + \beta_4 \ln KL_{ispt} + \beta_5 TFP_{ispt} +$$
$$Z'\theta + \beta_6 IMR_{ispt} + \mu_s + \delta_p + \omega_t + \varepsilon_{ispt} \quad (8.15)$$

式中，Add_{ispt}、KL_{ispt} 和 TFP_{ispt} 分别为企业的工业增加值、资本密集度和全要素生产率。式（8.12）至式（8.14）主要关注系数 β_1 和 β_2。在这三个公式中，β_1 和 β_2 分别刻画当贸易顺差和逆差的程度提高时，企业生产规模、资本密集度和生产率的平均变化。根据前文分析，式（8.12）的 β_1 和式（8.13）的 β_2 的预期符号为正，式（8.12）的 β_2 和式（8.13）的 β_1 预期符号为负，而式（8.14）的 β_1 和 β_2 的预期符号为不确定。此外，式（8.15）主要关注 $\beta_1 \sim \beta_5$。其中，β_1 和 β_2 分别刻画在控制三种中介渠道的情况下，当贸易顺差和逆差的程度提高时，企业污染排放量的平均变化。与式（8.11）的 β_1 和 β_2 相比，式（8.15）的系数符号应有所变化。β_3、β_4 和 β_5 分别刻画当企业的工业增加值、资本密集度和生产率更高时，污染排放量的平均变化，β_3 和 β_5 的预期符号分别为正和负，而 β_4 的预期符号为不确定。结合式（8.12）至式（8.15）的估计系数，分析贸易顺差与逆差引致的三种效应。其中，式（8.12）的 β_1 和 β_2 与式（8.15）的 β_3 的乘积分别为贸易顺差和逆差引致的规模效应；式（8.13）的 β_1 和 β_2 与式（8.15）的 β_4 的乘积为顺差和逆差引致的要素结构效应；式（8.14）的 β_1 和 β_2 与式（8.15）的 β_5 的乘积为顺差和逆差引致的技术效应。

（二）数据

与第七章相同，本章的企业数据源于中国工业企业数据库。此外，所使用的数据还包括污染排放系数以及部门和省份层面的贸易失衡。本章将这些数据与企业数据进行匹配，形成一个涵盖 1998～2007 年企业污染排放、其他特征、贸易失衡程度等信息的非平衡面板的数据集。

本章的企业的基础信息以及出口、生产和财务信息源于中国工业企业数据库，采用的数据年份为 1998～2007 年。考虑到部分制造业部门的进出口数据的可获得性，在第七章企业样本选择的基础上剔除无法计算贸易失衡程度的制造业部门的样本。对于该数据库，在其他方面的数据处理上均与第七章相同，不再重复介绍。在完成数据处理后共获得企业样本 1124633 个，其中，出口企业样本 300897 个。

除上述的制造业企业数据外，还收集其他数据测算污染排放系数以及贸易失衡的程度。首先，采用各个制造业部门的污染排放量和产值的数据测算各部门的排放系数，详见第七章。其次，采用部门和省份层面的进出口数据计算各部门和省份的贸易失衡程度，数据来源均为《中国统计年鉴》[①]。本章将污染排放系数和贸易失衡程度的数据与制造业企业数据进行匹配，形成一个涵盖1998~2007年企业污染排放量、其他特征、贸易失衡程度等信息的数据集，该数据的描述性统计如表8.3所示[②]。

表8.3　描述性统计：贸易失衡与污染排放

变量	样本数量	均值	标准误差	最小值	最大值
E_SO_{2ispt}	300897	60700.24	574852.1	20.500	59986208
E_COD_{ispt}	300897	36165.21	400409.6	22.100	46108364
TI_{st}	300897	6.6209	13.4821	0.1647	54.7768
TI_{pt}	300897	1.4283	0.4452	0.3071	10.9042
TI_{spt}	300897	2.1998	2.1475	0.2926	11.1985
TS_{spt}	300897	1.2337	2.1262	0	10.1985
TD_{spt}	300897	0.0471	0.1374	0	2.4174
Add_{ispt}	300897	45127.7	326279.6	0.8539	32908118
KL_{ispt}	300897	67.9400	171.411	0.0010	12022.01
TFP_{ispt}	300897	7.2069	1.1348	−2.2143	13.7087
$RAdd_{ispt}$	300897	1.8917	6.5843	3.14E−05	643.1797
$Intermediate_{ispt}$	300897	120241.5	862760.5	0.7211	124756616
$Subsidy_{ispt}$	300897	0.0018	0.0222	6.30E−09	8.6023
$AWage_{ispt}$	300897	14.8902	18.1975	0.0006	6214.154
$Profit_{ispt}$	300897	0.0514	0.0732	1.05E−07	8.6375
Age_{ispt}	300897	10.6289	9.5556	1	59
SOE_{ispt}	300897	0.0419	0.2004	0	1
$Foreign_{ispt}$	300897	0.4556	0.4980	0	1

---

① 需要说明的是，《中国统计年鉴》所提供的部门层面的进出口数据并非按照 GB/T 4754—2002 的标准进行分类，所以先将部门层面的贸易数据按照 GB/T 4754—2002 的 2 位行业码进行加总。

② 由于本章主要研究贸易失衡对出口企业污染排放的影响，所以表 8.3 展示的是针对出口企业的描述性统计。

四、实证结果与分析

（一）基准回归结果

1. 贸易失衡的影响

采用 Heckman 二步法检验贸易失衡对出口企业污染排放的影响。表 8.4 报告基于式（8.6）和式（8.7）的估计结果。其中，列（1）和列（2）的因变量为企业是否出口的虚拟变量，列（3）～列（5）的因变量为污染排放量。作为对比，列（1）和列（3）没有控制企业的特征；列（5）在列（4）的基础上加入逆米尔斯比率作为控制变量，修正可能存在的样本选择性偏差的问题。

表 8.4   贸易失衡的影响

	企业出口		出口企业污染排放		
	不控制 企业特征	控制 企业特征	不控制 企业特征	控制 企业特征	修正样本 选择性偏差
	（1）	（2）	（3）	（4）	（5）
TI_{spt}	−0.0048	0.0085 **	0.1657 ***	0.1440 ***	0.1410 ***
	(0.0033)	(0.0035)	(0.0047)	(0.0011)	(0.0010)
$\ln RAdd_{ispt}$		0.5169 ***		0.2833 ***	0.3283 ***
		(0.0039)		(0.0008)	(0.0011)
$\ln KL_{ispt}$		−0.1223 ***			
		(0.0013)			
TFP_{ispt}		−0.3476 ***			
		(0.0047)			

	企业出口		出口企业污染排放		
	不控制 企业特征	控制 企业特征	不控制 企业特征	控制 企业特征	修正样本 选择性偏差
	（1）	（2）	（3）	（4）	（5）
ln$Intermediate_{ispt}$				0.7020 ***	0.6940 ***
				（0.0008）	（0.0008）
ln$Subsidy_{ispt}$		0.0114 ***		− 0.0051 ***	− 0.0027 ***
		（0.0007）		（0.0003）	（0.0003）
ln$AWage_{ispt}$		0.1226 ***		0.0155 ***	0.0227 ***
		（0.0029）		（0.0011）	（0.0011）
ln$Profit_{ispt}$		− 0.0261 ***		− 0.0040 ***	− 0.0099 ***
		（0.0009）		（0.0003）	（0.0004）
Age_{ispt}		0.0104 ***		0.0006 ***	0.0028 ***
		（0.0002）		（0.0001）	（0.0001）
SOE_{ispt}		0.0363 ***		0.0277 ***	0.0422 ***
		（0.0073）		（0.0030）	（0.0030）
$Foreign_{ispt}$		1.0579 ***		0.0189 ***	0.1976 ***
		（0.0037）		（0.0012）	（0.0032）
IMR_{ispt}					0.2762 ***
					（0.0046）
部门、省份、 年份固定效应	YES	YES	YES	YES	YES
样本数量	1124633	1124633	300897	300897	300897
Pseudo R²	0.12	0.25			
调整后 R²			0.62	0.98	0.98

注：列（1）和列（2）的因变量为企业是否出口的虚拟变量，列（3）~列（5）的因变量为污染排放量；列（1）和列（3）为不控制企业特征的估计结果；列（5）在列（4）基础上加入逆米尔斯比率作为控制变量。小括号内数值为标准误。显著性水平：***1%、**5%和*10%。

　　首先，通过 Heckman 二步法的第一阶段分析贸易失衡对企业出口的影响，报告于表8.4的列（1）和列（2）中。其中，列（1）的贸易失衡的估计系数不显著，列（2）的估计系数为正，且在1%水平上显著。鉴于列（1）没有控制企业的特征，而控制这些特征后，核心变量的系数出现显著的变化，说明控制这些影响因素的必要性。采用列（2）作为基准回归的结果，该列的结果表明，贸易失衡程度的提高可以使得更多的企业进入出口市场。此外，列（2）展示影响企业进入出口市场的其他因素。其中，企业出口的可能性与产出规模、补贴强度、平均工资和成立时间成正比，而与资本密集度、生产率和利润率成反比。对于企业的所有制类型，外资企业出口的可能性最大，其次是国有企业。

其次，通过 Heckman 二步法的第二阶段分析贸易失衡对出口企业污染排放的影响，报告于表8.4的列（3）~列（5）中。从这三列的结果来看，贸易失衡的估计系数均为正，且在1%水平上显著，说明贸易失衡程度的提高加剧出口企业的污染排放。鉴于中国的贸易失衡主要体现在较大的贸易顺差，所以在贸易失衡（贸易顺差）的背后，隐含污染排放的增加。比较列（3）和列（4）的结果，在控制企业的特征后，核心变量的系数出现一定的变化，说明控制这些特征的重要性。进一步，比较列（4）和列（5）的结果，虽然采用 Heckman 二步法修正样本选择性偏差后，估计结果没有显著的变化，但逆米尔斯比率的估计系数不为0，且在1%水平上显著，表明存在样本选择性偏差的问题，所以采用 Heckman 二步法进行估计是有必要的。此外，基于列（5），分析影响出口企业污染排放的其他因素。其中，出口企业的污染排放量与生产规模、中间投入、平均工资和成立时间成正比，而与补贴收入和利润率成反比。相比较非国有内资企业，国有企业和外资企业的污染排放更多。

2. 贸易顺差和逆差的影响

考虑到贸易失衡可以区分为贸易顺差和逆差，以及两者对污染排放的影响可能是非对称性的，进一步借鉴 He 和 Lin（2019）的做法，采用贸易顺差程度和逆差程度作为核心变量，同样使用 Heckman 二步法检验两者对出口企业污染排放的影响。表8.5报告基于式（8.10）和式（8.11）的估

计结果。其中，列（1）和列（2）的因变量为企业是否出口，列（3）~
列（5）的因变量为污染排放量；列（1）和列（3）没有控制企业特征；
列（5）在列（4）的基础上加入逆米尔斯比率作为控制变量，修正可能存
在的样本选择性偏差。

首先，在 Heckman 二步法的第一阶段分析贸易顺差和逆差对企业出口
的影响，报告于表8.5 的列（1）和列（2）中。其中，列（1）的核心变
量的估计系数不显著。然而，考虑到列（1）没有控制企业特征，以及遗
漏的影响因素对估计结果的影响，以列（2）作为基准回归的结果。从列
（2）的结果来看，贸易顺差的估计系数为正，贸易逆差的系数为负，且均
在1% 水平上显著。该结果表明，贸易顺差和逆差对企业出口具有非对称
性的效应。其中，贸易顺差程度的提高使更多企业进入出口市场，而贸易
逆差程度的提高阻碍企业出口。该结果与本章的推断一致，即贸易顺差表
示本国在出口市场上拥有较强的竞争优势，有助于吸引更多的企业进入出
口市场，而贸易逆差表示存在较激烈的市场竞争，不利于企业出口。

表 8.5　贸易顺差和逆差的影响

	企业出口		出口企业污染排放		
	不控制企业特征	控制企业特征	不控制企业特征	控制企业特征	修正样本选择性偏差
	（1）	（2）	（3）	（4）	（5）
TS_{spt}	−0.0051	0.0104***	0.1735***	0.1467***	0.1439***
	(0.0033)	(0.0035)	(0.0047)	(0.0011)	(0.0011)
TD_{spt}	0.0223	−0.0641***	−0.4008***	−0.1867***	−0.1881***
	(0.0139)	(0.0150)	(0.0284)	(0.0064)	(0.0063)
IMR_{ispt}					0.2744***
					(0.0046)
企业特征	NO	YES	NO	YES	YES
部门、省份、年份固定效应	YES	YES	YES	YES	YES

续表

	企业出口		出口企业污染排放		
	不控制 企业特征	控制 企业特征	不控制 企业特征	控制 企业特征	修正样本 选择性偏差
	（1）	（2）	（3）	（4）	（5）
样本数量	1124633	1124633	300897	300897	300897
Pseudo R^2	0.12	0.25			
调整后 R^2			0.62	0.98	0.98

注：列（1）和列（2）的因变量为企业是否出口的虚拟变量，列（3）～列（5）的因变量为污染排放量。列（1）和列（3）为不控制企业特征的估计结果。列（5）在列（4）基础上加入逆米尔斯比率作为控制变量。小括号内数值为标准误。显著性水平：＊＊＊1%、＊＊5%和＊10%。

其次，在 Heckman 二步法的第二阶段分析贸易顺差和逆差对出口企业污染排放的影响，报告于表8.5的列（3）～列（5）中。从列（3）～列（5）的结果来看，贸易顺差的估计系数为正，贸易逆差的系数为负，且均在1%水平上显著。该结果说明，贸易顺差和逆差对出口企业的污染排放具有非对称的影响。其中，贸易顺差程度的提高使得企业增加污染排放，而贸易逆差程度的提高可以减少排放。鉴于中国长期以来存在较大的贸易顺差，所以在贸易失衡的背后，贸易顺差并没有带来相应的环境利益，反而加剧企业的污染排放。比较列（3）和列（4）的结果，在控制企业层面的影响因素后，核心变量的系数的绝对值均出现下降，说明控制这些因素的重要性，否则会高估贸易顺差和逆差的影响。接着，比较列（4）和列（5）的结果，虽然在采用 Heckman 二步法后，核心变量的系数没有显著的变化，但列（5）的逆米尔斯比率的系数显著不为0，表明存在样本选择性偏差的问题，所以使用 Heckman 二步法进行估计是必要的。本章以列（5）作为基准回归的结果，且在后续的分析中所有结果均采用 Heckman 二步法进行估计。此外，考虑到贸易顺差与逆差对出口企业的污染排放具有非对称的影响，所以在研究贸易失衡的微观环境效应时，对贸易顺差和逆差进行区分是十分必要的。在后续的分析中将聚焦于区分贸易顺差和逆差的微观环境效应。

（二）稳健性检验

通过上述检验，发现贸易顺差和逆差对出口企业污染排放具有不对称的影响，其中，贸易顺差使得出口企业增加污染排放，而贸易逆差有利于企业减排。为保证这些结果的稳健性，本部分从六个方面进行稳健性检验，包括采用其他污染物、替换核心变量、剔除极端值、剔除纯出口企业、控制其他固定效应以及采用不同时期样本。表8.6报告稳健性检验的结果。

1. 其他污染物

考虑到贸易会对不同污染物产生不相等的效应（Cole & Elliott，2003；Managi et al.，2009；Gumilang et al.，2011），采用COD替代SO_2作为污染物进行稳健性检验，报告于表8.6的列（1）中。从列（1）的结果来看，对于COD，贸易顺差增加出口企业的污染排放，而贸易逆差则产生相反的影响，该结果与采用SO_2作为污染物的估计结果一致。因此，在采用COD作为污染物时，本章基准回归的结论依旧稳健。相比之下，贸易顺差和逆差对COD排放量的影响大于对SO_2排放量的影响。

2. 替换核心变量

借鉴He和Lin（2019）的做法，结合部门和省份的贸易失衡程度，综合测算特定部门和省份的贸易失衡，并以此作为实证模型的核心变量。进一步分别采用部门层面和省份层面的贸易失衡指标作为核心变量进行稳健性检验，报告于表8.6的列（2）和列（3）中。从这两列的结果来看，无论以部门层面的贸易失衡或省份层面的贸易失衡作为核心变量，贸易顺差均导致出口企业污染排放的增加，而贸易顺差则导致排放减少。该结果说明，本章基准回归的结论在采用部门层面或省份层面的贸易失衡作为核心变量时依旧稳健。此外，相比较基准回归的结果，当仅采用部门或省份的贸易失衡作为核心变量时，估计变量显著地下降，说明将这两个层面的贸易失衡结合起来进行分析的重要性，否则会低估贸易失衡的微观环境效应。

表 8.6　稳健性检验：贸易失衡对污染排放的影响

	COD	部门层面贸易失衡	省份层面贸易失衡	剔除极端值	剔除纯出口企业	其他固定效应	其他固定效应	不同时期 2002~2007 年
	(1)	(2)	(3)	(4)	(5)	(6)	(7)	(8)
TS_{spt}	0.2251***			0.1364***	0.1346***	0.0349***	0.0390***	0.1265***
	(0.0012)			(0.0011)	(0.0014)	(0.0009)	(0.0010)	(0.0014)
TD_{spt}	-0.4165***			-0.1326***	-0.1889***	-0.1118***	-0.1073***	-0.2625***
	(0.0072)			(0.0067)	(0.0069)	(0.0047)	(0.0052)	(0.0087)
TS_{st}		0.0253***						
		(0.0001)						
TD_{st}		-0.0175***						
		(0.0026)						
TS_{pt}			0.0281***					
			(0.0048)					
TD_{pt}			-0.0363***					
			(0.0089)					

续表

	COD	部门层面贸易失衡	省份层面贸易失衡	剔除极端值	剔除纯出口企业	其他固定效应	其他固定效应	不同时期2002~2007年
	(1)	(2)	(3)	(4)	(5)	(6)	(7)	(8)
企业特征	YES	YES	YES	YES	YES	YES	YES	YES
部门、省份、年份固定效应	YES	YES	YES	YES	YES	NO	NO	YES
部门×年份、省份固定效应	NO	NO	NO	NO	NO	YES	NO	NO
部门×年份、省份×年份固定效应	NO	NO	NO	NO	NO	NO	YES	NO
样本数量	300897	300897	300897	270808	223110	300897	300894	215275
调整后 R^2	0.97	0.98	0.98	0.97	0.98	0.99	0.99	0.98

注：所有结果均采用 Heckman 二步法进行估计。小括号内数值为标准误。显著性水平：***1%，**5% 和 *10%。

3. 剔除极端值

从描述性统计（见表 8.3）可以看出，在出口企业样本中存在污染排放极端高和低的企业，以至于可能会出现估计结果的偏差。为排除极端值的潜在干扰，将污染排放量排在前后 5% 的样本剔除。在剔除极端值的样本后，污染排放量的标准误差与均值的比值呈现明显下降，即由 9.4703 下降至 1.9105。之后采用剔除极端值后的样本进行稳健性检验，报告于表 8.6 的列（4）中。从该列的结果来看，贸易顺差使得出口企业增加污染排放，而贸易逆差使企业减少排放。因此，本章基准回归的结果在剔除极端值后依然稳健。

4. 剔除纯出口企业

相比既出口又内销的出口企业，纯出口企业仅将产品销售至外国市场，且这类企业具有一定的特殊性（Lu et al.，2014）。鉴于本章出口企业样本中纯出口企业所占比重较大①，将这类企业从样本中剔除，对结果的稳健性进行检验，报告于表 8.6 的列（5）中。从该列的结果来看，贸易顺差导致出口企业污染排放的增加，而贸易逆差则具有相反的效应。因此，在剔除纯出口企业后，本章基准回归的结果依然稳健。

5. 其他固定效应

第七章的研究结果以及 Cherniwchan（2017）、Gutierrez 和 Teshima（2018）均表明，贸易自由化（主要是关税变化）显著地影响企业的污染排放。为控制关税变化以及其他随时间变化的部门层面的冲击的影响，在基准实证模型的基础上进一步控制部门×时间的固定效应进行稳健性检验，报告于表 8.6 的列（6）中。从该列的结果来看，贸易顺差使得出口企业的污染排放增加，而贸易逆差使得排放减少。此外，随时间变化的省份层面的冲击（如地区的环境规制）同样会影响企业的污染排放。为控制这些影响因素，在表 8.6 列（6）的基础上进一步控制省份×时间的固定效应，进行稳健性检验，报告于表 8.6 的列（7）中。从结果来看，贸易

---

① 本章样本中的纯出口企业样本共 77787 个，占出口企业样本的 25.9%。

顺差加剧出口企业的污染排放，而贸易逆差的影响则相反。基于上述检验，本章基准回归的结论在控制其他固定效应时依旧稳健。此外，在控制上述固定效应后，核心变量系数的绝对值均出现变化，说明存在随时间变化的部门和省份层面的冲击影响企业排放。

6. 不同时期样本

考虑到贸易失衡对出口企业污染排放的影响可能会因研究时期的不同而存在差异，所以采用不同时期的样本（2002~2007年）进行稳健性检验，报告于表8.6的列（8）中。之所以采用这一时期的样本，原因在于：在2001年中国加入 WTO 后，中国对外贸易（包括进口和出口）呈现跨越式增长，贸易失衡程度扩大，所以该事件本身与贸易失衡程度存在紧密的相关性。为剔除中国加入 WTO 对估计结果的潜在影响，使用2002~2007年的企业样本进行重新估计。从该列的结果来看，贸易顺差加剧出口企业的污染排放，而贸易逆差则具有相反的效应。因此，在采用不同时期的样本进行估计时，本章基准回归的结果依旧稳健。

（三）机制检验

上述结果表明，贸易顺差使得出口企业增加污染排放，而贸易逆差则减少排放。本部分采用 He 和 Lin（2019）的思路检验贸易失衡影响出口企业的污染排放的中介机制，包括企业进入与退出出口市场的资源再分配效应以及规模、要素结构和技术三种潜在效应。表8.7报告上述机制检验的结果。其中，作为对比，列（1）为本章基准回归的结果，即表8.5的列（5）；列（2）为采用平衡面板数据的估计结果，即排除企业进入与退出出口市场的潜在效应；列（3）~列（5）分别为贸易顺差和逆差对生产规模、资本密集度和全要素生产率的影响，即基于式（8.12）~式（8.14）的估计结果；列（6）为在控制三种潜在渠道的情形下贸易顺差和逆差对污染排放的影响，即基于式（8.15）的估计结果。

表8.7 机制检验：贸易失衡对污染排放的影响

	污染排放量	污染排放量（平衡面板）	生产规模	资本密集度	全要素生产率	污染排放量
	（1）	（2）	（3）	（4）	（5）	（6）
TS_{spt}	0.1439***	0.1355***	0.0738***	−0.0459***	0.0553***	0.1273***
	（0.0011）	（0.0030）	（0.0009）	（0.0035）	（0.0010）	（0.0011）
TD_{spt}	−0.1881***	−0.1617***	−0.2909***	0.0384*	−0.2331***	−0.1253***
	（0.0063）	（0.0171）	（0.0052）	（0.0207）	（0.0063）	（0.0063）
$\ln Add_{ispt}$						0.2832***
						（0.0032）
$\ln KL_{ispt}$						−0.0089***
						（0.0007）
TFP_{ispt}						−0.0851***
						（0.0033）
企业特征	YES	YES	YES	YES	YES	YES
部门、省份、年份固定效应	YES	YES	YES	YES	YES	YES
样本数量	300897	40249	300897	300897	300897	300897
调整后 R^2	0.98	0.98	0.97	0.52	0.94	0.98

注：所有结果均采用 Heckman 二步法进行估计。小括号内数值为标准误。显著性水平：***1%、**5%和*10%。

1. 企业进入与退出出口市场的资源再分配效应

借鉴 Cherniwchan（2017）、He 和 Lin（2019）的做法采用平衡面板数据（即 1998～2007 年一直存在于出口市场的企业样本）对基准回归的结果进行重新估计，排除企业进入与退出出口市场的资源再分配效应，报告于表8.7的列（2）中。从该列的结果来看，对于一直存在的出口企业，贸易顺差导致污染排放的增加，而贸易逆差减少排放，该结果与基准回归的结果一致。进一步将列（1）和列（2）的结果进行对比，发现无论是否采用平衡面板数据进行估计，估计系数的符号和绝对值均没有显著的变化。该结果说明：贸易顺差和逆差不会通过企业进入与退出出口市场的资源再分配效应，影响污染排放。虽然贸易失衡会引致企业进入与退出出口市场，而企业进入和退出会引起资源的再分配效应（Melitz，2003），但本章的结果认为该再分配效应不会影响企业的污染排放。因此，否定前文的推断，即企业进入与退出出口市场的再分配效应不是贸易失衡影响出口企业污染排放的中间渠道。

2. 三种潜在效应

借鉴 He 和 Lin（2019）的做法将 Grossman 和 Krueger（1991）的三效应理论应用于微观层面，采用中介效应模型（Sobel，1982；Baron & Kenny，1986）检验贸易失衡影响出口企业污染排放的三种潜在效应，包括规模效应、要素结构效应和技术效应，报告于表8.7的列（3）~列（6）中。

对于贸易失衡所引致的规模效应，结合表8.7的列（3）和列（6）的结果进行分析。其中，列（3）报告贸易顺差和逆差对出口企业的生产规模的影响。从结果来看，贸易顺差和逆差对生产规模具有非对称的影响，其中，贸易顺差使得企业扩大生产规模，而贸易顺差使企业减小规模。可能的解释在于：贸易顺差意味着本国在国际市场上拥有较强的竞争优势，有助于企业扩大出口和生产规模；贸易逆差意味着市场上具有较激烈的竞争，减少企业的市场份额和生产规模。进一步，列（6）的结果表明，生产规模较大的出口企业的污染排放较多。结合上述的实证结果，贸易顺差能够使出口企业扩大生产规模，贸易逆差则减小规模，而规模较大的企业排放较多，以至于贸易顺差和逆差引致的规模效应是非对称的，两者分别加剧和减少企业排放。

对于贸易失衡所引致的要素结构效应，结合表8.7的列（4）和列（6）的结果进行分析。其中，列（4）报告贸易顺差和逆差对出口企业的资本密集度的影响。贸易顺差和逆差对要素密集度具有非对称的影响，其中，贸易顺差使得企业降低资本密集度，而贸易顺差提高资本密集度。可能的解释在于：贸易失衡使得企业调整其要素投入的结构，其中，贸易顺

277

差使得企业扩大出口和生产规模，在这一过程中企业投入相对更多的本国具有比较优势的生产要素（即劳动力）；贸易逆差缩减企业的生产，并减少要素投入，尤其是比较优势的要素（即劳动力）。列（6）的结果表明，资本密集度较高的出口企业的污染排放较少，可能的原因在于：这类企业拥有更先进的减排技术和设备。综合上述结果，贸易顺差使得出口企业降低资本密集度，贸易逆差提高资本密集度，而资本密集度较高的企业排放较少，以至于贸易顺差和逆差引致的要素结构效应是非对称的，两者分别加剧和减少企业排放。

对于贸易失衡所引致的技术效应，结合表8.7的列（5）和列（6）的结果进行分析。其中，列（5）报告贸易顺差和逆差对出口企业的生产率的影响。结果表明，贸易顺差和逆差对生产率的影响是非对称的，其中，贸易顺差使得企业提高生产率，而贸易顺差降低生产率。可能的解释在于：贸易顺差使企业扩大出口和生产，有助于企业获得更多的利润，增加研发和创新投入，提高生产率；贸易逆差导致企业规模减小，减少研发和创新支出，降低生产率。列（6）的结果表明，生产率较高的出口企业的污染排放量较少，该结果与 Bloom 等（2010）、Shapiro 和 Walker（2016）的研究结论相似。综合上述结果，贸易顺差使得出口企业提高生产率，贸易逆差降低生产率，而生产率较高的企业排放较少，以至于贸易顺差和逆差引致的技术效应是非对称的，两者分别减少和增加企业排放。

综上所述，规模效应、要素结构效应和技术效应均为贸易失衡影响出口企业污染排放的中介渠道。具体而言，贸易顺差使得企业扩大生产规模，降低资本密集度，提高生产率，而贸易逆差则具有相反的影响效应。此外，产出规模较大企业的污染排放较多，资本密集度和生产率较高的企业排放较少。因此，贸易顺差引致的规模效应和要素结构效应使得企业的污染排放增加，技术效应则减少排放，而贸易逆差引致的三种效应起到相反的作用。结合列（3）、列（4）的估计系数，贸易顺差引致的规模效应（0.0738×0.2832）和要素结构效应（0.0459×0.0089）之和大于技术效应（0.0553×0.0851），贸易顺差的净效应使得企业增加污染排放；贸易逆差引致的规模效应（0.2909 × 0.2832）和要素结构效应（0.0384 × 0.0089）之和也大于技术效应（0.2331 × 0.0851），贸易逆差的净效应减少企业的排放。进一步对比列（1）和列（6）的系数，在控制三种渠道的影响后，贸易顺差和逆差对污染排放的影响程度出现下降，同样表明贸易失衡通过三种渠道的净效应影响企业排放。因此，与本章前文推断一致，贸易顺差通过生产规模、要素投入结构和生产技术三种渠道的净效应，加剧出口企业的污染排放；贸易逆差通过三种渠道的净效应，减少企业排放。此外，无论是贸易顺差或贸易逆差对出口企业污染排放的影响，起到最主要作用的均为规模效应。

（四）异质性检验

上述内容讨论贸易失衡（包括贸易顺差和逆差）对出口企业污染排放的影响，以及影响的中介渠道。鉴于不同类型的企业的污染排放和特征均存在差异，且面临不同的贸易失衡程度，进一步通过所有制类型、制造业部门和省份区分企业样本，检验贸易顺差和逆差对不同类型的出口企业污染排放的异质性影响。表8.8报告异质性检验的结果，其中，列（1）～列（3）为区分所有制类型的检验结果，列（4）～列（6）为区分制造业部门的检验结果，列（7）和列（8）为区分区域的检验结果。

1. 不同所有制类型

所有制改革是中国经济发展的重要工作，内容涵盖改革国有企业、发展非国有内资企业以及引进外资企业。此外，贸易失衡可能会对不同所有制类型的企业产生异质性的影响，进而影响所有制改革。为此，与第四章至第七章一致，本章将所有样本区分为国有企业、非国有内资企业和外资企业从不同所有制类型的视角考察贸易失衡对出口企业污染排放的异质性影响。针对研究样本，国有企业、非国有内资企业和外资企业面对的贸易顺差程度分别为0.4346、0.7132和1.0996，贸易逆差程度分别为0.0914、0.0715和0.0698。其中，外资企业更倾向于入驻贸易顺差程度较高的制造业部门和省份。

表8.8 异质性检验：贸易失衡对污染排放的影响

	所有制类型			制造业部门			区域	
	国有	非国有内资	外资	技术密集型	资本密集型	劳动密集型	沿海	内陆
	(1)	(2)	(3)	(4)	(5)	(6)	(7)	(8)
TS_{spt}	0.0765***	0.1395***	0.1468***	-0.3284***	0.1537***	0.1318***	0.1538***	0.0674***
	(0.0080)	(0.0014)	(0.0016)	(0.0093)	(0.0049)	(0.0010)	(0.0011)	(0.0041)
TD_{spt}	0.0825***	-0.2134***	-0.1833***	0.2494***	-0.0937***	-0.5897***	-0.2496***	-0.0369***
	(0.0233)	(0.0091)	(0.0097)	(0.0154)	(0.0070)	(0.0111)	(0.0075)	(0.0131)
企业特征	YES	YES	YES	YES	YES	YES	YES	YES
部门、省份、年份固定效应	YES	YES	YES	YES	YES	YES	YES	YES
样本数量	12611	150831	137085	103992	48164	148741	270218	30679
调整后 R^2	0.99	0.98	0.98	0.97	0.98	0.98	0.98	0.98

注：所有结果均采用 Heckman 二步法进行估计。小括号内数值为标准误。显著性水平：***1%、**5% 和 *10%。

表 8.8 的列（1）～列（3）报告贸易顺差和逆差对不同所有制类型的出口企业的异质性影响。从列（1）的结果来看，对于国有企业，贸易顺差和逆差均使得出口企业增加污染排放。不同于本章基准回归的结果，贸易逆差加剧企业排放。可能的原因在于：国有企业主要受政府管控，不容易因贸易逆差引致的市场竞争而减小生产规模。相比之下，贸易顺差对国有企业的污染排放的影响小于对其他类型企业的影响以及基准回归的结果，可能的原因同样在于国有企业不易受外部环境的影响。从列（2）和列（3）的结果来看，对于非国有内资企业和外资企业，贸易顺差均增加企业的污染排放，而贸易逆差均减少排放，该结果与基准回归的结果一致。鉴于非国有内资企业和外资企业为所有制改革中重点支持的对象，以及中国的贸易失衡主要体现为存在较大的贸易顺差，但贸易顺差对这两类企业排放的不利影响更大，所以基于环境视角贸易失衡对所有制改革的影响是不利的。

2. 不同制造业部门

中国已进入产业转型升级的时期。作为中国传统的比较优势部门，劳动密集型部门的发展不利于对外贸易的长期、可持续发展（戴翔，2015），而技术密集型和资本密集型部门是制造业转型的重点对象。此外，贸易失衡可能会对不同制造业部门的企业产生异质性的影响，进而影响产业转型升级。为此，与第四章至第七章一致，本章将所有样本区分为来自技术密集型、资本密集型和劳动密集型部门的企业[①]，从不同制造业部门的视角考察贸易失衡对出口企业污染排放的异质性影响。针对研究样本，来自技术密集型、资本密集型和劳动密集型部门的企业面对的贸易顺差程度分别为 0.2254、0.3659 和 1.5833，贸易逆差程度分别为 0.0382、0.1563 和 0.0376。其中，劳动密集型部门的企业面对的贸易顺差程度远大于其他部门的企业。

---

① 本章采用研发投入占主营业务收入的比重和资本密集度对制造业部门进行分类，方法与第四章至第七章的分类方法相同。

表 8.8 的列 （4） ～列 （6） 报告贸易顺差和逆差对不同制造业部门的出口企业的异质性影响。从列 （4） 的结果来看，对于技术密集型部门，贸易顺差有助于出口企业减少污染排放，而贸易逆差加剧企业排放。无论是贸易顺差或逆差的影响，均与本章基准回归的结果相反。可能的原因在于：长期以来，中国技术密集型部门的发展较滞后，多数出口企业为加工贸易企业，但这类部门同时为高技术部门，更有可能实现技术升级。因此，贸易顺差更有助于这类企业扩大出口，获得更多的出口利润，增加研发投入或从国外获得更先进的技术和设备，更大幅度地提高生产率。类似地，贸易逆差则对技术密集型部门的企业的生产技术产生更大的不利影响。换句话说，对于技术密集型部门，贸易顺差和逆差引致的技术效应相对更大，产生区别于其他部门以及基准回归结果的影响效应。从列 （5） 和列 （6） 的结果来看，对于资本密集型和劳动密集型部门的企业，贸易顺差均导致企业污染排放的增加，而贸易逆差均导致排放的减少，该结果与基准回归的结果一致。相比之下，贸易逆差对资本密集型部门的减排效应较小，对劳动密集型部门的减排效应较大。鉴于技术密集型部门为产业转型升级的重点对象，以及中国的贸易失衡体现为存在较大的贸易顺差，贸易顺差有助于这类部门的企业的污染减排，所以基于环境视角贸易失衡对产业转型升级的影响是有利的。

3. 不同区域

中国区域发展不平衡的问题十分突出。扩大内陆地区的开放力度、促进区域之间的平衡发展已成为当前区域经济发展的重点任务。此外，贸易失衡可能会对不同区域的企业产生异质性的影响，进而影响区域平衡发展。为此，与第四章至第七章一致，本章将所有样本区分为位于沿海和内陆省份的企业，从不同区域的视角考察贸易失衡对出口企业污染排放的异质性影响。针对研究样本，位于沿海省份和内陆省份的企业面对的贸易顺差程度分别为 0.8650 和 0.4932，贸易逆差程度分别为 0.0571 和 0.1199。其中，位于沿海省份的企业面对的贸易顺差程度大于内陆省份的企业。

表 8.8 的列 （7） 和列 （8） 报告贸易顺差和逆差对不同区域的出口企

业的异质性影响。从这两列的结果来看，对于沿海和内陆省份的企业，贸易顺差均使得出口企业增加污染排放，而贸易逆差均使企业减少排放。相比之下，贸易顺差和逆差对内陆地区企业的影响小于对沿海地区企业的影响以及基准回归的结果。可能的原因在于：内陆省份的贸易成本较高（或贸易自由化程度较低），企业不易受到外部贸易环境变化的影响。相反，沿海省份的贸易成本较低（或贸易自由化程度较高），企业更容易被贸易失衡影响。鉴于内陆省份是区域经济发展的重点支持的地区，以及中国的贸易失衡主要为存在较大的贸易顺差，而贸易顺差对这些省份的企业排放的不利影响较小，所以基于环境视角贸易失衡不会影响区域的平衡发展。

五、本章小结

本章在第七章发现贸易壁垒减少加剧出口企业的污染排放的基础上进一步讨论在贸易失衡的背后贸易顺差是否带来同等的环境利益？即综合使用中国工业企业数据、污染排放系数以及进出口贸易信息，实证分析贸易失衡对出口企业污染排放的影响。具体而言，第一，采用 He 和 Lin（2019）的方法综合测算特定部门和省份的贸易失衡程度（包括贸易顺差和逆差的程度）。第二，采用 Heckman 二步法（Heckman，1979）修正样本选择性偏差，考察贸易失衡（包括贸易顺差和逆差）对出口企业污染排放的影响。第三，通过其他污染物、替换核心变量、剔除极端值、剔除纯出口企业、其他固定效应和不同时期的样本进行稳健性检验。第四，通过企业进入与退出出口市场的资源再分配效应、三效应理论（Grossman & Krueger，1991）以及中介效应模型（Sobel，1982；Baron & Kenny，1986）检验贸易失衡影响出口企业污染排放的中间机制。第五，基于所有制类型、所处部门和区域的视角检验贸易失衡对出口企业污染排放的异质性影响。

整体而言，本章的研究结论主要包括以下方面：第一，贸易失衡使得出口企业增加污染排放。具体而言，贸易顺差和逆差的微观环境效应是非对称的，其中，贸易顺差导致企业排放的增加，而贸易逆差则减少排放。第二，本章基准回归的结果在采用其他污染物、替换核心变量、剔除极端值、剔除纯出口企业、控制其他固定效应以及采用不同时期的样本进行检验时仍旧稳健。第三，贸易顺差和逆差主要通过规模效应、要素结构效应和技术效应，非企业进入与退出出口市场的资源再分配效应，影响出口企业的污染排放。具体而言，贸易顺差引致的规模效应和要素结构效应均增加企业的污染排放，技术效应减少排放，贸易逆差则具有相反的效应。规模效应和要素结构效应之和大于技术效应，以至于贸易顺差与逆差的净效应分别加剧和减少企业排放。第四，对于不同所有制类型、制造业部门与区域，贸易失衡对出口企业污染排放的影响具有异质性。较为特殊的是，对于国有企业，贸易逆差增加出口企业的污染排放；对于技术密集型部门，贸易顺差和逆差的环境效应均与基准回归的结果相反。

本章的研究结果揭示中国贸易失衡背后的微观环境效应以及相应的影响机制。长期以来，中国一直存在较大的贸易顺差，但贸易顺差加剧企业的污染排放，造成环境利益的损失，贸易顺差引致的规模效应和要素结构效应均为其中的原因。此外，对于不同所有制类型、制造业部门和区域，贸易失衡的微观环境效应具有异质性，对中国的所有制改革、产业转型以及区域平衡发展产生影响。这些结论均为中国改善贸易失衡、促进污染减排和推动经济转型提供重要的政策启示。

第九章

结论与研究展望

一、研究结论

基于中国出口贸易高速发展、贸易环境转变、污染防治以及经济转型的大背景，本书研究出口贸易和贸易壁垒对异质性企业污染排放的影响。一方面，企业出口与污染排放之间存在复杂的内在关系；另一方面，作为企业所处的贸易环境，贸易壁垒同时影响企业出口和污染排放。具体而言，通过拓展异质性企业贸易模型（Melitz，2003）搭建理论框架，厘清企业出口、贸易壁垒与污染排放之间的关系。在理论框架的指导下进一步采用中国微观企业数据揭示企业的出口行为、出口强度、贸易方式与污染排放的关系，以及贸易壁垒和贸易失衡对企业污染排放的影响，得到丰富的、在理论与现实中均具有重要意义的研究结论。本章将前文的研究结果进行系统的总结，归纳主要结论。

（一）关于理论研究

以 Melitz（2003）模型作为理论框架纳入能源投入、能源效率、污染排放等要素，构建异质性企业贸易模型，从微观视角厘清出口贸易、贸易壁垒与污染排放的关系。该模型中企业间的异质性体现在能源效率、劳动生产率和能源密集度的差异。第一，以能源效率作为中介分析企业出口与污染排放的关系，发现相对于非出口企业，出口企业的能源效率较高；能源效率较高的企业污染排放较少；出口企业的污染排放较少；能源效率是企业出口与污染排放之间的中介渠道。第二，以劳动生产率和要素密集度作为中介分析加工贸易企业与一般贸易企业在污染排放上的差异，发现相对于一般贸易企业，加工贸易企业的劳动生产率和能源密集度较低；劳动生产率较高的企业污染排放较少，而能源密集度较高的企业排放较多；加工贸易企业是否更清洁，取决于两种渠道影响的相对大小，当劳动生产率渠道的影响更大时，加工贸易企业的污染排放更多，而当能源密集度渠道的影响更大时，加工贸易企业更清洁。第三，通过企业出口的额外成本以及 Grossman 和 Krueger（1991）的三效应理论分别分析贸易壁垒对企业出口和出口企业污染排放的影响，发现贸易壁垒减少促进企业进入出口市场；贸易壁垒对出口企业污染排放的间接影响，取决于规模效应、要素结构效应和技术效应的净效应。

（二）关于企业出口与污染排放

在理论框架的指导下实证检验并揭示企业出口行为、能源效率与污染排放的关系。研究结论包括：第一，出口企业的能源效率高于非出口企业；能源效率较高的企业污染排放较少；出口企业的污染排放较少；能源效率是企业出口与污染排放之间的中介渠道。第二，不同于发达国家，生产率渠道和减排技术渠道不是中国的出口企业更清洁的原因。第三，对于劳动生产率更高的企业，出口企业与非出口企业在环境表现上的差异较小。第四，出口企业之所以具有更好的环境表现，主要因为这类企业的自身特点，而非出口导致的，即企业在环境表现上存在异质性，环境表现较好的企业自选择进入出口市场。对于消耗煤炭的企业，出口可以进一步降低它们的排放强度。第五，对于不同能源效率、所有制类型、工业部门以及区域，企业出口与环境表现的关系存在异质性。其中，对于能源效率较低、国有、技术密集型部门以及内陆省份的企业，出口企业不具有更少的污染排放量；对于技术密集型部门，出口企业不具有能源效率的优势。

（三）关于出口强度与污染排放

在发现出口企业更清洁的基础上进一步讨论企业出口是否越多越好？即实证分析并揭示企业出口强度与环境表现的关系。研究结果表明：虽然出口企业更清洁，但企业出口并非越多越好。第一，出口强度较高的企业的污染排放量较少，但主要原因在于这类企业的产出规模较小和能源密集度较低，而非拥有更高的技术水平。第二，只有当企业的出口参与度提高较小的幅度时才有助于污染减排，且该减排效应主要得益于减排技术的升级和能源效率的提高。第三，对于不同所有制类型、工业部门以及区域，企业出口强度与环境表现的关系存在异质性。其中，对于国有企业、非国有内资企业、技术密集型部门和内陆省份，出口强度较高的企业具有较少的排放量，完全因为它们的生产规模较小；仅对于外资企业以及资本密集型部门，出口强度的提高有助于企业环境表现的改善。

（四）关于加工贸易与污染排放

在理论分析以及发现出口企业和出口强度较高的企业更清洁的基础上，实证检验并揭示加工贸易企业与一般贸易企业在污染排放上的差异，以及加工贸易转型的影响。研究发现：第一，相对于一般贸易企业，加工贸易企业的劳动生产率和能源密集度均较低；劳动生产率较低的企业污染排放较多，而能源密集度较低的企业较清洁；由于能源密集度渠道的影响大于劳动生产率渠道，以至于加工贸易企业更清洁。该结果打破由于加工贸易企业的生产率较低，从而污染排放较多的直观印象。第二，加工贸易参与度更高的企业，污染排放更少。第三，对于不同所有制类型、工业部门以及区域，从事加工贸易和一般贸易与污染排放的关系存在异质性。其中，对于加工贸易转型的重点对象（外资企业、技术密集型部门以及沿海省份），加工贸易企业均更清洁；对于国有企业、技术密集型部门以及内陆省份，两类企业在污染排放上的差异更大。第四，虽然加工贸易企业更清洁，但加工贸易转型至少不会加剧企业的污染排放，且在特定的情形下还会减少排放。当前中国经济发展的两大重点任务（污染防治与加工贸易转型）可以相互兼容。

（五）关于贸易壁垒对污染排放的影响

在理论分析以及厘清企业出口与污染排放的关系的基础上，以贸易自由化表示贸易壁垒减少，实证检验并揭示贸易壁垒对企业出口和出口企业污染排放的影响。结论包括：第一，贸易壁垒减少（包括进口自由化和出口自由化）促进企业进入出口市场，且进口自由化的促进作用更大。第二，贸易壁垒减少（包括进口自由化和出口自由化）加剧出口企业的污染排放，且出口自由化的不利影响更大。第三，进口自由化和出口自由化引致的规模效应加剧企业排放，要素结构效应和技术效应减少排放，规模效应大于要素结构效应和技术效应之和，从而净效应加剧排放。第四，对于不同所有制类型、制造业部门以及区域，贸易壁垒对企业出口和出口企业污染排放的影响存在异质性。其中，对于外资企业和劳动密集型部门，进口自由化不能促进企业进入出口市场；对于国有企业以及技术密集型和资本密集型部门，出口自由化对出口不存在促进作用；对于资本密集型部门，出口自由化有助于污染减排。

（六）关于贸易失衡对污染排放的影响

在发现贸易壁垒减少加剧企业污染排放的基础上讨论在中国贸易失衡的背后，贸易顺差能否带来同等的环境利益？即实证分析并揭示贸易失衡对出口企业污染排放的影响。结论包括：第一，贸易失衡使得出口企业增加污染排放。贸易顺差和逆差的环境效应是非对称的，贸易顺差导致排放的增加，贸易逆差则减少排放。该结果揭示在中国贸易失衡背后隐含的环境损失。第二，贸易顺差和逆差通过规模效应、要素结构效应和技术效应,而非企业进入与退出出口市场的资源再分配效应,影响企业的污染排放。贸易顺差引致的规模效应和要素结构效应增加排放,技术效应减少排放,贸易逆差则具有相反的效应。规模效应和要素结构效应之和大于技术效应,以至于贸易顺差与逆差的净效应分别加剧和减少企业排放。第三,对于不同所有制类型、制造业部门与区域,贸易失衡对出口企业污染排放的影响具有异质性。其中,对于国有企业,贸易逆差增加企业排放;对于技术密集型部门,贸易顺差和逆差的环境效应与其他部门相反。

二、政策启示

本书不仅为企业出口、贸易壁垒与污染排放的关系构建一个系统的理论框架,而且为这一关系提供充分的经验证据。对于本书的理论和实证结果可以得到如下的政策启示:

(一) 大力且有针对性地引导和促进企业出口

改革开放以来(尤其是加入 WTO 后),中国的出口贸易发展迅猛,不仅成为经济增长的主要驱动力,还引致产品生产、能源消耗和环境污染向国内转移(Lin et al. , 2014;Guan et al. , 2014;林伯强和邹楚沅,2014)。作为出口贸易的微观参与者,本书发现相对于非出口企业,出口企业的能源效率更高,进而污染排放更少。因此,政府应进一步加大对外开放的力度,强化与贸易伙伴国的经贸关系,减少贸易壁垒,积极引导和促进企业出口,这些工作都有助于当前的污染防治以及经济的可持续发展。然而,本书同样发现出口企业具有更好的环境表现主要源自它们自身的特点,而非出口带来的影响。虽然受益于加入 WTO 后的自由贸易环境,越来越多的中国企业开始进入国际市场,但出口并没有带来进一步的污染减排效应。因此，在引导和促进企业出口的过程中应鼓励新进入出口市场的企业引进国外先进的技术和设备，进行技术研发和创新，实现减排技术和生产技术的共同升级，以进一步提高它们的环境表现。此外，对于原本就处于出口市场的企业，它们从出口贸易中受益，保持较高的出口依存度。然而，根据本书的研究结论，基于环境的视角企业出口并非越多越好。虽然出口强度较高的企业更清洁，但这不是由于它们具有更先进的技术，且只有出口参与度提高较小的程度时才有助于污染减排。因此，政府应有针对性地引导和促进企业扩大出口规模，而不是盲目地提高出口参与度：一是要注重提高出口参与度过程中的减排技术和生产技术的创新与升级；二是出口参与度的提高要控制在适当的范围内，不能为提高出口强度，完全放弃国内市场。

（二）科学地认识和评价加工贸易的作用以及加工贸易转型

长期以来，加工贸易在中国出口贸易中占据十分重要的地位，是中国参与全球价值链分工的主要形式。但由于加工贸易处于价值链的低端，缺乏自主品牌和核心技术，且生产效率及产品附加值较低（马述忠等，2017；毛其淋，2019），以至于通常会对这种贸易方式进行全盘否定。其中，可能会产生由于加工贸易企业生产率较低、污染排放较多的直观印象。本书的结论则打破这一直观印象，应该科学地认识和评价加工贸易在中国出口贸易的作用，它的发展不仅对经济和贸易增长、扩大就业、利用外资等方面有巨大的推动作用（Yu，2015；刘晴和徐蕾，2013），而且为企业的清洁生产做出贡献。此外，随着劳动力成本的上涨以及贸易政策的转变，加工贸易转型已成为必然趋势（铁瑛等，2018；毛其淋，2019），而且是中国转变发展方式和贸易强国战略的重要内容。由于加工贸易企业更清洁，不免担心贸易方式转型会加剧企业的污染排放，影响当前经济发展的另一重点任务，即污染防治攻坚战。本书的结论打破这一担心，污染防治攻坚战与加工贸易转型可以相互兼容。

（三） 在扩大对外开放的过程中注重污染防治

中国出口贸易的快速发展得益于对外开放所带来的贸易自由化环境（毛其淋和盛斌，2013，2014），但是近年全球范围内出现逆全球化的趋势，贸易保护主义开始重新抬头，贸易壁垒增多（Bekkers，2019；Robinson & Thierfelder，2019；佟家栋等，2017），中美两国间也爆发贸易战，贸易冲突不断升级。为维护全球自由贸易，中国强调进一步扩大对外开放力度，加强与世界各国间的经贸合作，减少贸易壁垒，成为全球化的新一代引领者（佟家栋等，2017）。然而，本书的结论表明，进口自由化和出口自由化均会加剧企业的污染排放。因此，在扩大对外开放的过程中应注重污染防治的工作，尤其是协调贸易政策与环境政策，引导企业污染减排。此外，贸易自由化主要通过规模效应，增加企业排放。因此，还需引导企业利用贸易自由化实现技术创新，提高生产技术，优化要素投入结构，实现高质量的发展，而不是一味地进行规模扩张。

（四） 在对外开放的同时注重对外贸易的平衡发展

长期以来，中国对外贸易一直存在较大的顺差，使中国成为国际贸易摩擦的主要对象国（李昕和徐滇庆，2013；戴翔和张二震，2013），这也是中美贸易冲突的主要原因之一。虽然贸易顺差在一定程度上促进中国经济的增长（路风和余永定，2012），贸易统计上的顺差只是表象，不能仅从经济增长的视角判断中国从中获得的利益。本书的结论说明，贸易失衡（主要是贸易顺差）使企业增加污染排放，即在贸易失衡的背后，贸易顺差导致环境的恶化，贸易逆差则有助于污染减排。因此，在扩大对外开放的同时应主动地加大进口力度，降低贸易失衡的程度，实现对外贸易的平衡发展。此外，贸易顺差主要通过规模效应和要素结构效应，增加企业的污染排放。因此，还应积极地引导处于贸易顺差环境的企业充分利用出口竞争优势，获取更多的利润，增加研发和创新投入，实现技术升级，减少排放。

（五） 通过多种渠道加强污染防治

"污染防治"是中国全面建成小康社会、实现第一个一百年奋斗目标必须打好的"三大攻坚战"之一。随着"绿水青山就是金山银山"的理念日益深入人心，生态环境保护已成为当前中国经济发展的重点任务。本书发现，产出规模、减排技术、要素结构（能源密集度和资本密集度）以及生产技术（能源效率和生产率）是影响企业污染排放的主要渠道。鉴于工业企业是污染排放的重要来源，政府应有针对性地制定相关政策和措施，通过多种渠道引导企业共同参与污染防治攻坚战，包括鼓励企业进行技术研发和创新，投资减排技术和设备，优化要素投入结构，提高生产技术。本书的结论表明，与发达国家不同，中国出口企业更清洁，主要因为它们具有较高的能源效率，而非具有先进的减排技术和较高的生产率。因此，对于中国，研发创新、升级减排技术和设备以及提高生产率均是进一步促进出口企业污染减排的重要手段。此外，贸易自由化和贸易顺差引致的技术效应均有助于企业的污染减排。因此，应引导企业在对外贸易中充分利用技术创新和升级的积极效应，以实现最大程度的污染减排。

（六） 政策制定要充分考虑企业间的异质性

目前，中国已经进入经济转型期（Hong & Li，2017；中国经济增长前沿课题组，2013），提高生产效率、所有制结构改革、产业升级以及区域协调发展均为当前经济发展和转型的重点任务。此外，不同能源效率、所有制类型、工业部门和区域的企业具有差异化的出口参与度、环境表现以及特征，且在面对贸易环境的改变时也有不同的行为和反应。本书发现，对于不同类型的企业，出口贸易与污染排放的关系以及贸易壁垒和贸易失衡的微观环境效应均存在异质性。因此，在贸易政策、环境政策乃至产业政策制定的过程中应充分考虑企业间的异质性。第一，对于能源效率较低、国有、技术密集型部门和内陆省份的企业，出口企业不具有更少的污染排放量。因此，在引导和促进企业出口时需要重点关注上述类型的企业，引导企业进行技术创新，提高能源效率，国有企业市场化改革，支持技术密集型部门的发展以及促进区域间的平衡发展。第二，对于外资企业以及资本密集型部门，出口参与度的提高有助于企业环境表现的改善。因此，应鼓励上述类型的企业积极拓展国外市场，提高出口参与度，尤其是属于高污染部门的资本密集型部门。第三，在推动加工贸易转型的过程中不是所有加工企业都应该转型。对于加工贸易转型的潜在对象（外资企业、技术密集型部门和沿海省份），虽然加工贸易企业更清洁，但贸易方式转型至少不会加剧污染排放。因此，应将上述企业作为加工贸易转型的重点对象，而对于其他类型的企业可以适当鼓励它们发展加工贸易。第四，对于资本密集型部门，出口自由化有助于企业的污染减排。因此，针对这类高污染部门应制定外向型的扶持政策，减少企业出口的贸易成本和壁垒。第五，对于技术密集型部门，贸易顺差使得企业减少污染排放。鉴于当前中国的技术密集型部门的国际市场竞争力不足，且多数企业为加工贸易企业，所以在制定产业扶持政策时应将这类部门作为未来发展的关键部门，提高企业的技术水平和产品附加值，培育出口竞争优势，推动加工贸易转型，以争取出口贸易的比较优势向这类部门转移，实现产业升级和污染减排。第六，贸易壁垒和贸易失衡对不同类型企业的污染排放具有异质性的影响，进而影响中国当前的经济转型，包括所有制结构改革、产业升级、区域协调发展等内容。因此，在当前污染防治攻坚战和"逆全球化"的大背景下还应考虑在不影响对外贸易和环境污染的同时，制定相关的倾斜政策，实现经济转型的目的。

三、研究展望

国际贸易与环境污染的关系一直是国际贸易研究领域的重要部分。自从 Grossman 和 Krueger（1991）首先对这一关系进行系统的研究以来，诸多学者对该问题进行探讨和补充，成果不断丰富和完善。本书基于微观企业的视角从理论和实证两个方面尽可能全面地揭示企业出口、贸易壁垒与污染排放之间的关系，在一定程度上丰富和拓展贸易与环境领域乃至异质性企业贸易理论的相关文献，为中国的出口贸易发展、污染防治乃至经济转型提供政策启示。然而，贸易与环境的关系是一个宏大的议题，受限于篇幅、数据、个人能力等方面的约束，本书仍存在一些不足之处和需要完善的方面。未来可以从如下几个方面进行深入研究：

（一）对理论模型的框架做进一步的拓展

将污染排放、能源等环境要素纳入异质性企业贸易模型（Melitz，2003），尽可能全面地厘清企业出口、贸易壁垒与污染排放的关系，在一定程度上丰富该理论框架。然而，对于该理论框架还可以从以下方面做进一步的拓展：第一，仅关注企业之间在污染排放上的差异，而在 Melitz（2003）的研究中基于加总的行业生产率进一步求解开放经济达到均衡时，一国整体生产率水平的变化。未来的研究可以基于本书的理论框架，研究贸易壁垒对一国整体环境污染的影响。第二，将企业污染排放分解为产出规模、排放技术、能源密集度和生产技术，但理论部分并未使用所有影响渠道进行分析，如仅采用能源效率作为中介，分析企业出口与污染排放的关系，而假定其他因素固定不变。因此，今后可以考虑将上述影响因素纳入一个统一的模型框架，进行系统的分析。第三，理论模型采用对称国家等较严格的假定，后续研究可以放宽上述假定，进而分析出口目的国等因素对企业污染排放的影响。第四，在消费者假定上采用标准 CES 效用函数，即消费者效用仅取决于消费产品，而实际上企业的污染排放会影响消费者的效用。之后的研究可以对消费者效用函数做改动，将环境污染的影响纳入其中。第五，在理论分析中假定环境规制是固定不变的。基于本书的理论框架，还可以通过企业对排放行为的支付成本讨论环境规制对企业出口的影响。

（二）对企业出口与污染排放的关系做进一步的拓展

从出口行为、出口强度和贸易方式三个视角实证分析并揭示企业出口与污染排放的关系，其中，后两个视角均是现有文献讨论不足的。然而，企业出口不只包括上述三个方面。例如，不同的出口企业在出口目的国上存在差异，一些企业的产品以出口至发达国家为主，而另一些企业的贸易伙伴主要为发展中国家。De Loecker（2007）的研究表明，将产品出口至发达国家更有助于企业生产技术的提高。此外，在当前中美贸易冲突的背景下研究出口目的国的转变具有重要的理论和现实意义。未来可以进一步对出口目的国与企业污染排放的关系进行研究。

（三）对贸易环境对企业污染排放的影响做进一步的拓展

从贸易壁垒和贸易失衡两个视角实证分析并揭示企业所处的贸易环境对它们污染排放的影响，其中，后一个视角是现有文献没有涉及的。然而，对于这两个方面的研究由于数据的限制，没有采用企业实际的污染排放数据进行分析，而是借鉴 He 等（2019）、He 和 Lin（2019）的做法，通过污染排放系数折算企业的排放量，该做法不可避免地存在一定的测量偏差，导致估计偏差。因此，未来的研究还需要积极地获取完整年份的中国企业环境统计数据，对本书的结论进行再次的检验。此外，企业所处的贸易环境不只包括上述的两个方面，如贸易政策不确定性同样会对企业行为造成影响，而且在中美贸易冲突的背景下研究贸易政策不确定性的潜在环境效应具有重要的理论和现实意义。后续研究可以进一步探讨贸易政策不确定性对企业污染排放的影响。

（四）将社会福利分析纳入贸易与环境的研究框架

发现贸易壁垒减少会加剧企业的污染排放，但不能就此对贸易自由化进行全盘的否定。贸易自由化也给中国带来诸多益处，如促进经济增长（郭炳南和程贵孙，2013）、提高生产率（余淼杰，2010；毛其淋和许家云，2015）、促进就业增长（毛其淋和许家云，2016；何冰和周申，2019）、提高收入水平（李磊等，2011；余淼杰和梁中华，2014）等。因此，贸易自由化所引致的变化的"好"与"坏"，无法直接判断和比较。社会福利改善是经济发展的最终目的，而贸易自由化和环境质量均是影响社会福利水平的重要渠道。Arkolakis 等（2012）以及后续研究考察国际贸易对社会福利的影响，但没有将环境要素纳入其中。因此，未来的研究可以将社会福利分析纳入国际贸易与环境污染的研究框架中，量化贸易壁垒减少以及由此引起的环境污染对居民福利水平的影响，从而判断和比较自由贸易的"好"与"坏"。

（五）环境规制对企业出口的反向作用

基于微观企业的视角仅关注贸易对环境的影响，并未探讨环境对贸易的反向作用。面对日益严峻的环境压力，中国政府不断推出一系列针对环境污染的政策措施，旨在改善环境状况，实现污染防治的目标。虽然环境政策是减少环境污染的有效手段（Henderson，1996；Chay & Greenstone，2005；Shapiro & Walker，2018），但严格的规制势必会影响出口贸易。Hering 和 Poncet（2014）、Shi 和 Xu（2018）的研究均表明，环境规制对中国出口贸易具有限制作用。但这些研究并非采用实际的企业数据进行分析[①]，后续研究可以分析环境规制对企业出口的潜在影响。

---

① 例如，Shi 和 Xu（2018）采用特定区域的出口企业占企业总数的比重来分析环境规制对出口贸易的影响，而非企业个体的出口数据。

参考文献

［1］ Aghion P, Bergeaud A, Lequien M, Melitz M. The impact of exports on innovation: Theory and evidence ［R］. NBER, Working Paper No. w24600, 2017.

［2］ Ahn J B, Khandelwal A K, Wei S J. The role of intermediaries in facilitating trade ［J］. Journal of International Economics, 2011, 84 （1）: 1 – 85.

［3］ Ahsan R N, Chatterjee A. Trade liberalization and intergenerational occupational mobility in urban India ［J］. Journal of International Economics, 2017 （109）: 138 – 152.

［4］ Amiti M, Davis D R. Trade, firms, and wages: Theory and evidence ［J］. Review of Economic Studies, 2012, 79 （1）: 1 – 36.

［5］ Amiti M, Konings J. Trade liberalization, intermediate inputs, and productivity: Evidence from Indonesia ［J］. American Economic Review, 2007, 97 （5）: 1611 – 1638.

［6］ Anderson J E, Wincoop E V. Trade costs ［J］. Journal of Economic Literature, 2004, 42 （3）: 691 – 751.

［7］ Antolin M M, Manez J A, Rochina Barrachina M E, Sanchis Llopis J A. Export intensity and the productivity gains of exporting ［J］. Applied Economics Letters, 2013, 20 （8）: 804 – 808.

［8］ Antras P. Firms, contracts, and trade structure ［J］. Quarterly Journal of Economics, 2003, 118 (4): 1375 – 1418.

[9] Antweiler W, Copeland B R, Taylor M S. Is Free Trade Good for the Environment? [J] . American Economic Review, 2001, 91 (4): 877 – 908.

[10] Arkolakis C, Costinot A, Rodriguez – Clare A. New trade models, same old gains [J] . American Economic Review, 2012, 102 (1): 94 – 130.

[11] Aw B Y, Chung S, Roberts M J. Productivity and turnover in the export market [J] . World Bank Economic Review, 2000, 14 (14): 65 – 90.

[12] Baggs J. Firm survival and exit in response to trade liberalization [J]. Canadian Journal of Economics, 2005, 38 (4): 1364 – 1383.

[13] Baghdadi L, Martinez – Zarzoso I, Zitouna H. Are RTA agreements with environmental provisions reducing emissions? [J] . Journal of International Economics, 2013, 90 (2): 378 – 390.

[14] Bajona C, Kelly D L. Trade and the environment with pre – existing subsidies: A dynamic general equilibrium analysis [J] . Journal of Environmental Economics and Management, 2012, 64 (2): 253 – 278.

[15] Baldwin R, Harrigan J. Zeros, Quality, and Space: Trade Theory and Trade Evidence [J] . American Economic Journal: Microeconomics, 2011, 3 (2): 60 – 88.

[16] Baron R M, Kenny D A. The moderator – mediator variable distinction in social psychological research: Conceptual, strategic, and statistical considerations [J] . Journal of Personality and Social Psychology, 1986, 51 (6): 1173 – 1182.

[17] Barrows G, Ollivier H. Cleaner firms or cleaner products? How product mix shapes emission intensity from manufacturing [J] . Journal of Environmental Economics and Management, 2018 (88): 134 – 158.

[18] Batrakova S, Davies R B. Is there an environmental benefit to being an exporter? Evidence from firm – level data [J] . Review of World Economics, 2012, 148 (3): 449 – 474.

［19］ Bekkers E. Challenges to the Trade System: The Potential Impact of Changes in Future Trade Policy ［J］. Journal of Policy Modeling, 2019, 41 (3): 489 - 506.

［20］ Bergin P R, Feenstra R C, Hanson G H. Volatility due to offshoring: Theory and evidence ［J］. Journal of International Economics, 2011, 85 (2): 163 - 173.

［21］ Bernard A B, Eaton J, Jensen J B, Kortum S. Plants and productivity in international trade ［J］. American Economic Review, 2003, 93 (4): 1268 - 1290.

［22］ Bernard A B, Jensen J B. Exporters, skill upgrading, and the wage gap ［J］. Journal of International Economics, 1997, 42 (1): 3 - 31.

［23］ Bernard A B, Jensen J B. Exceptional exporter performance: Cause, effect, or both? ［J］. Journal of International Economics, 1999, 47 (1): 1 - 25.

［24］ Bernard A B, Jensen J B. Why Some Firms Export ［J］. Review of Economics and Statistics, 2004, 86 (2): 561 - 569.

［25］ Biscourp P, Kramarz F. Employment, skill structure and international trade: Firm - level evidence for France ［J］. Journal of International Economics, 2007, 72 (1): 22 - 51.

［26］ Blalock G, Gertler P J. Learning from exporting revisited in a less developed setting ［J］. Journal of Development Economics, 2004, 75 (2): 1 - 416.

［27］ Bloom N, Genakos C, Martin R, Sadun R. Modern management: Good for the environment or just hot air? ［J］. Economic Journal, 2010, 120 (544): 551 - 572.

［28］ Bombardini M, Li B. Trade, pollution and mortality in China ［J］. Journal of International Economics, 2020 (125).

［29］ Braun R A, Ikeda D, Joines D H. The Saving Rate In Japan: Why It

Has Fallen and Why It Will Retain Low [J]. International Economic Review, 2009, 50 (1): 291 –321.

[30] Broda C, Weinstein D E. Globalization and the gains from variety [J]. Quarterly Journal of Economics, 2006, 121 (2): 541 –585.

[31] Brooks E L. Why don't firms export more? Product quality and Colombian plants [J]. Journal of development Economics, 2006, 80 (1): 160 –178.

[32] Brucal A, Javorcik B, Love I. Good for the environment, good for business: Foreign acquisitions and energy intensity [J]. Journal of International Economics, 2019, 121 (6).

[33] Bustos P. Trade liberalization, exports and technology upgrading: Evidence on the impact of Mercosur on Argentinian firms [J]. American Economic Review, 2011, 101 (1): 304 –340.

[34] Caliendo L, Parro F. Estimates of the trade and welfare effects of NAFTA [J]. Review of Economic Studies, 2015, 82 (1): 1 –44.

[35] Cao J, Qiu L, Zhou M. Who invest more in advanced abatement technology: Theory and evidence [J]. Canadian Journal of Economics, 2016, 49 (2): 637 –662.

[36] Castellani D. Export behavior and productivity growth: Evidence from Italian manufacturing firms [J]. Review of World Economics, 2002, 138 (4): 605 –628.

[37] Chay K Y, Greenstone M. Does air quality matter? Evidence from the housing market [J]. Journal of Political Economy, 2005, 113 (2): 376 –424.

[38] Chen Y, Ebenstein A, Greenstone M, Li H. Evidence on the impact of sustained exposure to air pollution on life expectancy from China's Huai River policy [J]. Proceedings of the National Academy of Sciences, 2013, 110 (32): 12936 –12941.

［39］ Chen S M, He L Y. Welfare loss of China's air pollution: How to make personal vehicle transportation policy ［J］. China Economic Review, 2014, 31 （C）: 106 – 118.

［40］ Cherniwchan J. Trade liberalization and the environment: Evidence from NAFTA and U. S. manufacturing ［J］. Journal of International Economics, 2017 （105）: 130 – 149.

［41］ Cherniwchan J, Copeland B R, Taylor M S. Trade and the environment: New methods, measurements, and results ［J］. Annual Review of Economics, 2017, 9 （1）: 59 – 85.

［42］ Chichilnisky G. North – south trade and the global environment ［J］. American Economic Review, 1994, 84 （4）: 851 – 874.

［43］ Chinn M D, Ito H. Current account balances, financial development and institutions: Assaying the world "saving glut" ［J］. Journal of International Money and Finance, 2007, 26 （4）: 546 – 569.

［44］ Chintrakarn P, Millimet D L. The environmental consequences of trade: Evidence from subnational trade flows ［J］. Journal of Environmental Economics and Management, 2006, 52 （1）: 430 – 453.

［45］ Clerides S, Lach S, Tybout J. Is "learning – by – exporting" important? micro – dynamic evidence from Colombia, Mexico and Morocco ［J］. Quarterly Journal of Economics, 1998, 113 （3）: 903 – 947.

［46］ Coe D T, Helpman E, Hoffmaister A W. North – South R&D Spillovers ［J］. Economic Journal, 1997, 107 （440）: 134 – 149.

［47］ Cole M A. Does trade liberalization increase national energy use? ［J］. Economics Letters, 2006, 92 （1）: 108 – 112.

［48］ Cole M A, Elliott R J R. Determining the trade – environment composition effect: the role of capital, labor and environmental regulations ［J］. Journal of Environmental Economics and Management, 2003, 46 （3）: 363 – 383.

［49］ Copeland B R, Taylor M S. North – South Trade and the Environment

[J] . Quarterly Journal of Economics, 1994, 109 (3): 755 – 787.

[50] Copeland B R, Taylor M S. Trade and Transboundary Pollution [J]. American Economic Review, 1995, 85 (4): 716 – 737.

[51] Cui J, Lapan H, Moschini G. Are exporters more environmentally friendly than non – exporters? Theory and evidence [R] . Working Paper 12022. Iowa State University, 2012.

[52] Cui J, Lapan H, Moschini G C. Productivity, export, and environmental performance: Air pollutants in the United States [J] . American Journal of Agricultural Economics, 2016, 98 (3): 447 – 467.

[53] Dai M, Maitra M, Yu M. Unexceptional exporter performance in China? The role of processing trade [J] . Journal of Development Economics, 2016 (121): 177 – 189.

[54] Daudin G, Rifflart C, Schweisguth D. Who produces for whom in the world economy? [J] . Canadian Journal of Economics, 2011, 44 (4): 1403 – 1437.

[55] De Loecker J. Do exports generate higher productivity? Evidence from Slovenia [J] . Journal of International Economics, 2007, 73 (1): 69 – 98.

[56] De Loecker J, Warzynski F. Markups and firm – level export status [J] . American Economic Review, 2012, 102 (6): 2437 – 2471.

[57] Dean J M. Does trade liberalization harm the environment? A new test [J] . Canadian Journal of Economics, 2002, 35 (4): 819 – 842.

[58] Delgado M A, Farinas J C, Ruano S. Firm productivity and export markets: a non – parametric approach [J] . Journal of International Economics, 2002, 57 (2): 397 – 422.

[59] Di Giovanni J, Levchenko A A, Zhang J. The global welfare impact of China: Trade integration and technological change [J] . American Economic Journal: Macroeconomics, 2014, 6 (3): 153 – 183.

[60] Dietzenbacher E, Pei J, Yang C. Trade, production fragmentation,

and China's carbon dioxide emissions [J]. Journal of Environmental Economics and Management, 2012, 64 (1): 88 – 101.

[61] Dixit A K, Stiglitz J E. Monopolistic competition and optimum product diversity [J]. American Economic Review, 1977, 67 (3): 297 – 308.

[62] Dollar D, Kraay A. Trade, growth, and poverty [J]. Economic Journal, 2004, 114 (493): 22 – 49.

[63] Eaton J, Kortum S, Kramarz F. An anatomy of international trade: Evidence from French firms [J]. Econometrica, 2011, 79 (5): 1453 – 1498.

[64] Edwards S. Openness, trade liberalization, and growth in developing countries [J]. Journal of Economic Literature, 1993, 31 (3): 1358 – 1393.

[65] Ekins P, Folke C, Costanza R. Trade, environment and development: The issues in perspective [J]. Ecological Economics, 1994, 9 (1): 1 – 12.

[66] Fajgelbaum P D, Khandelwal A K. Measuring the unequal gains from trade [J]. Quarterly Journal of Economics, 2016, 131 (3): 1113 – 1180.

[67] Feenstra R C, Li Z, Yu M. Exports and credit constraints under incomplete information: Theory and evidence from China [J]. Review of Economics and Statistics, 2014, 96 (4): 729 – 744.

[68] Felbermayr G, Jung B, Larch M. The welfare consequences of import tariffs: A quantitative perspective [J]. Journal of International Economics, 2015, 97 (2): 295 – 309.

[69] Fernandes A M. Trade policy, trade volumes and plant – level productivity in Colombian manufacturing industries [J]. Journal of International Economics, 2007, 71 (1): 52 – 71.

[70] Forslid R, Okubo T, Ulltveit – Moe K H. Why are firms that export cleaner? International trade, abatement and environmental emissions [J]. Journal of Environmental Economics and Management, 2018 (91): 166 – 183.

［71］ Frankel J A, Rose A K. Is trade good or bad for the environment? Sorting out the causality ［J］. Review of Economics and Statistics, 2005, 87 (1): 85 – 91.

［72］ Galdeano – Gomez E. Exporting and environmental performance: A firm – level productivity analysis ［J］. World Economy, 2010, 33 (1): 60 – 88.

［73］ Girma S, Greenaway D, Kneller R A. Does exporting increase productivity? A microeconometric analysis of matched firms ［J］. Review of International Economics, 2004, 12 (5): 855 – 866.

［74］ Goldberg P, Khandelwal A, Pavcnik N, Topalova P. Trade liberalization and new imported inputs ［J］. American Economic Review, 2009, 99 (2): 494 – 500.

［75］ Goldberg P, Pavcnik N. Distributional effects of globalization in developing countries ［J］. Journal of Economic Literature, 2007, 45 (1): 39 – 82.

［76］ Grossman G M, Krueger A B. Environmental impacts of a North American free trade agreement ［R］. NBER, Working Paper No. w3914, 1991.

［77］ Grossman G M, Krueger A B. Economic growth and the environment ［J］. Quarterly Journal of Economics, 1995, 110 (2): 353 – 377.

［78］ Gu W, Sawchuk G, Rennison L W. The effect of tariff reductions on firm size and firm turnover in Canadian manufacturing ［J］. Review of World Economics, 2003, 139 (3): 440 – 459.

［79］ Guan D, Su X, Zhang Q, et al. The socioeconomic drivers of China's primary PM2. 5 emissions ［J］. Environmental Research Letters, 2014, 9 (2): 1 – 9.

［80］ Gumilang H, Mukhopadhyay K, Thomassin P J. Economic and environmental impacts of trade liberalization: The case of Indonesia ［J］. Economic Modelling, 2011, 28 (3): 1030 – 1041.

［81］ Gutierrez E, Teshima K. Abatement expenditures, technology choice, and environmental performance: Evidence from firm responses to import competition in Mexico ［J］. Journal of Development Economics, 2018 （133）: 264 – 274.

［82］ Harrison A, Hanson G. Who gains from trade reform? Some remaining puzzles ［J］. Journal of Development Economics, 1999, 59 （1）: 125 – 154.

［83］ He L Y, Lin X. Trade imbalance, heterogeneous firms and pollution emissions: Evidence from China's manufacturing sector ［J］. Emerging Markets Finance and Trade, 2019.

［84］ He L. Y, Lin X, Liu Q. How did free trade reshape the transitional China? Evidence from heterogeneous exporters and firm – level pollution emissions ［J］. Emerging Markets Finance and Trade, 2019 （1）.

［85］ He L Y, Lin X, Zhang Z. X. The impact of de – globalization on China' economic transformation: evidence from manufacturing export ［J］. Journal of Policy Modeling, 2020 （42）.

［86］ Head K, Ries J. Rationalization effects of tariff reductions ［J］. Journal of International Economics, 1999, 47 （2）: 295 – 320.

［87］ Head K, Ries J. Increasing returns versus national product differentiation as an explanation for the patter of U. S. – Canada trade ［J］. American Economic Review, 2001, 91 （4）: 858 – 876.

［88］ Heckman J J. Sample selection bias as a specification error ［J］. Econometrica, 1979, 47 （1）: 153 – 161.

［89］ Heckman J J, Ichimura H, Todd P. Matching as an econometric evaluation estimator: Evidence from evaluating a job training programme ［J］. Review of Economic Studies, 1997, 64 （4）: 605 – 654.

［90］ Heckman J J, Ichimura H, Todd P. Matching as an econometric evaluation estimator ［J］. Review of Economic Studies, 1998, 65 （2）: 261 – 294.

［91］ Helpman E, Itskhoki O, Redding S. Inequality and unemployment in a global economy ［J］. Econometrica, 2010, 78 (4): 1239 – 1283.

［92］ Helpman E, Melitz M J, Yeaple S R. Export versus FDI with heterogeneous firms ［J］. American Economic Review, 2004, 94 (1): 300 – 316.

［93］ Henderson J V. Effects of Air Quality Regulation ［J］. American Economic Review, 1996, 86 (4): 789 – 813.

［94］ Hering L, Poncet S. Environmental policy and exports: Evidence from Chinese cities ［J］. Journal of Environmental Economics and Management, 2014, 68 (2): 296 – 318.

［95］ Holladay J S. Exporters and the environment ［J］. Canadian Journal of Economics, 2016, 49 (1): 147 – 172.

［96］ Hong P, Li H Y. Avoiding Pitfalls in China's Transition of its Growth Model ［J］. Journal of Policy Modeling, 2017, 39 (4): 712 – 728.

［97］ Hopenhayn H A. Entry, Exit, and firm dynamics in long run equilibrium ［J］. Econometrica, 1992, 60 (5): 1127 – 1150.

［98］ Hubbard R G. The U. S. current account deficit and public policy ［J］. Journal of Policy Modeling, 2006, 28 (6): 665 – 671.

［99］ Hummels D, Jorgensen R, Munch J R, Xiang C. The wage effects of offshoring: Evidence from danish matched worker – firm data ［J］. American Economic Review, 2011, 104 (6): 1597 – 1629.

［100］ Hummels D, Klenow P J. The variety and quality of a nation's exports ［J］. American Economic Review, 2005, 95 (3): 704 – 723.

［101］ Imbruno M, Ketterer T D. Energy efficiency gains from importing intermediate inputs: Firm – level evidence from Indonesia ［J］. Journal of Development Economics, 2018 (135): 117 – 141.

［102］ Johnson R C, Noguera G. Accounting for intermediates: Production sharing and trade in value added ［J］. Journal of International Economics, 2012, 86 (2): 224 – 236.

［103］Jones R W, Kierzkowski H. International Fragmentation and New Economic Geography ［J］. North American Journal of Economics and Finance, 2005, 16（1）: 1 – 10.

［104］Karabarbounis L, Neiman B. The global decline of the labor share ［J］. Quarterly Journal of Economics, 2013, 129（1）: 61 – 103.

［105］Koopman R, Wang Z, Wei S J. Tracing value – add and double counting in gross exports ［J］. American Economic Review, 2014, 104（2）: 459 – 494.

［106］Kreickemeier U, Richter P M. Trade and the environment: The role of firm heterogeneity ［J］. Review of International Economics, 2014, 22（2）: 209 – 225.

［107］Krugman P. Scale economies, product differentiation, and the pattern of trade ［J］. American Economic Review, 1980, 70（5）: 950 – 959.

［108］Levinsohn J, Petrin A. Estimating production function using inputs to control for observables ［J］. Review of Economic Studies, 2003, 70（2）: 317 – 341.

［109］Levinson A. Technology, international trade, and pollution from US manufacturing ［J］. American Economic Review, 2009, 99（5）: 2177 – 2192.

［110］Levinson A. A direct estimate of the technique effect: Changes in the pollution intensity of US manufacturing, 1990 – 2008 ［J］. Journal of the Association of Environmental and Resource Economists, 2015, 2（1）: 43 – 56.

［111］Li L, McMurray A, Sy M, Xue J. Corporate ownership, efficiency and performance under state capitalism: Evidence from China ［J］. Journal of Policy Modeling, 2018, 40（4）: 747 – 766.

［112］Lin J, Pan D, Davis S J, et al. China's international trade and air pollution in the United States ［J］. Proceedings of the National Academy of Sciences, 2014, 111（5）: 1736 – 1741.

［113］Lin B, Sun C. Evaluating carbon dioxide emissions in international trade of China ［J］. Energy Policy, 2010, 38 （1）: 613 – 621.

［114］Lin J Y, Wang X. Trump economics and China – US trade imbalances ［J］. Journal of Policy Modeling, 2018, 40 （3）: 579 – 600.

［115］Liu J T, Tsou M W, Hammitt J K. Export activity and productivity: Evidence from the Taiwan electronics industry ［J］. Review of World Economics, 1999, 135 （4）: 675 – 691.

［116］Liu M, Shadbegian R, Zhang B. Does environmental regulation affect labor demand in China? Evidence from the textile printing and dyeing industry ［J］. Journal of Environmental Economics and Management. 2017 （86）: 277 – 294.

［117］Lopez R. The environment as a factor of production: The effects of economic growth and trade liberalization ［J］. Journal of Environmental Economics and Management, 1994, 27 （2）: 163 – 184.

［118］Lu D. Exceptional exporter performance? Evidence from Chinese manufacturing firms ［Z］. University of Chicago, Job Market Paper, 2010.

［119］Lu J, Lu Y, Tao Z. Exporting behavior of foreign affiliates: Theory and evidence ［J］. Journal of International Economics, 2010, 81 （2）: 197 – 205.

［120］Lu J, Lu Y, Tao Z. Pure exporter: Theory and evidence from China ［J］. World Economy, 2014, 37 （9）: 1219 – 1236.

［121］Lyubich E, Shapiro J, Walker R. Regulating mismeasured pollution: Implications of firm heterogeneity for environmental policy ［J］. AEA Papers and Proceedings, 2018 （108）: 136 – 142.

［122］Managi S, Hibiki A, Tsurumi T. Does trade openness improve environmental quality? ［J］. Journal of Environmental Economics and Management, 2009, 58 （3）: 346 – 363.

［123］Manova K, Yu Z. How firms export: Processing vs. ordinary trade

with financial frictions [J] . Journal of International Economics, 2016 (100):
120 – 137.

[124] Martincus C V, Carballo J. Is export promotion effective in develo-
ping countries? Firm – level evidence on the intensive and the extensive margins of
exports [J] . Journal of International Economics, 2008, 76 (1): 89 – 106.

[125] McAusland C, Millimet D L. Do national borders matter? Intrana-
tional trade, international trade, and the environment [J] . Journal of Environ-
mental Economics and Management, 2013, 65 (3): 411 – 437.

[126] Melitz M J. The impact of trade on intra – industry reallocations and
aggregate industry productivity [J] . Econometrica, 2003, 71 (6): 1695 –
1725.

[127] Melitz M J, Ottaviano G I P. Market size, trade, and productivity
[J] . Review of Economic Studies, 2008, 75 (1): 295 – 316.

[128] Melitz M J, Redding S J. New trade models, new welfare implica-
tions [J] . American Economic Review, 2015, 105 (3): 1105 – 1146.

[129] Nicita A. The price effect of tariff liberalization: Measuring the im-
pact on household welfare [J] . Journal of Development Economics, 2009, 89
(1): 19 – 27.

[130] Nicita A, Olarreaga M, Porto G. Pro – poor trade policy in Sub –
Saharan Africa [J] . Journal of International Economics, 2014, 92 (2):
252 – 265.

[131] Novy D. Gravity redux: Measuring international trade costs with
panel data [J] . Economic Inquiry, 2013, 51 (1): 101 – 121.

[132] Owen A L, Wu S. Is trade good for your health? [J] . Review of
International Economics, 2007, 15 (4): 660 – 682.

[133] Porto G G. Using survey data to assess the distributional effects of
trade policy [J] . Journal of International Economics, 2006, 70 (1): 140 –
160.

[134] Richter P, Schiersch A. CO_2 Emission intensity and exporting: Evidence from German Firm – Level Data [J]. European Economic Review, 2017 (98), 373 –391.

[135] Robinson S, Thierfelder K. Global adjustment to US disengagement from the world trading system [J]. Journal of Policy Modeling, 2019, 41 (3): 522 –536.

[136] Rock M T. Pollution intensity of GDP and trade policy: Can the World Bank be wrong? [J]. World Development, 1996, 24 (3): 471 –479.

[137] Roy J, Yasar M. Energy efficiency and exporting: Evidence from firm – level data [J]. Energy Economics, 2015 (52): 127 –135.

[138] Salvatore D, Campano F. Global Implications of US Trade Policies for Reducing Structural Trade Imbalances [J]. Journal of Policy Modeling, 2019, 41 (3): 537 –545.

[139] Santos – Paulino A, Thirlwall A P. The impact of trade liberalisation on exports, imports and the balance of payments of developing countries [J]. Economic Journal, 2004, 114 (493): 50 –72.

[140] Schor A. Heterogeneous productivity response to tariff reduction. Evidence from Brazilian manufacturing firms [J]. Journal of Development Economics, 2004, 75 (2): 373 –396.

[141] Shapiro J S, Walker R. Why is pollution from US manufacturing declining? The roles of environmental regulation, productivity, and trade [J]. American Economic Review, 2018, 108 (12): 3814 –3854.

[142] Shi X Z, Xu Z F. Environmental regulation and firm exports: Evidence from the eleventh Five – Year Plan in China [J]. Journal of Environmental Economics and Management, 2018 (89): 187 –200.

[143] Smith J A, Todd P E. Does matching overcome LaLonde's critique of nonexperimental estimators? [J]. Journal of Econometrics, 2005, 25 (1): 305 –353.

［144］ Sobel M E. Asymptotic confidence intervals for indirect effects in structural equation models ［J］. Sociological Methodology, 1982（13）: 290 - 312.

［145］ Stahls M, Saikku L, Mattila T. Impacts of international trade on carbon flows of forest industry in Finland ［J］. Journal of Cleaner Production, 2011, 19（16）: 1842 - 1848.

［146］ Tamiotti L, Teh R, Kulacoglu V, Olhoff A, Simmons B, Abaza H. Trade and climate change ［R］. WTO - UNEP Report. World Trade Organisation, 2009.

［147］ Trefler D. The long and short of the Canada - U. S. free trade agreement ［J］. American Economic Review, 2004, 94（4）: 870 - 895.

［148］ Van Biesebroeck J. Exporting raises productivity in sub - Saharan African manufacturing firms ［J］. Journal of International Economics, 2005, 67（2）: 1 - 391.

［149］ Verhoogen E A. Trade, quality upgrading and wage inequality in the Mexican manufacturing sector ［J］. Quarterly Journal of Economics, 2008, 123（2）: 489 - 530.

［150］ Voon J P, Kueh Y Y. Country of origin, value - added exports, and sine - US trade balance reconciliation ［J］. Journal of World Trade, 2000, 34（5）: 123 - 136.

［151］ Wagner J. Exports and productivity: A survey of the evidence from firm - level data ［J］. World Economy, 2007, 30（1）: 60 - 82.

［152］ Wang Z, Yu Z. Trading partners, traded products, and firm performance: Evidence from China's exporter - importers ［J］. World Economy, 2012, 35（12）: 1795 - 1824.

［153］ Weber C L, Peters G P, Guan D, Hubacek K. The contribution of Chinese exports to climate change ［J］. Energy Policy, 2008, 36（9）: 3572 - 3577.

［154］Wu H, Guo H, Zhang B, Bu M. Westward movement of new polluting firms in China: Pollution reduction mandates and location choice ［J］. Journal of Comparative Economics, 2016 (45): 119 – 138.

［155］Xu B, Li W. Trade, technology, and China's rising skill demand ［J］. Economics of Transition, 2008, 16 (1): 59 – 84.

［156］Yang R, He C. The productivity puzzle of Chinese exporters: Perspectives of local protection and spillover effects ［J］. Papers in Regional Science, 2014, 93 (2): 367 – 384.

［157］Yang S, He L Y. Fuel demand, road transport pollution emissions and residents' health losses in the transitional China ［J］. Transportation Research Part D: Transport & Environment, 2016 (42): 45 – 59.

［158］Yu M. Processing trade, tariff reductions and firm productivity: Evidence from Chinese firms ［J］. Economic Journal, 2015, 125 (585): 943 – 988.

［159］Zhang B, Chen X, Guo H. Does central supervision enhance local environmental enforcement? Quasi experimental evidence from China ［J］. Journal of Public Economics, 2018 (164): 70 – 90.

［160］蔡昉. 人口转变、人口红利与刘易斯转折点 ［J］. 经济研究, 2010, 45 (4): 4 – 13.

［161］陈长石, 刘和骏, 刘晨晖. 中国省际发展不平衡动因及变化解析 ［J］. 数量经济技术经济研究, 2015 (11): 58 – 73.

［162］陈昊. 外贸顺差会降低就业水平? ——基于匹配模型的实证分析 ［J］. 数量经济技术经济研究, 2011 (6): 133 – 146.

［163］陈红蕾, 陈秋峰. 我国贸易自由化环境效应的实证分析 ［J］. 国际贸易问题, 2007 (7): 66 – 70.

［164］陈怡, 王洪亮, 姜德波. 贸易自由化、劳动要素流动与贫困 ［J］. 国际贸易问题, 2013 (4): 27 – 39.

［165］陈雯, 苗双有. 中间品贸易自由化与中国制造业企业生产技术

选择 [J]. 经济研究, 2016 (8): 72 - 85.

[166] 陈勇兵, 谭桑, 李梦珊, 康吉红. 中国企业出口增收不增利吗? ——基于广义倾向得分匹配的经验研究 [J]. 中南财经政法大学学报, 2014 (3): 131 - 139, 160.

[167] 陈勇兵, 王晓伟, 符大海, 李冬阳. 出口真的是多多益善吗? ——基于广义倾向得分匹配的再估计 [J]. 财经研究, 2014, 40 (5): 100 - 111.

[168] 程大中. 中国参与全球价值链分工的程度及演变趋势——基于跨国投入—产出分析 [J]. 经济研究, 2015 (9): 4 - 16.

[169] 戴觅, 茅锐. 产业异质性、产业结构与中国省际经济收敛 [J]. 管理世界, 2015 (6): 34 - 46.

[170] 戴觅, 余淼杰, Madhura Maitra. 中国出口企业生产率之谜: 加工贸易的作用 [J]. 经济学 (季刊), 2014, 13 (2): 675 - 698.

[171] 戴翔. 中国制造业国际竞争力——基于贸易附加值的测算 [J]. 中国工业经济, 2015 (1): 78 - 88.

[172] 戴翔, 张二震. 发展差距、非对称要素流动与全球贸易失衡 [J]. 世界经济, 2013 (2): 3 - 22.

[173] 邓柏盛, 宋德勇. 我国对外贸易、FDI 与环境污染之间关系的研究: 1995 ~ 2005 [J]. 国际贸易问题, 2008 (4): 101 - 108.

[174] 樊海潮, 张丽娜. 中间品贸易与中美贸易摩擦的福利效应: 基于理论与量化分析的研究 [J]. 中国工业经济, 2018, 366 (9): 43 - 61.

[175] 范剑勇, 冯猛. 中国制造业出口企业生产率悖论之谜: 基于出口密度差别上的检验 [J]. 管理世界, 2013 (8): 16 - 29.

[176] 范子英, 田彬彬. 出口退税政策与中国加工贸易的发展 [J]. 世界经济, 2014, 37 (4): 49 - 68.

[177] 干春晖, 郑若谷, 余典范. 中国产业结构变迁对经济增长和波动的影响 [J]. 经济研究, 2011 (5): 4 - 16.

[178] 郭炳南, 程贵孙. 城市化水平、贸易自由化与经济增长关系的

实证研究［J］.国际贸易问题，2013（4）：18－26.

［179］郭树龙.中间品进口与企业污染排放效应研究［J］.世界经济研究，2019（9）：67－77，135.

［180］郭熙保，罗知.贸易自由化、经济增长与减轻贫困——基于中国省际数据的经验研究［J］.管理世界，2008（2）：15－24.

［181］韩军，刘润娟，张俊森.对外开放对中国收入分配的影响——"南方谈话"和"入世"后效果的实证检验［J］.中国社会科学，2015（2）：24－40，202－203.

［182］何冰，周申.贸易自由化与就业调整空间差异：中国地级市的经验证据［J］.世界经济，2019，42（6）：119－142.

［183］何正霞，许士春.我国经济开放对环境影响的实证研究：1990—2007年［J］.国际贸易问题，2009（10）：87－93.

［184］洪俊杰，商辉.中国开放型经济发展四十年回顾与展望［J］.管理世界，2018，34（10）：33－42.

［185］胡翠，林发勤，唐宜红.基于"贸易引致学习"的出口获益研究［J］.经济研究，2015（3）：172－186.

［186］胡浩然，李坤望.企业出口国内附加值的政策效应：来自加工贸易的证据［J］.世界经济，2019，42（7）：145－170.

［187］胡艺，张晓卫，李静.出口贸易、地理特征与空气污染［J］.中国工业经济，2019（9）：98－116.

［188］黄鹏，汪建新，孟雪.经济全球化再平衡与中美贸易摩擦［J］.中国工业经济，2018，367（10）：158－176.

［189］黄先海，胡馨月，刘毅群.产品创新、工艺创新与我国企业出口倾向研究［J］.经济学家，2015（4）：37－47.

［190］黄先海，金泽成，余林徽.出口、创新与企业加成率：基于要素密集度的考量［J］.世界经济，2018（5）：125－146.

［191］黄晓凤，廖雄飞.中美贸易失衡主因分析［J］.财贸经济，2011（4）：85－90.

［192］阚大学，吕连菊．对外贸易、地区腐败与环境污染——基于省级动态面板数据的实证研究［J］．世界经济研究，2015（1）：120－126.

［193］李兵，岳云嵩，陈婷．出口与企业自主技术创新：来自企业专利数据的经验研究［J］．世界经济，2016，39（12）：72－94.

［194］李春顶．中国出口企业是否存在"生产率悖论"：基于中国制造业企业数据的检验［J］．世界经济，2010（7）：64－81.

［195］李春顶．中国企业"出口—生产率悖论"研究综述［J］．世界经济，2015，38（5）：148－175.

［196］李怀政．出口贸易的环境效应实证研究——基于中国主要外向型工业行业的证据［J］．国际贸易问题，2010（3）：80－85.

［197］李建萍，张乃丽．比较优势、异质性企业与出口"生产率悖论"——基于对中国制造业上市企业的分析［J］．国际贸易问题，2014（6）：3－13.

［198］李静，陈思．出口企业比非出口企业具有更高的环境友好度吗——基于微观企业数据的检验［J］．财贸经济，2014，35（10）：94－104.

［199］李锴，齐绍洲．贸易开放、经济增长与中国二氧化碳排放［J］．经济研究，2011（11）.

［200］李坤望．改革开放三十年来中国对外贸易发展评述［J］．经济社会体制比较，2008（4）：35－40.

［201］李磊，刘斌，胡博，谢璐．贸易开放对城镇居民收入及分配的影响［J］．经济学（季刊），2011，11（4）：309－326.

［202］李小平，卢现祥．国际贸易、污染产业转移和中国工业 CO_2 排放［J］．经济研究，2010（1）：15－26.

［203］李昕，徐滇庆．中国外贸依存度和失衡度的重新估算——全球生产链中的增加值贸易［J］．中国社会科学，2013（1）：29－55.

［204］林伯强，刘泓汛．对外贸易是否有利于提高能源环境效率——以中国工业行业为例［J］．经济研究，2015（9）：127－141.

［205］林伯强，邹楚沅．发展阶段变迁与中国环境政策选择［J］．中国社会科学，2014（5）：81 - 95，205 - 206.

［206］林峰．贸易开放视角下的财政支出与贸易平衡：基于国别面板数据的经验分析［J］．国际贸易问题，2014（10）：166 - 176.

［207］刘安平，彭水军．中国对外贸易的环境影响效应：基于环境投入—产出模型的经验研究［J］．世界经济，2010（5）：140 - 160.

［208］刘铠豪，佟家栋，刘润娟．中国出口扩张的健康成本——来自成年人发病率的证据［J］．中国工业经济，2019（8）：118 - 135.

［209］刘林奇．我国对外贸易环境效应理论与实证分析［J］．国际贸易问题，2009（3）：70 - 77.

［210］刘啟仁，陈恬．出口行为如何影响企业环境绩效［J］．中国工业经济，2020（1）：99 - 117.

［211］刘晴，李静，徐蕾．出口模式、企业异质性与行业内贸易环境效应——基于中国事实的理论与经验分析［J］．世界经济文汇，2014（2）：17 - 29.

［212］刘晴，徐蕾．对加工贸易福利效应和转型升级的反思——基于异质性企业贸易理论的视角［J］．经济研究，2013，48（9）：137 - 148.

［213］刘瑞明．国有企业、隐性补贴与市场分割：理论与经验证据［J］．管理世界，2012（4）：21 - 32.

［214］刘维林．中国式出口的价值创造之谜：基于全球价值链的解析［J］．世界经济，2015（3）：3 - 28.

［215］刘晓宁，刘磊．贸易自由化对出口产品质量的影响效应——基于中国微观制造业企业的实证研究［J］．国际贸易问题，2015（8）：14 - 23.

［216］刘修岩，董会敏．出口贸易加重还是缓解中国的空气污染——基于 PM2.5 和 SO$_2$ 数据的实证检验［J］．财贸研究，2017（1）：76 - 84.

［217］路风，余永定．"双顺差"、能力缺口与自主创新——转变经济发展方式的宏观和微观视野［J］．中国社会科学，2012（6）：91 - 114.

［218］鲁晓东，连玉君．中国工业企业全要素生产率估计：1999－2007［J］．经济学（季刊），2012，11（2）：541－558．

［219］逯宇铎，戴美虹，刘海洋．加工贸易是中国微观企业绩效的增长点吗——基于广义倾向得分匹配方法的实证研究［J］．国际贸易问题，2015（4）：27－36，166．

［220］吕越，盛斌，吕云龙．中国的市场分割会导致企业出口国内附加值率下降吗［J］．中国工业经济，2018（5）：5－23．

［221］马光明．汇率/工资冲击、趋势性与我国加工贸易转型［J］．国际贸易问题，2014（12）：80－90．

［222］马述忠，王笑笑，张洪胜．出口贸易转型升级能否缓解人口红利下降的压力［J］．世界经济，2016（7）：121－143．

［223］马述忠，张洪胜，王笑笑．融资约束与全球价值链地位提升——来自中国加工贸易企业的理论与证据［J］．中国社会科学，2017（1）：83－107．

［224］毛其淋．人力资本推动中国加工贸易升级了吗？［J］．经济研究，2019，54（1）：52－67．

［225］毛其淋，盛斌．贸易自由化、企业异质性与出口动态——来自中国微观企业数据的证据［J］．管理世界，2013（3）：48－68．

［226］毛其淋，盛斌．贸易自由化与中国制造业企业出口行为："入世"是否促进了出口参与？［J］．经济学（季刊），2014，13（2）：647－674．

［227］毛其淋，许家云．中间品贸易自由化、制度环境与生产率演化［J］．世界经济，2015，38（9）：80－106．

［228］毛其淋，许家云．中间品贸易自由化与制造业就业变动——来自中国加入 WTO 的微观证据［J］．经济研究，2016（1）：69－83．

［229］毛其淋，许家云．贸易自由化与中国企业出口的国内附加值［J］．世界经济，2019，42（1）：3－25．

［230］梅冬州，杨友才，龚六堂．货币升值与贸易顺差：基于金融加

速器效应的研究［J］．世界经济，2013（4）：3 – 21．

［231］彭徽．国际贸易理论的演进逻辑：贸易动因、贸易结构和贸易结果［J］．国际贸易问题，2012（2）：169 – 176．

［232］彭水军，张文城，曹毅．贸易开放的结构效应是否加剧了中国的环境污染——基于地级城市动态面板数据的经验证据［J］．国际贸易问题，2013（8）：119 – 132．

［233］齐俊妍，王岚．贸易转型、技术升级和中国出口品国内完全技术含量演进［J］．世界经济，2015，38（3）：29 – 56．

［234］钱学锋，王菊蓉，黄云湖，王胜．出口与中国工业企业的生产率——自我选择效应还是出口学习效应？［J］．数量经济技术经济研究，2011（2）：37 – 51．

［235］覃成林，张华，张技辉．中国区域发展不平衡的新趋势及成因——基于人口加权变异系数的测度及其空间和产业二重分解［J］．中国工业经济，2011（10）：37 – 45．

［236］盛斌，毛其淋．贸易自由化、企业成长和规模分布［J］．世界经济，2015（2）：3 – 30．

［237］盛斌，毛其淋．进口贸易自由化是否影响了中国制造业出口技术复杂度［J］．世界经济，2017，40（12）：52 – 75．

［238］盛斌，魏方．新中国对外贸易发展70年：回顾与展望［J］．财贸经济，2019（10）：1 – 16．

［239］施炳展，张夏．中国贸易自由化的消费者福利分布效应［J］．经济学（季刊），2017（4）：1421 – 1448．

［240］史青．企业出口对员工工资影响的再分析——基于广义倾向得分法的经验研究［J］．数量经济技术经济研究，2013（3）：3 – 21．

［241］苏振东，洪玉娟．中国出口企业是否存在"利润率溢价"？——基于随机占优和广义倾向指数匹配方法的经验研究［J］．管理世界，2013（5）：12 – 34．

［242］谭琳，宋月萍．贸易自由化环境中的女性迁移流动及其对生殖

健康的影响［J］．人口研究，2004，28（4）：57－62．

［243］汤二子．中国企业"出口—生产率悖论"：理论裂变与检验重塑［J］．管理世界，2017（2）．

［244］田巍，余淼杰．企业出口强度与进口中间品贸易自由化：来自中国企业的实证研究［J］．管理世界，2013（1）：28－44．

［245］铁瑛，黄建忠，高翔．劳动力成本上升、加工贸易转移与企业出口附加值率攀升［J］．统计研究，2018，35（6）：43－55．

［246］佟家栋，谢丹阳，包群等．"逆全球化"与实体经济转型升级笔谈［J］．中国工业经济，2017（6）：5－13．

［247］王彬．人民币汇率均衡、失衡与贸易顺差调整［J］．经济学（季刊），2015，14（4）：1277－1302．

［248］王岚．全球价值链视角下双边真实贸易利益及核算——基于中国对美国出口的实证［J］．国际贸易问题，2018（2）：81－91．

［249］王敏，黄滢．中国的环境污染与经济增长［J］．经济学（季刊），2015（2）：557－578．

［250］王直，魏尚进，祝坤福．总贸易核算法：官方贸易统计与全球价值链的度量［J］．中国社会科学，2015（9）：108－127．

［251］卫瑞，庄宗明．生产国际化与中国就业波动：基于贸易自由化和外包视角［J］．世界经济，2015，38（1）：53－80．

［252］文东伟，冼国明，马静．FDI、产业结构变迁与中国的出口竞争力［J］．管理世界，2009（4）：96－107．

［253］吴振宇，张文魁．国有经济比重对宏观经济运行的影响——2000～2012年的经验研究［J］．管理世界，2015（2）：12－16．

［254］谢建国，赵锦春，林小娟．不对称劳动参与、收入不平等与全球贸易失衡［J］．世界经济，2015（9）：56－79．

［255］徐保昌，谢建国，孙一菡．中国制造业企业出口的污染减排效应研究［J］．世界经济与政治论坛，2016（2）：141－158．

［256］杨汝岱．中国制造业企业全要素生产率研究［J］．经济研究，

2015 （2）：61 - 74.

［257］游伟民. 对外贸易对我国环境影响的区域差异研究——基于 2000 ~ 2008 年省际面板数据的分析 ［J］. 中国人口·资源与环境，2010，20 （12）：159 - 163.

［258］于瀚，肖玲诺. 加工贸易 "贫困化增长" 倾向的实证及其对策研究 ［J］. 中国软科学，2013 （6）：134 - 141.

［259］余淼杰. 中国的贸易自由化与制造业企业生产率 ［J］. 经济研究，2010 （12）：97 - 110.

［260］余淼杰. 加工贸易、企业生产率和关税减免——来自中国产品面的证据 ［J］. 经济学 （季刊），2011，10 （4）：1251 - 1280.

［261］余淼杰，崔晓敏. 人民币汇率和加工出口的国内附加值：理论及实证研究 ［J］. 经济学 （季刊），2018，17 （3）：1207 - 1234.

［262］余淼杰，梁中华. 贸易自由化与中国劳动收入份额——基于制造业贸易企业数据的实证分析 ［J］. 管理世界，2014，32 （7）：22 - 31.

［263］余淼杰，智琨. 进口自由化与企业利润率 ［J］. 经济研究，2016，51 （8）：57 - 71.

［264］余振，周冰惠，谢旭斌，王梓楠. 参与全球价值链重构与中美贸易摩擦 ［J］. 中国工业经济，2018 （7）：26 - 44.

［265］岳文，韩剑. 异质性企业、出口强度与技术升级 ［J］. 世界经济，2017，40 （10）：48 - 71.

［266］张川川. 出口对就业、工资和收入不平等的影响——基于微观数据的证据 ［J］. 经济学 （季刊），2015 （4）：1611 - 1630.

［267］张根能，张路雁，秦文杰. 出口贸易对我国环境影响的实证分析——以 SO_2 为例 ［J］. 宏观经济研究，2014 （9）：126 - 133.

［268］张杰，陈志远，刘元春. 中国出口国内附加值的测算与变化机制 ［J］. 经济研究，2013 （10）：124 - 137.

［269］张杰，陈志远，周晓艳. 出口对劳动收入份额抑制效应研究——基于微观视角的经验证据 ［J］. 数量经济技术经济研究，2012

（7）：44 - 60.

［270］张磊，王德祥．财政行为波动影响了外贸失衡吗［J］．国际贸易问题，2018（4）：11 - 23.

［271］张为付，杜运苏．中国对外贸易中隐含碳排放失衡度研究［J］．中国工业经济，2011（4）：138 - 147.

［272］张文城，彭水军．南北国家的消费侧与生产侧资源环境负荷比较分析［J］．世界经济，2014（8）：126 - 150.

［273］张友国．中国贸易增长的能源环境代价［J］．数量经济技术经济研究，2009（1）：16 - 30.

［274］张友国．中国贸易含碳量及其影响因素——基于（进口）非竞争型投入产出表的分析［J］．经济学（季刊），2010，9（4）：1287 - 1310.

［275］赵伟，赵金亮，韩媛媛．异质性、沉没成本与中国企业出口决定：来自中国微观企业的经验证据［J］．世界经济，2011（4）：62 - 79.

［276］中国经济增长前沿课题组，张平，刘霞辉等．中国经济转型的结构性特征、风险与效率提升路径［J］．经济研究，2013（10）：4 - 17.

［277］周默涵．企业异质性、贸易自由化与环境污染［J］．中南财经政法大学学报，2017（4）：100 - 108.